DISRUPÇÃO
e Inovação

JOI ITO
Diretor do
MIT Media Lab
e **JEFF HOWE**

DISRUPÇÃO
e Inovação

COMO
SOBREVIVER
AO FUTURO
INCERTO

ALTA BOOKS
E D I T O R A
Rio de Janeiro, 2018

Disrupção e Inovação — Como Sobreviver ao Futuro Incerto
Copyright © 2018 da Starlin Alta Editora e Consultoria Eireli. ISBN: 978-85-508-0190-2

Translated from original Whiplash — How to survive our faster future. Copyright © 2016 by Joichi Ito and Jeff Howe. ISBN 978-1-4555-4459-2. This translation is published and sold by permission of Hachette Book Group, Inc., the owner of all rights to publish and sell the same. PORTUGUESE language edition published by Starlin Alta Editora e Consultoria Eireli, Copyright © 2018 by Starlin Alta Editora e Consultoria Eireli.

Todos os direitos estão reservados e protegidos por Lei. Nenhuma parte deste livro, sem autorização prévia por escrito da editora, poderá ser reproduzida ou transmitida. A violação dos Direitos Autorais é crime estabelecido na Lei nº 9.610/98 e com punição de acordo com o artigo 184 do Código Penal.

A editora não se responsabiliza pelo conteúdo da obra, formulada exclusivamente pelo(s) autor(es).

Marcas Registradas: Todos os termos mencionados e reconhecidos como Marca Registrada e/ou Comercial são de responsabilidade de seus proprietários. A editora informa não estar associada a nenhum produto e/ou fornecedor apresentado no livro.

Impresso no Brasil — 2018 - Edição revisada conforme o Acordo Ortográfico da Língua Portuguesa de 2009.

Publique seu livro com a Alta Books. Para mais informações envie um e-mail para autoria@altabooks.com.br

Obra disponível para venda corporativa e/ou personalizada. Para mais informações, fale com projetos@altabooks.com.br

Produção Editorial Editora Alta Books **Produtor Editorial** Thiê Alves **Assistente Editorial** Juliana de Oliveira	**Gerência Editorial** Anderson Vieira **Supervisão de Qualidade Editorial** Sergio de Souza	**Produtor Editorial (Design)** Aurélio Corrêa **Editor de Aquisição** José Rugeri j.rugeri@altabooks.com.br	**Marketing Editorial** Silas Amaro marketing@altabooks.com.br **Vendas Corporativas** Sandro Souza sandro@altabooks.com.br	**Vendas Atacado e Varejo** Daniele Fonseca Viviane Paiva comercial@altabooks.com.br **Ouvidoria** ouvidoria@altabooks.com.br
Equipe Editorial	Bianca Teodoro Christian Danniel	Ian Verçosa Illysabelle Trajano	Renan Castro	
Tradução Carlos Bacci	**Copidesque** Samantha Batista	**Revisão Gramatical** Alessandro Thomé Marina Boscato	**Diagramação** Lucia Quaresma	

Erratas e arquivos de apoio: No site da editora relatamos, com a devida correção, qualquer erro encontrado em nossos livros, bem como disponibilizamos arquivos de apoio se aplicáveis à obra em questão.

Acesse o site www.altabooks.com.br e procure pelo título do livro desejado para ter acesso às erratas, aos arquivos de apoio e/ou a outros conteúdos aplicáveis à obra.

Suporte Técnico: A obra é comercializada na forma em que está, sem direito a suporte técnico ou orientação pessoal/exclusiva ao leitor.

Dados Internacionais de Catalogação na Publicação (CIP)
Vagner Rodolfo CRB-8/9410

I88d   Ito, Joichi

Disrupção e inovação: como sobreviver ao futuro incerto / Joichi Ito, Jeff Howe. - Rio de Janeiro : Alta Books, 2018.
320 p. ; 17cm x 24cm.

Tradução de: Whiplash: how to survive our faster future
Inclui bibliografia e índice.
ISBN: 978-85-508-0190-2

1. Literatura americana. 2. Futuro. 3. Sobrevivência. I. Howe, Jeff. II. Bacci, Carlos. III. Título.

CDD 810
CDU 821.111(73)

Rua Viúva Cláudio, 291 - Bairro Industrial do Jacaré
CEP: 20.970-031 - Rio de Janeiro (RJ)
Tels.: (21) 3278-8069 / 3278-8419
www.altabooks.com.br — altabooks@altabooks.com.br
www.facebook.com/altabooks — www.instagram.com/altabooks

**Para M. e A. e A. e F.,
por demonstrar que
os melhores princípios nunca mudam.**

"Até agora nossa viagem tem sido agradável, boas estradas, alimentos em abundância... De fato, se eu não passar por algo pior do que já passei, diria que o problema está sempre em começar."

— Tamsen Donner, 16 de junho de 1846

Sumário

Introdução — 1

ASSIMETRIA — 16

COMPLEXIDADE — 17

INCERTEZA — 18

1 Emergência acima da Autoridade — 25

PS: EMPURRANDO O PÊNDULO DE VOLTA — 44

2 Puxar acima de Empurrar — 47

PS: SERENDIPIDADE NÃO É SORTE — 70

3 Bússolas acima de Mapas — 73

PS: PENSE EM MITOLOGIA, NÃO EM MISSÃO — 96

4 Risco acima da Segurança — 99

PS: COMPRE NA BAIXA, VENDA NA ALTA — 118

5 Desobediência acima da Observância — 121

PS: DESOBEDIÊNCIA COM CONSCIÊNCIA — 138

6 Prática acima da Teoria 141

PS: Quando a Teoria Falha 159

7 Diversidade acima da Habilidade 163

PS: A Diferença Faz Diferença 179

8 Resiliência acima da Força 183

PS: Fazendo as Pazes com o Caos ou Esperando o Inesperado 198

9 Sistemas acima de Objetos 201

PS: Trabalhando no Espaço em Branco 216

Conclusão 219

Agradecimentos 239

Notas 249

Sobre os Autores 295

Índice 299

Introdução

Em 28 de dezembro de 1895, do lado de fora do Grand Café, em Paris, uma multidão espremia-se na ânsia de assistir a uma misteriosa exibição. Em troca de um franco, prometiam os promotores, o público testemunharia as primeiras "fotografias vivas" da história da humanidade. Ainda que, aos olhos de hoje, aquilo se afigurasse mais como um espetáculo mambembe, não desencorajaria um parisiense do final do século XIX. Era uma época de sensações — de sessões mediúnicas, encantadores de serpentes, homens enfrentando ursos, guerreiros aborígenes, mágicos, cicloramas e sensitivos. O maravilhoso dividia as manchetes com as várias descobertas científicas legítimas e os avanços na engenharia dos anos 1890. Apenas poucos anos antes, Gustave Eiffel havia erguido a mais alta estrutura no mundo fabricada por mãos humanas, a eletricidade tornara Paris a Cidade Luz e os automóveis começavam a deixar no passado as carruagens, circulando nos amplos bulevares da capital. A Revolução Industrial havia transformado o cotidiano, agora repleto de novidades e sob constantes e rápidas mudanças, e um cidadão parisiense poderia ser perdoado por pensar que qualquer coisa poderia acontecer em uma determinada noite, já que isso ocorria com frequência.

Por fim, os primeiros espectadores das primeiras fotografias vivas, descendo por escuros e estreitos degraus, foram conduzidos para os porões do café, onde cadeiras retráteis estavam dispostas em filas. No meio da sala, um homem, de pé em um tablado, mexia e remexia em uma pequena caixa de madeira. Após alguns poucos e incômodos momentos, uma luz jorrou do aparelho, iluminando uma tela de linho com a imagem borrada de mulheres emergindo das sombras de uma construção. A decepção foi geral; os clientes podiam ver pessoas saindo de uma fábrica em um bairro de Paris. Então, de modo estranho, a imagem tremeluziu e ganhou vida. As mulheres na tela, sozinhas, aos pares ou em grupos, começaram a sair da fábrica em um fluxo apressado. A filmagem granulada é ridiculamente primitiva hoje em dia, mas no porão do Grand Café, no centro de Paris, naquela noite, o público perdeu o fôlego, aplaudiu e riu. Alguns simplesmente ficaram pasmos com a visão. E, então, exatos 50 segundos depois, tudo se acabou. Esse era todo o filme — uns 17 metros — que Auguste e Louis Lumière, os irmãos responsáveis pelo primeiro filme projetado em uma tela, podiam colocar dentro de sua invenção, o cinematógrafo.

4   INTRODUÇÃO

Como terá sido estar entre os primeiros a ver a luz transformada em imagem e movimento, o primeiro a olhar para uma tela esticada e ver o farfalhar de saias esvoaçando? "Era preciso ter participado dessa projeção emocionante para entender quão excitadas as pessoas podiam ficar", relembrou, mais tarde, um dos primeiros operadores de cinematógrafo. "Cada cena que passava era acompanhada por ruidosos aplausos. Depois da sexta cena eu reacendia a luz da sala. O público tremia. Gritos ressoavam."[1]

Relatos da mais maravilhosa das sensações rapidamente se espalharam. A multidão do lado de fora do Grand Café cresceu tão caoticamente, que foi necessário chamar a polícia para manter a ordem.[2] Em um mês os irmãos Lumière tinham multiplicado seu repertório, lançando dezenas de novas "visões", como chamavam os filmes de 50 segundos. Como homens de negócio experientes, tanto quanto eram inventores, já na primavera exibiam seu trabalho pela Europa e na América. Ainda assim, os irmãos Lumière são menos reconhecidos como inventores do filme cinematográfico — outros, incluindo Thomas Edison, estavam logo atrás — do que por um único filme, *L'Arriveé d'un Train*. Ou, para ser mais preciso, são lembrados pelos tumultos decorrentes de sua primeira exibição.

Você não precisa ser fluente em francês para perceber que *L'Arriveé d'un Train* apresenta um trem no momento da chegada. Entretanto, ninguém havia avisado a primeira plateia disso. Supostamente convencidos de que o trem movia-se pesada e lentamente para fora da tela e os transformaria em pedaços soltos de carne dilacerada, a plateia abarrotada atropelou-se em uma corrida desenfreada em busca das saídas. Ao se acenderem, as luzes mostraram uma massa humana atolada nas estreitas escadarias. A extensão da tragédia depende de em qual narração você acredita, e estudiosos modernos questionam se aquilo aconteceu realmente.

Falsa ou verdadeira, a história logo assumiu a condição de lenda, transformando-se naquilo que o crítico Martin Loiperdinger denomina de "mito fundador do cinema".[3] Tal lenda urbana claramente presta-se a uma espécie de propósito vital: talvez se constitua no mais preciso modo de transmitir a mais pura e misteriosa estranheza de testemunhar o impossível acontecendo bem diante de nossos olhos. Os fatos, em si, não são audaciosos o bastante para descrever a sensação — é necessário inventar um mito para contar a verdade. A tecnologia excedeu nossa capacidade de compreendê-la, e não pela última vez.

Seria razoável supor que os Lumière, cada dia mais famosos e dispondo de um catálogo em expansão, se tornariam fantasticamente ricos e um instrumento de evolução do meio. No entanto, já em 1900, eles se cansaram. Auguste declarou que "o cinema é uma invenção sem futuro", e os irmãos se dedicaram a criar uma técnica confiável para desenvolver fotografias coloridas.

O que causa espanto nesse pronunciamento não é que dois brilhantes empreendedores tenham cometido tamanho equívoco. Surpreendente mesmo é que, na época, essa parecia ser uma boa aposta. Na virada do século, os Lumière ocupavam um campo lotado, com seus filmes inspirando inúmeros imitadores. Até então, os filmes eram apenas cenas simples gravadas de uma única perspectiva. Não havia panorâmicas ou cortes, ou mesmo enredos que iam além de um homem caminhando em direção a um ancinho; o ancinho batendo no nariz dele; e a hilaridade que se seguia. Não é de admirar que, como outros modismos, assim que acabou a novidade, os filmes se tornaram diversões ligeiras. A tecnologia dos filmes havia sido criada, mas não o meio. Quando assistimos àqueles primeiros filmes, vemos fotos se movimentando, não um filme.

Ao não se darem conta do alcance de sua própria invenção, os Lumière se colocaram em excelente companhia. Alguns de nossos mais célebres inventores, engenheiros e tecnólogos não conseguiram compreender o potencial de seu próprio trabalho. Na verdade, se depender da história, aqueles mais próximos de determinada tecnologia são os que menos preveem sua aplicação final. Em maio de 1844, Samuel Morse revelou o primeiro sistema de telecomunicações do mundo ao transmitir uma mensagem para uma estação de trem em Baltimore, a mais de 60 km de distância. Ela consistia em uma citação do Velho Testamento: "Que coisas Deus tem realizado". Em poucos anos, cada uma das grandes cidades dos EUA usufruía de comunicações instantâneas. E passada uma década, o primeiro cabo transoceânico era instalado.

6   INTRODUÇÃO

O texto bíblico (Números 23:23), "Que coisas Deus tem realizado", é entendido como uma expressão de gratidão — "Veja tudo o que seu pai tem feito para você!". Na ocasião, Morse disse que a intenção era "batizar a American Telegraph com o nome de seu autor", referindo-se ao Todo-Poderoso, e não a ele próprio. Porém, mais tarde, no mesmo dia, ao registrar a frase para a posteridade em um pequeno pedaço de papel, ele adicionou um ponto de interrogação, o que muda completamente o significado.[4] Morse tinha a reputação de ser algo como um falastrão piedoso, mas ao introduzir o ponto de interrogação, ele emerge como uma figura mais atenciosa. Por milhares de anos a informação nunca havia viajado mais rápido do que um cavalo, não importando quem fosse o mensageiro, o rei ou seu cozinheiro. Agora, ela poderia fazê-lo com a velocidade de alguma força cósmica. Como ele, ou qualquer um, poderia saber aonde o mundo estava indo?

Não podia. Morse morreu acreditando firmemente que o próximo grande passo das telecomunicações não seria o telefone — descartado como sendo "um brinquedo elétrico", quando Alexander Graham Bell apresentou seu invento pela primeira vez —, mas, sim, os cabos telegráficos, capazes de enviar diversas mensagens simultaneamente. Décadas depois, Thomas Edison se mostrou apenas um pouco mais perceptivo. Ele promovia seu primeiro fonógrafo — ao qual chamava de "máquina de falar" — como sendo um dispositivo que permitia a um homem de negócios ditar sua correspondência. Ele deu ao aparelho o nome de "Ediphone", e por vários anos insistiu que poucos, se algum, dos clientes desejaria usar a coisa para tocar música. Foi preciso que um engenheiro de mente aberta chamado Eldridge Reeves Johnson percebesse o potencial do fonógrafo em trazer a música para cada sala de família ou salões públicos. Johnson fundou a Victor Records em 1901 e começou a contratar grandes artistas, como Enrico Caruso, para se juntarem ao selo. Edison pode ter inventado o fonógrafo, mas Johnson fez algo mais significativo: inventou a indústria fonográfica.[5]

É fácil sorrir com desdém para tais estúpidos escorregões estratégicos, como se Edison fosse como um daqueles enfadonhos atores que servem de "escada" nas comédias de Buster Keaton, tropeçando às cegas e se estatelando no chão de um humilhante erro histórico, e que nós, com nossos sistemas de comunicação instantânea e dispondo de um vasto repertório de informações, estivéssemos

DISRUPÇÃO E INOVAÇÃO   7

imunes a épicos equívocos preditivos. Mas, assim como Tarzan na cidade, os humanos estão permanentemente falhando em compreender a significância de suas próprias criações. Nos motores movidos a vapor, utilizados nas fábricas em fins do século XIX, havia, invariavelmente, um grande eixo central conectado a uma turbina. Como o economista Paul David descobriu em suas pesquisas no interior das primeiras fábricas que utilizaram energia elétrica, os projetistas dessas fábricas continuaram, desnecessariamente, a posicionar os motores elétricos em um local central, ainda que a construção da nova planta industrial partisse do zero. Em consequência, uma inovação que deveria aumentar a produtividade parecia não produzir efeito algum. Levou 30 anos para que os gestores explorassem a flexibilidade proporcionada pelos motores elétricos e organizassem as fábricas de acordo com o fluxo de trabalho, dobrando e até, às vezes, triplicando a produtividade.[6]

Nossa própria era não escapa de coisas assim. Em 1977, Ken Olson, o presidente de uma das maiores e mais bem-sucedidas empresas de computadores, a Digital Equipment Corporation, disse, em público, que "não havia motivo algum para uma pessoa ter um computador em casa".[7] Ele manteve essa opinião ao longo dos anos 1980, muito depois de a Microsoft e a Apple provarem o contrário. Trinta anos mais tarde, o ex-CEO da Microsoft, Steve Ballmer, disse ao *USA Today* que "não havia chance alguma de o iPhone obter qualquer participação significativa de mercado."[8]

Esses relatos, além de serem, de certa maneira, incríveis e pitorescos, levantam uma questão — que não é a de expor inventores americanos já falecidos ao ridículo. Trata-se, sim, de reconhecer que somos todos susceptíveis de interpretar equivocadamente as previsões tecnológicas, que estamos todos condicionados pelo sistema de pensamento prevalecente. Embora muita coisa tenha mudado — e nosso livro nada mais é que uma documentação de mudanças radicais —, nosso cérebro permanece sendo, basicamente, o mesmo órgão que acreditava que o automóvel era uma moda passageira ou que o fogo era tão somente uma

8   INTRODUÇÃO

tecnologia que permitia nos mantermos aquecidos e produzia interessantes sombras nas paredes da caverna.

Nosso livro parte da convicção de que o desenvolvimento humano, seja qual for o período considerado, caracteriza-se por um conjunto frequentemente constante de pressupostos e crenças. Não estamos falando de opiniões e ideologias. Há por trás disso outro conjunto de ideias, os pressupostos inconscientes, ou, melhor dizendo, pré-conscientes, naturais: força é melhor que fraqueza; conhecimento é melhor que ignorância; talento individual é mais desejado do que a diferença. Imagine por um momento que todas suas opiniões, crenças políticas e ideias conscientes sobre o mundo e seu lugar nele sejam como a mobília de sua residência. Você as adquiriu com muito zelo ao longo do tempo, descartando algumas, mantendo outras e comprando uma ou outra peça nova de acordo com a necessidade. Este livro trata de algo mais — a estrutura das vigas, caibros e madeirames que suportam todas essas ideias conscientes. Em outras palavras, este não é um livro sobre o que você sabe; é um livro sobre o que você *não sabe que sabe*, e por que é importante questionar tais pressupostos problemáticos.

O filósofo francês Michel Foucault acreditava que essa matriz de crenças, preconceitos, normas e convenções forma um conjunto de regras que guiam nosso pensamento e, por fim, as decisões que tomamos. Ele chamou isso de "episteme" e acreditava que determinados períodos históricos podiam ser identificados por esses sistemas de pensamento, tal como a arqueologia identifica períodos históricos segundo o tipo de cerâmica em uso na época.[9] Thomas Kuhn, filósofo da ciência americano, em sua obra clássica *A Estrutura das Revoluções Científicas*, chamava esse abrangente sistema de crenças de "paradigmas".[10]

Estudando meticulosamente o pensamento científico e as práticas dos séculos anteriores, Kuhn identificou padrões de como disciplinas científicas como química e física acomodavam novas ideias. Ele verificou que mesmo os mais criteriosos cientistas comumente ignoravam ou interpretavam mal os dados a fim de manter a "coerência" com o paradigma reinante e minimizar as anomalias que eram o sintoma inicial de desalinhamento em relação à teoria científica. Por exemplo, físicos newtonianos realizavam acrobacias intelectuais impressionantes para explicar as anomalias em observações astronômicas que, por fim, levariam à teoria da relatividade de Einstein. Tais sublevações — revoluções científicas ou o que Kuhn denominava mudança de paradigmas — foram seguidas por um breve período de caos que levou, em seu devido tempo, à estabilidade, na medida em que um novo consenso científico se constituiu em torno de um novo paradigma.[11]

Nosso livro — recomendado para aqueles dotados de vívida curiosidade — evita por inteiro debater terminologias. Alexis de Tocqueville pode ter colocado isso de maneira melhor lá atrás, nos anos 1830. Na tentativa de identificar a origem da notável e singular estranheza da prosperidade dos Estados Unidos, notou que os americanos possuíam "hábitos mentais" únicos (um pragmatismo bem "pé no chão", por exemplo) que os qualificava para exercer um papel de liderança na revolução industrial.

Nossos hábitos mentais diferem quanto ao conteúdo, mas não são menos obstinados em caráter. E ainda que nosso livro lide com alguns assuntos complexos — criptografia, genética, inteligência artificial —, ele se apoia em uma simples premissa: nossas tecnologias superam nossa capacidade, como sociedade, de compreendê-las. Agora precisamos correr para alcançá-las.

Somos abençoados (ou amaldiçoados) por viver em tempos interessantes, nos quais estudantes do ensino médio utilizam técnicas de edição de genoma para inventar novas formas de vida, e em que avanços em inteligência artificial forçam formuladores de políticas a contemplar desemprego generalizado e permanente. Não é de admirar que nossos velhos hábitos mentais — forjados em uma era de carvão, aço e prosperidade fácil — já não atendam às expectativas. Os mais fortes não mais, necessariamente, sobrevivem; nem todos os riscos devem ser mitigados; e a empresa deixou de ser a ótima unidade organizacional para nossos recursos escassos.

A era digital fez de tais pressupostos arcaicos algo pior que inúteis — ativamente contraprodutivos. O argumento que desenvolvemos nas páginas seguintes é o de que nosso conjunto de ferramentas cognitivas atual nos deixa mal equipados para compreender as profundas implicações derivadas dos rápidos avanços em tudo, de comunicações a guerras. Nossa missão é fornecer a você

10   INTRODUÇÃO

algumas ferramentas novas — às quais chamamos de princípios, porque uma das características do futuro cada vez mais acelerado é acabar com algo tão rígido como uma "regra".

Não é uma tarefa fácil. Não podemos lhe dizer o que pensar, porque a atual dissonância existente entre os humanos e sua tecnologia se situa em um nível mais profundo — o paradigma, os pressupostos fundamentais por trás do nosso sistema de crenças. Em vez disso, nosso livro pretende ajudá-lo a corrigir tal incongruência estabelecendo nove princípios que inserem nossos cérebros na era moderna e poderiam ser usados para auxiliar indivíduos e instituições a navegar da mesma forma por um futuro incerto e desafiador.

Pode-se pensar que tais crenças profundamente arraigadas se desenvolvem gradualmente ao longo do tempo, algo como uma espécie de inseto que, aos poucos, obtém atributos que o ajudam a ser competitivo em determinado ambiente. Contudo, não parece ser assim que o sistema de crenças muda — na verdade, nem mesmo a evolução de organismos vivos funciona assim. Em ambos os casos, períodos extensos de relativa estabilidade são seguidos por períodos de distúrbios violentos decorrentes de uma alteração rápida das circunstâncias externas, seja por uma revolução política, pelo surgimento de uma tecnologia disruptiva ou pela chegada de um novo predador no ecossistema estável de outrora.[12] Essas transições — os biólogos evolucionistas as chamam de "período de especiação"[13] — não são fáceis. Há um forte argumento de que estamos passando por uma transição extraordinária e única neste exato momento, uma mudança dramática em nosso próprio ecossistema. Em suma, é uma época sensacional para estar vivo, supondo que você não seja pego por um dos próximos cataclismos.

Nossos princípios não são uma receita de como começar uma empresa on-line ou uma tentativa de torná-lo um gestor melhor —, mas ambos os esforços podem se beneficiar deles. Encare tais princípios como dicas profissionais de como usar o novo sistema operacional do mundo. Esse novo SO não é mera repetição do que utilizamos nos últimos séculos; trata-se de um novo e grande lançamento. E assim como qualquer novo SO, teremos que nos acostumar com ele, pois funciona com uma lógica diferente. Não existe manual de instruções, porque, francamente, mesmo que os desenvolvedores fizessem um, estaria desatualizado assim que chegasse às suas mãos.

Disrupção e Inovação 11

O que oferecemos é mais útil, nós esperamos. Os princípios são diretrizes simples — mas poderosas — para a lógica nova desse sistema. Eles podem ser apreendidos individualmente, entretanto, seu todo é maior que a soma das partes. Isso acontece porque, em sua raiz, o novo sistema operacional se fundamenta em dois fatos irredutíveis que se constituem no núcleo — o código no coração da máquina — da era da rede. O primeiro é a Lei de Moore. Tudo o que é digital avança mais rápido, fica mais barato e diminui de tamanho a taxas exponenciais.[14] O segundo é a internet.

Quando essas duas revoluções — uma na tecnologia, a outra nas comunicações — se juntaram, foi desencadeada uma força explosiva que mudou a própria natureza da inovação, realocando-a do centro (governos e grandes corporações) para a periferia (músicos de punk rock de 23 anos de idade, e *geeks* especializados em placas de computadores morando em Osaka, no Japão). Imagine: Charles Darwin concebeu a seleção natural enquanto passava em revista os espécimens que havia coletado para os botânicos do *HMS Beagle* (um navio inglês que circunavegou o mundo entre 1831 e 1836 com Darwin a bordo), um posto que havia aceitado quando tinha 23 anos de idade. Ele esperou mais de 30 anos para reunir dados que apoiassem sua alegação, uma atitude tão paciente e cautelosa que a mentalidade moderna considera de outro mundo por sua devoção monástica ao método científico.[15]

Mas aquele era outro mundo. Dependente das bibliotecas do Athenaeum Club, do British Museum e de organizações profissionais como a Royal Society, bem como das remessas de livros que podiam demorar meses para chegar do exterior, ele podia acessar uma mísera fração das informações disponíveis para os cientistas modernos. Sem telefone e muito menos internet, as contribuições entre colegas se limitavam à quintessencial rede vitoriana de comunicações: o sistema postal britânico. As pesquisas e descobertas caminhavam a passo de tartaruga e as verdadeiras inovações requeriam uma soma de dinheiro considerável, o que significava riqueza familiar ou patrocínio institucional e todas as políticas que o acompanhavam.[16] Hoje em dia, um geneticista pode extrair DNA de uma amostra de gelo ancestral para descrever um ecossistema inteiro do Neolítico e refinar os resultados com toda uma comunidade global de colegas, tudo isso durante as férias de verão. Essa não é uma mera mudança de patamar. É uma dramática mudança de *status quo*.

12   Introdução

Então, o que vem por aí? Essa é a pergunta recorrente de nossa era. Mas se nossos predecessores — vivendo em tempos mais simples e mais lentos — não puderam responder a essa pergunta, que chance nós temos? É difícil dizer. A fissão nuclear representa uma das façanhas mais impressionantes da humanidade. Ao mesmo tempo, representa a maior ameaça já encontrada à sobrevivência de nossa espécie. O processo de Haber levou a fertilizantes sintéticos que elevam a produtividade agrícola. Credita-se a seu inventor, Fritz Haber, impedir que bilhões de pessoas passem fome, e ele foi agraciado com o Prêmio Nobel por seus esforços. Ele também inventou a guerra química, supervisionando pessoalmente os lançamentos de gás cloro que resultaram em 67 mil mortes durante a 1ª Guerra Mundial.[17] E por aí vai. Marc Goodman, um especialista em segurança e fundador do Future Crimes Institute, assinalou que certas tecnologias de cibersegurança são usadas tanto por hackers quanto pelas pessoas que buscam se proteger deles. Isso é assim desde sempre, escreve Goodman: "O fogo, a tecnologia original, podia ser utilizada para nos manter aquecidos, cozinhar nossa comida ou carbonizar o povoado vizinho".[18]

A verdade é que a tecnologia, em si, nada significa. Zyclon B, outro produto da pesquisa de Harber, é apenas um gás — um inseticida útil que também foi usado para assassinar milhões durante o Holocausto.[19] A fissão nuclear é uma reação atômica comum. A internet é simplesmente um modo de desagregar informações e reagrupá-las em outro lugar. O que a tecnologia realmente *faz*, o impacto real que terá na sociedade é, com frequência, aquilo que menos se espera.

Quando você ler esta frase, a Oculus VR terá lançado a versão ao consumidor de seu Oculus Rift, um *headset* de realidade virtual. Como utilizaremos esse aparelho? Desenvolvedores já estão trabalhando em videogames que tirarão vantagem da intensa imersão que o Rift proporciona. A pornografia, uma indústria de US$100 bilhões, não ficará muito atrás. Médicos poderiam realizar operações cirúrgicas remotamente ou apenas providenciar *check-ups* para pacientes impossibilitados de comparecer ao consultório. Você visitaria Marte, a Antártida ou aquele apartamento em outro estado que, de outra maneira, teria de comprar às cegas. Mas o fato é que não temos ideia de como os humanos usarão a segunda, terceira ou décima geração da tecnologia. Os avanços — as ideias — virão dos locais menos prováveis. Se você tivesse sido encarregado de encontrar alguém para inventar o telefone, provavelmente não teria sondado escolas para surdos. E, no entanto, em retrospectiva, o professor Bell — filho de mãe surda, marido de mulher surda e estudante pioneiro de ondas sonoras e métodos de vibrar fios como um sistema de comunicar sons para aqueles que não podiam ouvir — parece a escolha perfeita.[20]

O choque representado pelo novo iria se transformar no refrão do século de maravilhas que se seguiram ao telégrafo: da máquina de costura ao alfinete de fralda, do elevador à turbina a vapor, a humanidade disparou para a frente, cada vez mais rápido, com a tecnologia sempre superando nossa capacidade de entendê-la. A engenharia genética erradicará o câncer ou se transformará em uma reles arma de destruição em massa? Ninguém sabe. Como a Lei de Moore demonstra, a tecnologia caminha a passos largos conforme as leis de potência de uma magnitude ou outra. Nosso cérebro — ou, pelo menos, o somatório de nossos cérebros funcionando juntos no emaranhado de instituições, empresas, governos e outras formas de esforços coletivos — se arrasta devagar, lutando para compreender o que Deus, ou o homem, tem feito.

"O futuro", disse certa vez o escritor de ficção científica William Gibson, "já está aqui. Só não está uniformemente distribuído".[21] Essa é menos uma observação espirituosa do que uma verdade indiscutível. Mesmo em Boston, a cidade que ambos os autores chamamos de lar, décadas de progresso parecem se dissolver no tempo se você deixar o som de fundo dos laboratórios do MIT e se dirigir às paupérrimas escolas públicas de ensino elementar do outro lado do rio.

Voltemos, por um momento, aos irmãos Lumière e suas figuras em movimento, emocionantes, mas instáveis. As coisas transcorreram muito de acordo com o *status quo* durante aproximadamente uma década. Porém, em 1903, George Albert Smith — hipnotizador, físico e empreendedor inglês que rapidamente abraçou o novo meio — estava filmando duas crianças vestidas de enfermeiras alimentando um gatinho. Era só um tipo de cena familiar doméstica popular com o público da classe média vitoriana. Mas um espectador poderia ter dificuldade em ver em detalhe a garota alimentando o gatinho com a colher em meio aos panos. Então, Smith fez algo radical. Ele levou a câmera bem próximo da cena e enquadrou somente o gatinho e a mão da garota. Considerando a sabedoria

14   INTRODUÇÃO

convencional da época, essa composição deixaria o público cinematográfico em um dilema ontológico: o que aconteceu com a garota? Teria ela sido partida em duas? Smith deixou por conta do destino e editou o filme deixando a cena para o corte final. Os espectadores responderam positivamente e, assim, Smith havia inventado o *close-up*.[22]

Pondere a respeito por um instante. Foram necessários oito anos, centenas de cineastas e *milhares de filmes* para que alguém concebesse que a nova tecnologia se prestava a algo mais do que apenas se limitar a duas dimensões. Essa simples inovação ajudou a deflagrar um período de experimentações e progresso no cinema. Ainda assim, outros 12 anos se passariam até que surgisse um filme — *O Nascimento de Uma Nação* (*Birth of a Nation*, EUA, 1915) de D. W. Griffith — que um público moderno reconheceria como tal.[23] Não porque a tecnologia não existisse, mas porque, afinal, tecnologias nada mais são que ferramentas — objetos inúteis e estáticos até que animados por ideias humanas.

Na maior parte da história do planeta, mudanças têm sido um artigo raro. A vida surgiu há 4 bilhões de anos. Outros 2,8 bilhões de anos transcorreram antes que se descobrisse o sexo, e mais 700 milhões de anos para que viesse à luz a primeira criatura equipada com um cérebro. O primeiro anfíbio se arrastou até a terra firme 350 milhões de anos depois disso. Na verdade, a vida mais complexa é um fenômeno relativamente recente na história deste planeta. Se condensássemos a história da Terra em apenas um ano, os animais terrestres entrariam em cena por volta de 1º de dezembro, e os dinossauros não estariam extintos até o dia seguinte ao Natal. Os hominídeos começariam a andar sobre dois pés às 23h50 da véspera do Ano Novo, e a história registrada teria início uns poucos nanossegundos antes da meia-noite.

E, mesmo *assim*, mudanças ocorrem em ritmo glacial. Suponhamos, agora, que aqueles últimos dez minutos — a era "comportamentalmente moderna" do homem — corresponda a um ano. Nada acontece até dezembro. Os sumérios começam a fundir o bronze na primeira semana de dezembro, os primeiros idiomas registrados aparecem no meio do mês e o Cristianismo começa a se expandir no dia 23. Mas, para a maioria das pessoas, a vida ainda é muito desagradável, brutal e curta. Momentos antes do alvorecer do dia 31 de dezembro, o ritmo finalmente começa a acelerar na medida em que a produção em massa inaugura a era industrial. Naquela manhã, as linhas ferroviárias cruzam as terras, e os humanos finalmente começam a se locomover mais rápido do que os cavalos. O restante do dia é repleto de ação: por volta das 14h, a mortalidade infantil e a expectativa de vida — ambas praticamente sem variação desde o êxodo da África no último janeiro — melhoram com a introdução de antibióticos. Aviões circulam pela Terra no final da tarde, e companhias ricas começam a adquirir os primeiros e enormes computadores à hora do jantar.

Passaram-se 364 dias antes que humanos caminhassem sobre a Terra. Pelas 19h há três bilhões de pessoas no planeta, e nós acabamos de abrir a primeira garrafa de champanhe! Esse número dobra novamente antes da meia-noite, e à velocidade em que estamos indo (praticamente outro bilhão de pessoas a cada oito minutos), a humanidade alcançará a capacidade esperada da Terra às 2h da manhã do primeiro dia do Ano Novo.[24] Em algum momento recente — o equivalente geológico a uma simples batida do coração de um beija-flor —, tudo, da velocidade da viagem ao crescimento populacional e à enorme quantidade de informação que nossa espécie agora possui, começou a sofrer metástase. Em resumo, entramos em uma era exponencial.

No entanto, a "grande virada", expressão cunhada por um artigo de 2009 da influente revista *Harvard Business Review*,[25] ocorreu em torno das 22h com as revoluções gêmeas já mencionadas: a internet e o chip de circuito integrado. Juntas, elas proclamaram o início da idade da rede, a mais clara ruptura da era industrial, mais que qualquer outra coisa que ocorreu antes dela.

Parece ficar mais evidente a cada dia que a condição primária da era da rede não é apenas a mudança rápida, mas a mudança *constante*. No espaço de poucas gerações — desde as 22h, para continuarmos na nossa metáfora de um ano —, os períodos de estabilidade têm ficado mais curtos e as mudanças disruptivas com novos paradigmas têm surgido com frequência cada vez maior.[26] Avanços iminentes em áreas como genética, inteligência artificial, manufatura, transporte e medicina somente aceleram essa dinâmica. "E se os padrões históricos

— disrupção seguida de estabilização — estiverem eles próprios em processo de disrupção?", perguntam os autores de "The Big Shift" em outro artigo, "The New Reality: Constant Disruption".[27]

Caso você trabalhe em cibersegurança ou design de software, não precisa de um livro para descobrir como é lidar com um setor de atividade no qual a mudança em si parece atrelada às leis de Moore, dobrando repetidamente. Trata-se de um fenômeno quantitativo com implicações qualitativas. Quando os chips diminuem tanto e tão rápido, obtemos computadores portáteis. Robôs construindo robôs. Vírus de computador capazes de instalar o pânico financeiro. Você está preparado para implantes cerebrais? Calma, não responda. As mudanças não se importam se você está preparado. As mudanças atropelaram os humanos em alguma época no fim do último século. Estes são tempos exponenciais. E eles deram origem a três condições que definem nossa era.

ASSIMETRIA

Na era analógica, uma física newtoniana meio bruta dominou o reino dos esforços humanos. Grandes forças históricas só podiam ser neutralizadas por uma força de igual poder e extensão. O capital era posto em xeque pelo trabalho, e ambos eram contidos (ainda que imperfeitamente) pelo governo. Grandes exércitos derrotavam pequenos exércitos. A Coca-Cola se preocupava com a Pepsi e não muito mais. Embora houvesse fricção — frequentemente sangrenta, e cataclísmica —, onde essas massivas forças entravam em contato, os resultados se conformavam a uma espécie de ordem compreendida por todos.

Então, em um período de pouco mais de 20 anos, tudo mudou. O exemplo mais dramático, claro, tem sido a ascensão contra poderosos protagonistas na cena mundial das organizações terroristas cujos membros são em número menor que uma cidade agrícola do meio-oeste americano. Porém, exemplos não faltam: pequenos grupos de hackers causam estragos se infiltrando nas bases de dados governamentais dos EUA;[28] um homem — Craig Newmark —, sozinho, incapacitou a indústria americana de jornais ao lançar sua Craiglist (rede que centraliza comunidades online e disponibiliza anúncios gratuitos aos usuários);[29] em 2010, um corretor desempregado chamado Navinder Singh Sarao instalou um algoritmo no computador de seu flat em Londres que suprimiu quase US$1 *trilhão* do mercado segurador americano.[30]

Seria simplista dizer que o pequeno é o novo grande, porém é indiscutível que a internet e as tecnologias digitais rapidamente aprimoradas têm nivelado o terreno de maneiras que podem ser utilizadas tanto para os bons quanto para os mais nefastos propósitos. Não é tanto uma questão de saber se tudo isso é bom ou ruim. Quer você esteja tocando uma pequena empresa ou gerenciando um departamento de uma agência governamental, ou simplesmente ocupando qualquer cargo de responsabilidade dentro de uma organização de qualquer escala, o importante é a simples questão da assimetria. O ponto é que você não pode mais pressupor que custos e benefícios serão proporcionais ao tamanho. Em qualquer caso, o oposto dessa suposição é provavelmente verdadeiro: hoje, as maiores ameaças ao *status quo* vêm dos menores lugares, desde *startups* e indivíduos inescrupulosos, a separatismos e laboratórios independentes. Como se tal coisa não fosse assustadora o suficiente, estamos tendo que lidar com esse redemoinho de novos concorrentes, uma vez que os problemas que enfrentamos são mais complexos do que nunca.

COMPLEXIDADE

A complexidade, ou o que os cientistas costumam chamar de sistemas complexos, não é algo novo. Na verdade, sistemas complexos precedem o *Homo sapiens* em mais de três bilhões de anos. A resposta imune dos animais é um sistema complexo, tal como uma colônia de formigas, o clima no planeta Terra, o cérebro de um rato e a intrincada bioquímica presente em qualquer célula viva. E depois, há a complexidade antropogênica, ou espécies de sistemas — como o nosso clima ou a química de nossas fontes de água —, que se tornaram muito mais complexas em decorrência das intervenções inconscientes do homem. Dito de outra forma, podemos ter criado uma mudança climática, mas isso não significa que a tenhamos compreendido.

A economia carrega todas as marcas clássicas da complexidade. Ela é composta por um grande número de partes individuais que obedecem a algumas regras simples. (Por exemplo, imagine um corretor de ações que, executando uma ordem de venda, desencadeia uma vertiginosa reação em cadeia de movimentos e contramovimentos.) Milhões desses atos simples — comprar, vender ou manter — formam a base para a tendência de auto-organização de um mercado.[31] É por isso que uma colônia de formigas pode ser quase pensada como um único "superorganismo", uma vez que se comporta muito além da capacidade de qualquer formiga dentro do sistema. Muitos sistemas complexos são também adaptativos — os mercados, por exemplo, mudam em resposta a novas informações, assim como as colônias de formigas respondem imediatamente em massa em face a novas oportunidades ou ameaças.[32] Na realidade, é da natureza de alguns sistemas complexos processar e produzir informações.[33]

O estudo da complexidade se tornou uma das áreas de investigação científica mais promissoras. É inerentemente interdisciplinar, um produto de físicos, teóricos da informação, biólogos e outros cientistas se unindo para entender o que não pode ser compreendido por um único campo de estudo.

A quantidade, ou nível, de complexidade sofre a influência de quatro elementos: heterogeneidade, uma rede, interdependência e adaptação. "Imagine-os como quatro botões", diz Scott E. Page, diretor do Centro de Estudos de Sistemas Complexos da Universidade de Michigan. Em dado momento no tempo, Page diz: "Todos esses botões estavam posicionados no zero. Vivíamos em comunidades isoladas, homogêneas e mal equipadas para se adaptar às rápidas mudanças das condições reinantes, mas por milhares de anos isso pouco importava". O Império Romano, por exemplo, levou séculos para ser desvendado. "Nós aumentamos o volume de todos esses botões para 11 nos últimos anos", diz Page.[34] "E não conseguimos começar a pensar quais serão as consequências disso."[35] O não saber é que nos leva ao nosso terceiro fator contribuinte.

Incerteza

Novamente voltamos à pergunta de um milhão — não, bilhões — de dólares: o que vem a seguir? Ninguém sabe. Nem os dispendiosos consultores da McKinsey & Company, nem os analistas enfiados em algum prédio altamente secreto da NSA e, certamente, tampouco os autores deste livro. Como vimos no início desta introdução, no decorrer dos séculos tem sido constrangedor o desempenho dos seres humanos no que se refere a prever o futuro. Na verdade, especialistas e futurologistas têm alguns dos piores registros de todos, inclusive quanto a seleções aleatórias.[36] (Durante anos, o *The Wall Street Journal* teve uma seção muito popular onde ações recomendadas por especialistas no setor eram comparadas às "escolhas" feitas através de lançamentos aleatórios de dardos nas páginas de ações; os dardos quase sempre venciam.) Se isso já era um jogo de azar antes, é ainda mais fútil agora que nós turbinamos o quociente de complexidade do mundo.

Os climatologistas têm assinalado que aquecimento global é um termo inadequado. Nem todas as regiões sofrerão uma elevação da temperatura. O que muitas regiões experimentarão é um aumento de eventos climáticos extremos.[37] Isso ocorre porque o aumento da temperatura introduz mais variabilidade em qualquer padrão climático, tendo como consequência algumas áreas mais secas, algumas mais úmidas, e quase todas as regiões enfrentarão mais tempestades. Longe de simplesmente causar elevação da temperatura de uma maneira geral, o aquecimento global aumentou a volatilidade climatológica; o aquecimento é, na realidade, o início de mais incerteza meteorológica.

Durante grande parte de nossa história, o sucesso pessoal era relacionado à capacidade de fazer previsões precisas. Na Idade Média, um comerciante não sabia de muita coisa, mas se soubesse que havia seca na Renânia, poderia prever que seu trigo teria um preço melhor naquele lugar. Em uma era de complexidade, no entanto, ocorrências imprevisíveis podem mudar as regras do jogo no espaço de poucos dias.

É aqui que nosso livro deixa de meramente observar as condições de assimetria, incerteza e complexidade e passa a prescrever algo para se fazer a respeito. Tudo bem não saber. Na verdade, entramos em uma era em que admitir a ignorância oferece vantagens estratégicas sobre despender recursos — subcomissões, grupos de reflexão e previsões de vendas — em direção à meta cada vez mais fútil de prever eventos futuros.

Como você reconstrói uma empresa, uma agência governamental, um departamento universitário ou mesmo uma carreira em torno do não saber? Isso parece um confuso *koan zen* (no zen budismo, questão que contém aspectos inacessíveis à razão) — misterioso e, em última análise, sem resposta. Mas podemos tirar algumas lições de algumas pessoas que, para voltar ao modo de pensar de William Gibson, chegaram ao futuro enquanto ainda habitavam o presente. Pessoas em áreas tão diversas como forças armadas, ciências da vida, tecnologia e até mesmo meios de comunicação começaram a criar organizações envolvidas com a complexidade e a imprevisibilidade. Elas têm mais em comum do que você imagina.

O Media Lab (um laboratório de pesquisa do MIT) é um posto avançado muito bom através do qual se pode vislumbrar essa mente futura, uma vez que os princípios estão mais ou menos incrustados em seu DNA. O termo "mídia" sempre foi interpretado liberalmente, como em uma "forma de comunicar informações" ou "o material ou a forma que um artista, escritor ou músico usa", mas também "uma substância em que algo existe ou cresce" ou simplesmente "algo que é usado para uma finalidade em particular".[38]

O Media Lab precisa desse guarda-chuva espaçoso, uma vez que tem sido sempre uma espécie de ilha para brinquedos desajustados, um lugar para artistas que criam novas tecnologias, engenheiros que trabalham em genética e cientistas da computação que tentam reinventar nosso sistema educacional. A cultura não é tanto interdisciplinar como é orgulhosamente "antidisciplinar"; o corpo docente e os alunos, mais frequentemente do que não, não estão apenas colaborando entre disciplinas, mas também explorando os espaços entre e além delas.

É uma abordagem que começou com o cofundador do laboratório, Nicholas Negroponte. O Media Lab surgiu da Architecture Machine Group, que Negroponte cofundou, no qual arquitetos do MIT utilizaram computadores gráficos avançados para experimentos com design assistidos por computador, e Negroponte (junto com Steve Jobs, no Vale do Silício) imaginava uma era em que os computadores se tornariam dispositivos pessoais. Negroponte também previu uma convergência maciça que misturaria todas as disciplinas em conjunto e conectaria artes e ciências também — o programa acadêmico do Media Lab é chamado de "Media Arts and Sciences".

Felizmente, para Negroponte e para o Media Lab, o mundo estava pronto para tal mensagem, e o Lab pôde lançar um modelo exclusivo em que um consórcio de empresas — muitas delas concorrentes — financiaria o trabalho e compartilharia toda a propriedade intelectual. Isso gerou espaço para pesquisa não direcionada com enorme liberdade para estudantes, professores e pesquisadores convidados, com o modelo de consórcio permitindo a todos compartilhar com os demais dentro do Lab.[39]

Os primeiros anos do Media Lab ajudaram a traçar o rumo do mundo no que se refere a tecnologias avançadas de exibição em displays, telas sensíveis ao toque, realidade virtual, holografia, interfaces de usuário, sensores, *haptics*, aprendizagem, robôs pessoais, inteligência artificial, software e computação, impressão e fabricação em 3D e muito mais. John Sculley, CEO da Apple em grande parte dos anos 1980, foi membro do Comitê Visitante do Media Lab por cerca de uma década. Ele disse recentemente que "muitas das ideias que desenvolvemos na Apple vieram do MIT Media Lab".[40]

Conforme as predições de Negroponte iam se tornando realidade, o mundo se digitalizava, e os computadores capacitaram pessoas e coisas a se conectar umas às outras de forma eficaz, barata e sofisticada; o mundo se tornou mais aberto, conectado e complexo, empurrando o Lab para novos campos, como redes sociais, big data, economia, estudo dos direitos e deveres dos cidadãos, cidades, criptomoedas e outras áreas que se tornaram mais concretas e acessíveis na medida em que a internet, os computadores e os dispositivos abriram esses domínios para o novo pensamento e inovação.

Enquanto isso, a internet e os computadores também reduziram dramaticamente o custo de invenções, compartilhamento, colaboração e distribuição, o que aumentou substancialmente os lugares onde trabalhos interessantes aconteciam e, também, a interconectividade desse trabalho.

Mais recentemente, o Lab tem se dedicado às chamadas "hard sciences" (ciências exatas), com um número crescente de projetos e pessoas trabalhando em biologia.[41] Acontece que o ethos ferozmente pragmático, "antidisciplinar", do Media Lab — em que os cientistas da computação podem tomar emprestado livremente da arquitetura, e esta da engenharia elétrica, enquanto tudo estiver conectado — funciona surpreendentemente bem quando aplicado à ciência, podendo, de fato, se adequar excepcionalmente bem a este mundo complexo, interdisciplinar e acelerado. Esse pragmatismo inerente às abordagens antidisciplinares tem se mostrado especialmente valioso em áreas científicas próximas das fronteiras da compreensão humana. Ed Boyden dirige o grupo de neurobiologia sintética — com 45 pesquisadores, é o maior do Media Lab. Em vez de se concentrar em estudos clínicos ou trabalho teórico, a equipe de Boyden se concentra em construir ferramentas que a geração de cientistas que estuda o cérebro pode usar para dar um salto em nossa nascente compreensão do sistema nervoso humano. Tal missão jamais teria êxito sem a utilização de conhecimentos especializados bem fora do campo da neurobiologia.

O Media Lab conseguiu se adaptar a mudanças que aniquilaram muitos negócios (lembra-se do Palm-Pilot?) ou, no caso, laboratórios de pesquisa (a Xerox negligenciou muitas das melhores inovações que emergiram da Xerox PARC).[42] O Lab deve sua adaptabilidade aos fortes valores centrais e princípios que Negroponte e outros estabeleceram já no início; ainda que o mundo e o Lab tenham mudado de muitas formas substantivas, os princípios centrais permanecem sólidos.

Princípios são concebidos para se sobrepor e complementar uns aos outros. (Eles não são classificados em ordem de importância.) De fato, o princípio que poderia ser o mais central do Media Lab não está listado aqui, embora você o encontre permeando cada capítulo do livro. É a noção de colocar a aprendizagem acima da educação. Aprender, argumentamos, é algo que você faz por si mesmo. Educação é algo feito para você. O espírito pedagógico do Media Lab deve muito a Mitch Resnick, cujo mentor, Seymour Papert, ajudou a dar início ao Lab. Resnick dirige o grupo de pesquisa Lifelong Kindergarten, e sua dedicação ao que ele chama de "quatro Ps" da aprendizagem criativa — Projetos, Pares, Paixão e Prática (do inglês: Projects, Peers, Passion e Play) — tem muito a ver com o espírito que anima este livro. Acreditamos firmemente que, para que os princípios encontrem um solo fértil nos próximos anos, nosso sistema educacional deve incorporar algo da mesma filosofia.

Em muitos aspectos, os nove princípios deste livro representam nossa interpretação dos princípios fundamentais do Media Lab. Eles se tornaram os princípios orientadores do Lab, e o trabalho do diretor tem sido instigar e ajustar os rumos do Lab — sua ecologia, em certo sentido, porque o Lab é um sistema complexo e autoadaptável tanto quanto qualquer tundra ou floresta tropical. O diretor, então, cuida do jardim e fomenta o surgimento no mundo de algo bonito e novo.

Esse é, também, o intuito central deste livro, embora, em nossa opinião, o processo será, às vezes, mais tumultuado e tentador do que uma tarde de primavera no jardim. Mas estes são os tempos em que vivemos. Esses princípios oferecem um plano de como moldar esse novo mundo e prosperar nele.

Emergência acima da Autoridade

1

Houve uma época em que tivemos uma noção muito linear de como o conhecimento era produzido e disseminado: originava-se em Deus e era divulgado a uma série de clérigos, profetas, sacerdotes e líderes teocráticos, nessa altura tomando a forma de dogma (ou, em uma perspectiva secular, política), que seria divulgada mediante uma versão da antiguidade de uma gestão de médio escalão até atingir uma popularidade em grande parte indiscutível.

Tudo isso soa terrivelmente arcaico — rescende a faraós e ao Velho Testamento. Ainda que se possa começar a ver fissuras nesse sistema, com Martinho Lutero e a noção radical de que as verdades religiosas surgiram de uma comunidade de confrades e não da Igreja, com I maiúsculo, como padrão básico de produção de conhecimento, organização e distribuição, o modelo permaneceu praticamente inalterado.

Esse sistema, agora, está de saída; um novo sistema, emergência, está a caminho. Sistemas emergentes não estão *substituindo* a autoridade. Não vamos começar a policiar a nós mesmos ou restaurar em massa comunidades sem lei. O que mudou é uma atitude básica em relação à informação — seu valor e seu papel em canalizar a maioria sobre os desejos e ditames de poucos. A internet tem desempenhado um papel importante nessa questão, proporcionando um caminho para que as massas não apenas façam suas vozes serem ouvidas, mas se envolvam no tipo de discussão, deliberação e coordenação que até recentemente eram domínio apenas da política profissional. Em 2007, um ponto em que, de repente, blogs de amadores foram capazes de contestar a autoridade de veneráveis instituições de notícias, Joi escreveu um artigo no qual sustentava que a internet estava dando origem a um novo fenômeno político, uma espécie de inteligência coletiva que, como as abelhas ou outros organismos coloniais, possuiria qualidades que iam muito além das capacidades de um único indivíduo. Essa "democracia emergente" pode ser vista em certos aspectos da Primavera Árabe, que, em 2011, incomodou sobremaneira governos autoritários orientais, embora, infelizmente, tenha fracassado por não passar de um golpe para a criação de um governo. O Anonymous — grupo de hacktivistas altamente potente, mas completamente sem liderança — pode ser a mais pura expressão da democracia emergente. Elementos de democracia emergente foram uma característica proeminente na campanha presidencial de 2016 nos EUA; é notória a percepção de que nem Bernie Sanders e nem Donald

Trump "lideraram" seus respectivos movimentos tanto quanto surfaram neles, esperando e rezando para que a identidade coletiva do eleitorado acabasse por levá-los em segurança de volta à praia.

O escritor de ciência Steven Johnson, cujo livro *Emergência* introduziu muitas dessas ideias para o público em geral, compara a evolução de novas ideias ao bolor limoso — um organismo unicelular que se junta a outros como ele para formar um tipo de superorganismo quando há carência de alimento. Como essas células sabem fazer isso, dado que lhes falta um cérebro? Como formigas em um montículo, elas seguem um conjunto de regras simples e deixam trilhas de feromônios aonde quer que vão. Se um número suficiente de organismos larga o feromônio que diz "Estou *morrendo de fome!*", o alarme faz com que todas as partes se reúnam no tronco podre mais próximo. Ideias não são diferentes, Johnson escreve. As células individuais do bolor limoso passam a maioria de suas vidas isoladas, explorando perpetuamente seu ambiente imediato para se alimentar. Mas quando as células começam a se reunir em massa, a força do sinal coletivo desencadeia a formação de algo completamente diferente, algo que nenhuma célula de bolor limoso planejou ou poderá jamais compreender. O mesmo fenômeno, escreve Johnson, ocorre com ideias. "Conecte mais mentes ao sistema e as faça trabalhar em uma trilha mais longa e duradoura — publicando essas ideias em livros mais vendidos ou criando centros de pesquisa para explorá-las — e, em pouco tempo, o sistema chega a uma transição de fase: palpites isolados e obsessões privadas se fundem em uma nova maneira de olhar para o mundo, compartilhada por milhares de indivíduos."[1] No momento, estamos em meio a uma transição de fase — o ponto em que um sólido, digamos, de repente se liquefaz, ou a umidade do ar esfria apenas o bastante para virar uma tempestade.

Emergência é o que acontece quando uma infinidade de pequenas coisas — neurônios, bactérias, pessoas — exibe propriedades além da capacidade de qualquer indivíduo, simplesmente através do ato de fazer algumas escolhas básicas: esquerda ou direita? Atacar ou ignorar? Comprar ou vender? A colônia de formigas é o exemplo clássico, é claro. Esse metaorganismo possui habilidades e inteligência muito maiores do que a soma de suas partes: a colônia sabe quando a comida está próxima ou quando tomar uma ação evasiva ou, surpreendentemente, quantas formigas precisam deixar a colônia para ir atrás do alimento do dia ou repelir um ataque.[2]

Nosso cérebro é outro exemplo surpreendente de emergência. De alguma forma, aproximadamente 1/3 dos mais ou menos 20 mil genes diferentes que compõem o genoma humano estão presentes no cérebro e direcionam o desenvolvimento de dezenas de bilhões de neurônios. Cada neurônio, embora relativamente complexo, não é consciente ou muito inteligente. De alguma forma, esses neurônios, quando conectados, criam uma rede incrível, que não é só maior do que a soma de suas partes, mas capaz de ser tão consciente que podemos até pensar em pensar. Embora a questão de como o cérebro realmente funciona ainda seja debatida acaloradamente, está claro que o pensamento e a consciência — a mente — podem emergir de redes de peças menos sofisticadas conectadas da maneira correta.

Outras demonstrações de processos cognitivos coletivos também são abundantes na natureza. Cardumes, bando de pássaros, nuvem de gafanhotos — todos exibem propriedades emergentes. A vida em si é uma propriedade emergente, o resultado de moléculas — carboidratos, lipídios, proteínas e ácidos nucleicos —, todos cuidando apenas de si mesmos. Um lipídio nunca se virou para uma proteína e disse: "Precisamos nos organizar. Todos nós devemos nos reunir na forma de um bípede sem pelos e estranho chamado Zé". O lipídio só quer armazenar energia ou se ligar com outros lipídios para criar uma membrana celular.

Sistemas emergentes não são novos, é claro, e o estudo deles remonta aos gregos antigos. E emergência não é apenas um fenômeno natural. Na escala de uma cidade inteira, os seres humanos são como formigas, correndo para lá e para cá, tomando decisões em pequena escala, sem um pensamento sobre as consequências cívicas. Isso é, de fato, o que torna as cidades um ambiente mágico. Nenhuma inteligência individual poderia orquestrar a efervescência de Nova Orleans ou os estilos complexos do Distrito de Shibuya, em Tóquio. O trânsito em uma rotatória se baseia na emergência, assim como a contínua evolução da comunicação humana. Mais uma vez, nenhuma mente única — exceto, possivelmente, a de William Shakespeare — poderia criar o fluxo constante de inovações linguísticas que se enquadram nas inúmeras formas de qualquer idioma. O exemplo mais óbvio de um sistema emergente criado pelos seres humanos é a economia, que exibe claramente atributos que nenhum indivíduo poderia controlar. Nós tendemos a pensar nos mercados como pouco mais do que o lugar onde os compradores se encontram com os vendedores

30   EMERGÊNCIA ACIMA DA AUTORIDADE

para conduzir seus negócios. Porém, como o economista austríaco Friedrich Hayek observou em um artigo de 1945, considerado um dos textos fundacionais da teoria da informação, os mercados fazem algo muito mais valioso: eles coletam e utilizam o conhecimento que está "amplamente disperso entre os indivíduos", escreve Hayek. "Cada membro da sociedade pode ter apenas uma pequena fração do conhecimento possuído por todos, e [...] cada um é, portanto, ignorante da maioria dos fatos sobre os quais o trabalho da sociedade repousa". O mercado, na visão de Hayek, é a máquina de agregação acidental que os humanos criaram para "conquistar a inteligência".[3]

Pelo cálculo de Hayek, o preço de uma ação é o encapsulamento de toda a informação conhecida sobre a empresa em qualquer momento, combinada ao que se entende sobre a relativa estabilidade do próprio mundo. O mercado de ações foi o maior sistema de informação de todos os tempos, maior até que o surgimento da internet. Em nossa era, a internet possibilita a bilhões de pessoas[4] acesso à mesma capacidade que o mercado tem para agregar grandes quantidades de informações e usá-las para tomar decisões informadas. À medida que a relativa estabilidade do mundo decorre cada vez mais do medo ou da confiança dessas bilhões de pessoas, os preços das ações se tornam menos ligados ao valor material subjacente das empresas. Em consequência, as flutuações se tornam perigosamente amplificadas.

Mas essa mudança da autoridade — quando as organizações traçavam o curso do barco que aqueles poucos e altivos ocupantes do deck consideravam sábio — para a emergência, em que muitas decisões não são tanto *tomadas* quanto emergem de grandes grupos de empregados ou partes interessadas de um tipo ou outro, está mudando o futuro de muitas organizações. Tendo originalmente saudado o fenômeno com medo e desdém, as empresas estão, agora, percebendo que os sistemas emergentes podem tornar seus serviços desnecessários. Claro, eles também podem ser explorados para obter grandes ganhos, como já começamos a ver.

Comparar o deslocamento da autoridade da *Enciclopédia Britânica* para a Wikipédia — uma coleção confiável de especialistas *versus* uma comunidade auto-organizada de ratos de biblioteca para o bem comum — é um grande indicador dessa mudança de fase. Em 2005, a *Nature* publicou um estudo que revelou que os dois eram comparáveis em qualidade.[5] Desde então, temos

DISRUPÇÃO E INOVAÇÃO 31

testemunhado a constante ascensão da Wikipédia, capaz não só de responder instantaneamente a novas informações (a morte de uma celebridade, o início das hostilidades entre duas facções rivais), mas também de fomentar a dissidência, a deliberação e, em última instância, o consenso sobre como essa informação deve ser apresentada.

Embora a revolta da Primavera Árabe e o grupo de hacktivistas Anonymous possam parecer exceções em um mundo ainda repleto de estruturas autoritárias de poder, tratam-se apenas de manifestações discretas e coloridas de um fenômeno bem estabelecido. Paradigmas, sistemas de crenças, preconceitos — todos exibem as características de um fenômeno emergente. Um indivíduo pode ter um avanço extraordinário, mas um sistema inteiro de ideias, que chamamos de episteme, emerge da multidão sem que nenhum de seus componentes esteja consciente do ato. A gravidade é uma ideia. Isaac Newton, com uma mãozinha de Galileo, foi seu autor. Mas a revolução científica foi uma renovação completa das crenças epistemológicas da humanidade — como adquirimos conhecimento e justificamos nossas crenças. Em resumo, foi um novo conjunto de princípios, a criação de ninguém e de todos.

Não é por acaso que esse novo fascínio com sistemas emergentes tenha coincidido com nosso momento histórico atual. Fizemos grandes progressos no entendimento de como as propriedades emergentes evoluem nos sistemas naturais, o que, por sua vez, ajudou a informar como nos aproximamos dos sistemas emergentes dos quais temos dependido tão acentuadamente. Lembra-se das formigas? Dois professores de Stanford, um cientista da computação e um biólogo, colaboraram recentemente em um projeto de pesquisa que estuda como formigas buscam o alimento. Eles descobriram que as colônias de formigas tinham efetivamente inventado o TCP/IP — o método central pelo qual a informação é distribuída pela internet — milhões de anos antes dos humanos.[6]

Não é incomum que os seres humanos, sem saber, tenham replicado um padrão já presente na natureza. De fato, a tendência de certos padrões irredutíveis — a curva fractal que define o floco de neve — se repetirem mais e mais é, em si, uma propriedade emergente. Por quase 20 anos temos utilizado a linguagem de profunda mudança para descrever o crescimento da internet — um novo meio "radical" e "revolucionário". Isso não foi um exagero. Mas não deveria surpreender que o crescimento da rede — a própria arquitetura que compreende um sistema emergente de nódulos e neurônios que desafiam qualquer ordem linear óbvia — teria um efeito sobre nós nos níveis mais profundos do modo como pensamos.

A biologia é o sistema emergente original, um fato que é tão autoevidente quanto é difícil para nós percebermos intuitivamente. Estamos naturalmente dispostos a acreditar que por trás de cada Oz há um mágico, uma entidade ímpar que comanda as ações. Quase todas as culturas têm em seu âmago a história de como a Terra e suas espécies mais persistentes surgiram. No princípio, só havia Deus — ou Gaia, se você saúda a antiga Atenas, ou Pangu, segundo a tradição chinesa clássica.

Esse pressuposto cognitivo central configurou a maneira como estruturávamos nosso "conhecimento" sobre o mundo. Acreditávamos que as colônias de formigas obedeciam às ordens de sua rainha e que alguma força organizadora — obviamente — era responsável pela esmagadora complexidade do mundo à nossa volta. Inscrevemos esse mal-entendido básico em nossas organizações sociais — cada tribo com seu próprio líder, cada empresa com seu próprio CEO. Só recentemente chegamos a entender a explicação, aparentemente menos plausível, de que a rainha, metaforicamente falando, não tem mais ingerência na colônia do que seu operário mais humilde. E que, ao contrário da crença reinante por séculos, não há autoridade central por trás da especiação, a produção implacável de variedade e diferença nas formas de vida ao nosso redor. Esse princípio — emergência sobre autoridade — precede os outros, porque fornece a base sobre a qual os outros repousam. E se construíssemos instituições e governos que refletissem essa realidade, em vez de reforçar uma falácia antiga? O fato é que nós já fazemos. Considere a luta para erradicar a tuberculose.

A *Mycobacterium tuberculosis* é transmitida por via aérea — um único espirro pode espalhar 40 mil gotículas infecciosas, mas bastam apenas dez para contrair a doença. Os bacilos da tuberculose alojam-se dentro dos pulmões da vítima. O sistema imunológico humano despacha os policiais locais, que prendem os bacilos. A maioria das células morre, mas a *M. tuberculosis* fica esperando sua vez. Estima-se que 1/3 de toda a população está infectada pela doença, que pode permanecer latente por um mês, um ano ou uma vida inteira. Em cerca de 10% dos casos, no entanto, os bacilos escapam da barreira protetora imposta por nosso sistema imunológico ao redor deles e se reproduzem rapidamente, disseminando-se pelos pulmões e matando cerca de metade das pessoas infectadas.[7]

Tão antiga quanto a própria humanidade, a tuberculose não se tornou uma epidemia até o século XVIII,[8] após a grande migração de seus hospedeiros para densas favelas urbanas, nas quais um único espirro poderia infectar toda uma família.[9] Em 1820, a "peste cinzenta", como era conhecida, ceifou a vida de um em cada quatro europeus. Após a 1ª Guerra Mundial, a doença entrou em declínio acentuado, decorrente da melhoria das condições sanitárias e de antibióticos sofisticados. Em 1985, havia menos de 10 casos por 100 mil nos Estados Unidos.[10] Ela parecia estar à beira da erradicação.

Foi então que o *M. tuberculosis* nos venceu pela astúcia. Às vezes, os antibióticos eram prescritos incorretamente. Alguns pacientes se esqueciam de completar o tratamento. Os prisioneiros e os infectados pela doença nos países em desenvolvimento estavam sujeitos a obter doses incompletas. Aconteceu, então, uma espécie de *No Limite*, e tais aplicações parciais de antibióticos nocautearam o *M. tuberculosis* mais fraco e permitiram que os fortes — aqueles que possuíam mutações genéticas imunizando-os contra os antibióticos — florescessem. Essa linhagem resistente aos medicamentos prosperou e gerou muitos descendentes, todos compartilhando a mesma mutação.[11]

A tuberculose não é o único patógeno a seguir esse caminho evolutivo. De acordo com a Organização Mundial da Saúde, as doenças resistentes aos medicamentos representam uma das maiores crises de saúde pública dos últimos anos. "Sem uma ação urgente e coordenada das muitas partes interessadas",

34 EMERGÊNCIA ACIMA DA AUTORIDADE

diz Keiji Fukuda, diretor-geral assistente de saúde da OMS, "o mundo está caminhando para uma era pós-antibiótica, na qual as infecções comuns e lesões menores que têm sido tratáveis por décadas podem, mais uma vez, ser fatais".[12]

Em 2013, uma ação coordenada urgente foi implementada por um grupo de investigadores de nove países por toda a Europa. "Para derrotar uma doença moderna", declararam, "você precisa de armas modernas".[13] E uma dessas armas era uma maneira nova e emergente de organizar pesquisas.

Entrou em cena o bacteriófago, um vírus que ataca bactérias. Uma espécie de cápsula lunar com pernas longas e esguias, ele poderia muito bem protagonizar seus pesadelos se não estivesse, neste caso, do lado dos mocinhos.

Os pesquisadores europeus, que chamaram a si mesmos de Team Bettencourt, em homenagem à instituição em Paris onde o projeto foi baseado, reprogramaram o fago para fazer algo benéfico. Ele insere uma proteína que foi instruída para localizar uma mutação genética que torna a estirpe M. tuberculosis imune a antibióticos. A proteína corta os fios de hélice dupla que suportam a sequência que caracteriza aquela mutação, tão facilmente como um de nós pode apagar esta frase depois de escrevê-la. Com esse pequeno ajuste no DNA do M. tuberculosis — seu código-fonte —, a bactéria está novamente suscetível a um regime padrão de medicamentos. O grupo de Bettencourt também demonstrou como eles poderiam fazer um tecido especial que pode diagnosticar a doença na hora, uma grande vantagem nas regiões mais afetadas por surtos de tuberculose. Com o ajuste de algumas linhas de código dentro do DNA da bactéria, um dos assassinos mais prolíficos da espécie humana poderia seguir o mesmo caminho da varíola.

Alguns anos transcorrerão até que as terapias da equipe Bettencourt fiquem disponíveis para o público. Até agora, a guerra intercelular descrita anteriormente está restrita a tubos de ensaio utilizando uma bactéria "segura", concebida para imitar a M. tuberculosis, e o Team Bettencourt desenvolveu seu tratamento pioneiro para a competição da International Genetically Engineered Machine ou iGEM.[14] A maioria dos pesquisadores ainda estava trabalhando em suas graduações.

O iGEM não é uma feira de ciências tradicional, mas a biologia sintética — ao criar novas sequências genéticas para programar seres vivos com novas propriedades e funções, tais como novas formas de chocolate ou uma levedura que produz uma droga antimalária — não é uma disciplina científica tradicional. "Houve um tempo em que a ciência avançava trancando pequenas equipes de pesquisadores em seus laboratórios até que produzissem um mínimo de avanço", diz Randy Rettberg, ex-cientista do MIT que ajudou a iniciar o iGEM. "A ciência não funcionará dessa forma no futuro, e a biologia sintética não funciona dessa forma agora."[15] Tendo surgido na era do software de código aberto e da Wikileaks, a biologia sintética está se tornando um exercício de colaboração radical entre estudantes, professores e uma legião de cientistas-cidadãos que se autodenominam biohackers. A emergência caminhou rumo ao laboratório.

No que diz respeito às disciplinas, a biologia sintética ainda está em sua infância, mas tem o potencial de impactar a humanidade de maneiras que mal podemos imaginar. Computadores moleculares poderiam entrar onde o chip de silício sai, empacotando um supercomputador na cabeça de um alfinete. Toda a raça humana poderia ser reprogramada para ser imune a todos os vírus. A reengenharia do *E. coli* poderia transformar dejetos em combustível suficiente para atravessar o Atlântico.[16] Imagine gigantescas lagoas coletando bactérias capazes de satisfazer a sede global por combustível fóssil. Talvez você queira um animal de estimação exótico? Experimente um dos elefantes chiques "de bolso" em oferta na GeneFab local ou programe o seu você mesmo.

"Não se pode prever o futuro de um campo científico", diz George Church, geneticista de Harvard e do MIT. Muitas vezes, Church é criticado por promover o campo da biologia sintética — ele promoveu a ideia da "des-extinção" do homem de neandertal e do mamute[17] —, mas, pessoalmente, parece menos provocador do que realista. Perguntado se algumas das ideias mais estranhas em torno da biologia sintética eram muito extravagantes, ele deu de ombros e lembrou que ninguém poderia ter previsto o surgimento de uma tecnologia fácil, de alta velocidade, que nos permitiria mapear o genoma humano. "A sequenciação genética está diminuindo de preço e aumentando a velocidade a uma taxa seis vezes maior que a da Lei de Moore", diz Church. "Há dez anos ninguém poderia ter previsto que isso aconteceria."[18] (A Lei de Moore diz que as velocidades de processamento do computador dobram a cada dois anos.)

36 EMERGÊNCIA ACIMA DA AUTORIDADE

Embora o projeto do Team Bettencourt tenha sido brilhante, também foi, em grande parte, teórico — *deve* ser possível, dada a vasta experiência, tempo e financiamento, criar um vírus que reprograme a tuberculose. As probabilidades realistas de instituir essa terapia receberam um grande impulso com a rápida adoção da edição genética, agora, procedimento padrão para os "biocuriosos", como são chamados os civis que atendem à comunidade de laboratórios de "biohacking" surgindo em todo o mundo. "A ciência avança muito rapidamente", diz Church, pioneiro de muitas das técnicas empregadas na biologia sintética. "Muitas maravilhas podem vir a fazer parte de nossas vidas [...] Ou," diz ele, com um sorriso mordaz, "algum adolescente entediado de 13 anos poderia reprogramar um vírus que extinguiria a raça humana. Tudo é possível, e a pergunta é: nós nos sentimos com sorte?"

As disciplinas científicas exóticas não são as únicas áreas do esforço humano que estão em transição para novas formas de gerar descobertas ou promover inovação. Você pode chamá-la de ciência-cidadã ou *crowdsourcing*, ou ainda inovação aberta, mas o que a ascensão da biologia sintética mostra é que logo vamos simplesmente tratá-la como procedimento operacional padrão. O triunfo da emergência — especialização e conhecimento emergentes de redes distribuídas como a internet — sobre a autoridade equivale a uma mudança tectônica na maneira como o conhecimento é produzido e distribuído. A idade da emergência substituiu a idade da autoridade. Instituições como o iGEM não são periféricas à disciplina acadêmica, mas a integram.

Nos sistemas tradicionais, das fábricas ao governo, a maioria das decisões é tomada no topo. Embora os funcionários possam ser incentivados a sugerir produtos e programas, são os gerentes e outras pessoas com autoridade que consultam os especialistas e decidem quais sugestões devem ser implementadas. Esse processo é geralmente lento, incrustado em camadas de burocracia, e sobrecarregado por um procedimentalismo conservador.

Sistemas emergentes pressupõem que cada indivíduo dentro deles possui uma inteligência ímpar que beneficiaria o grupo. Essa informação é comparti-

DISRUPÇÃO E INOVAÇÃO   37

lhada quando as pessoas fazem escolhas sobre quais ideias ou projetos devem ser apoiados ou, crucialmente, tomam essa informação e a usam para inovar.

Essa mudança se tornou possível porque o custo da inovação despencou à medida que novas ferramentas se tornaram amplamente disponíveis. Baratas e eficazes, as impressoras 3D fazem protótipos facilmente; o conhecimento, outrora acessível apenas dentro de grandes corporações ou instituições acadêmicas, pode, agora, ser encontrado em cursos online ou em comunidades como o DIYbio, uma coleção de cientistas-cidadãos que se envolvem no tipo de experimentos genéticos que eram até recentemente objeto de laboratórios exclusivos e caros.[19]

Por fim, sites de *crowdfunding* como Kickstarter e Indiegogo construíram plataformas quase isentas de atritos para levantar dinheiro destinado a desenvolver qualquer coisa, de pequenos projetos de arte a grandes produtos para consumidores. Esses são exemplos em tempo real da emergência em ação. Eles permitem aos criadores testar a validade daquela informação exclusiva — uma garrafa de água se transformou na Super Soaker! (uma pistola de água) — com um grande grupo de clientes em potencial. Esse aspecto social incorporado torna o *crowdfunding* útil mesmo para projetos que têm capital de risco ou outras fontes de financiamento, e inestimável para os que não têm. O sucesso precoce em sites de *crowdfunding* também sinaliza para os investidores profissionais que um projeto repercute no público, dando aos inovadores a oportunidade de acessar fontes de capital que, de outra forma, poderiam ter ficado fora de alcance.[20]

Com o capital na mão, nossos empreendedores/inovadores podem facilmente ampliar seus recursos e descobrir alguns que não sabiam que estavam faltando, através do *crowdsourcing*. Em vez de contratar grandes equipes de engenheiros, designers e programadores, *startups* e indivíduos podem aproveitar uma comunidade global de freelancers e voluntários que podem fornecer as habilidades que lhes faltam.[21]

Outro componente importante nesse movimento da emergência sobrepujando a autoridade tem sido a proliferação da educação online e comunitária gratuita e de baixo custo. Isso não só inclui aulas formais, como edX, mas também sites educacionais como Khan Academy, aulas práticas para fabricantes

38 EMERGÊNCIA ACIMA DA AUTORIDADE

e tutoriais informais de colegas realizados online ou pessoalmente. Quanto mais oportunidades de aprender novas habilidades as pessoas tiverem, mais inovadoras elas se tornam.[22]

Todos esses avanços estão criando um sistema no qual as pessoas em todo o mundo são capacitadas para aprender, projetar, desenvolver e participar de atos de desobediência criativa. Ao contrário dos sistemas autoritários, que permitem apenas mudanças incrementais, os sistemas emergentes promovem o tipo de inovação não linear que pode reagir rapidamente ao tipo de mudanças rápidas que caracterizam a idade da rede.

Entre as qualidades menos apreciadas de um grande cientista está a disposição de parecer tolo. No outono de 1995, Tom Knight era pesquisador sênior no MIT, inventor de várias tecnologias-chave no desenvolvimento da computação e fundador de uma empresa de capital aberto. Contudo, em um dia de setembro, ele se viu em um curso básico de biologia, rodeado de estudantes segundanistas. "Eu acho que eles estavam se perguntando quem era aquele velho estranho", diz Knight com uma risada. "Mas eu tinha que distinguir um lado da pipeta do outro." [23] (A pipeta é como um conta-gotas altamente refinado.) Knight tinha percebido um fato central do próximo século: biologia *é* tecnologia. Mas ele era apenas uma de um punhado de pessoas que sabiam disso.

Knight tinha recebido seu PhD projetando circuitos integrados, a tecnologia que opera tudo, do carro ao computador e ao despertador. Em 1990, ele percebeu que era provável que vivesse mais que o chip de silício. "Você poderia prever que por volta de 2014 a *Lei de Moore* atingiria um teto." A observação de que o número de transistores em um dado chip dobrará a cada dois anos permaneceu estável por mais de 50 anos, mas "por fim, você não poderia fugir das leis da física". Em outras palavras, um transistor só pode ter tantos átomos de dimensão. Como era de se esperar, a previsão de Knight se materializou; nos últimos anos, a Lei de Moore começou a alcançar seu platô.

"Ficou claro que teríamos que deixar de montar coisas fisicamente, como fazíamos com os semicondutores, e passar a montá-las quimicamente." E a melhor química do mundo, ele percebeu, ocorria no nível celular. O sucessor mais provável do circuito integrado, Knight decidiu, seria a célula viva. "Decidi que, basicamente, me tornaria um estudante de graduação em biologia."

Knight sempre considerara a biologia como terrivelmente confusa. "A suposição que eu fiz — e que acho que todos os engenheiros no mundo fazem — foi a de que a vida era tão incrivelmente complicada que qualquer pessoa sensata simplesmente levantaria as mãos e diria: 'Não tem esperança'." Uma descoberta casual o fez mudar de ideia. Um colega lhe entregou um artigo do biofísico Harold Morowitz.[24] Há uma hierarquia na biologia: "Meu organismo é muito mais complicado do que o seu organismo". O financiamento e o prestígio tendem a acontecer na mesma base. Mas Morowitz não estava interessado em formas de vida eucarióticas ou multicelulares. Em vez disso, passou sua longa carreira estudando a origem da vida na Terra, e isso significava olhar para as mais simples formas de vida, o humilde *Mycoplasma* unicelular.

Para colocar isso em perspectiva, o genoma humano contém cerca de 3,2 bilhões de pares de bases (as menores unidades fundamentais de nosso código genético). A ciência tem feito grandes avanços no sequenciamento, ou leitura, do genoma. Mas dado o tamanho do texto, ainda não entendemos muito do que lemos. O *M. tuberculosis*, por contraste, contém algo como meio milhão de pares de bases. "É cerca de 3 mil vezes mais simples", diz Knight. "Então, você pode ao menos enganar a si mesmo e pensar que sabe tudo o que há para saber sobre ele."

No verão de 1996, Knight participou de uma conferência organizada pelo DARPA, o grupo Departament of Defense R&D. Ele propôs estudar o que chamou de "computação celular", a ideia de que as células poderiam ser programadas para fazer coisas úteis, incluindo ocupar o lugar do chip de silício quando ele saísse de cena. Passados alguns anos, ele havia construído um laboratório inteiro, com incubadoras, tubos de ensaio e uma autoclave, em seu canto no departamento de informática do MIT. "Meus colegas achavam que eu estava louco", ele diz com uma risada. "Aqui está todo esse misterioso equipamento de bioquímica no meio de um laboratório de informática."

40   EMERGÊNCIA ACIMA DA AUTORIDADE

Knight não é um engenheiro por vocação. É seu chamado, uma paixão, uma disciplina, um sistema de crença. Os engenheiros pensam diferente dos biólogos, diz ele. "Meus amigos biólogos diriam: 'Nós aprendemos tudo o que há para aprender sobre E. coli, Tom. Por que estudá-los?' A tradução disso é: 'Aprendi tudo o que vou aprender [...] de estudar E. coli e o resto é detalhe em que não estou interessado'."

O pensamento dos engenheiros é diferente, diz Knight. "Se o objetivo é estudar biologia complicada, tudo bem. Mas se o objetivo é pegar esses sistemas biológicos muito simples e entender tudo o que há para saber sobre eles com a intenção de entrar e ser capaz de modificá-los, e construir sobre isso e fazer algo diferente, essa é uma perspectiva inteiramente distinta e requer um grau diferente de compreensão", diz Knight. "E, em relação ao que eles têm, isso é muito mais profundo." Para um engenheiro, compreensão significa desmontar e montar tudo de novo.

Em 1998, Knight tinha começado a estudar *Vibrio fischeri*, uma bactéria bioluminescente encontrada dentro de um cefalópode de nome lula-de-rabo--cortado. A lula alimenta a bactéria com açúcar e aminoácidos. Em troca, a bactéria emana luz suficiente apenas para combinar com o luar, tornando a lula praticamente invisível à noite.

Porém, o que interessava a Knight era o que acionava a bioluminescência, porque *Vibrio fischeri* se iluminava somente dentro da lula. "A bactéria excreta pequenas quantidades de determinado produto químico", explica. "No oceano, o produto químico apenas se dilui, mas dentro da lula ele se acumula, e quando atinge certa densidade, desencadeia a bioluminescência." Em outras palavras, as células estão enviando sinais umas às outras. Knight imaginou que poderia isolar as sequências genéticas que controlam a bioluminescência e "usá-la de uma maneira que a natureza jamais pretendeu". Reproduzir a comunicação celular sob comando se mostrou uma tarefa árdua.

A essa altura, Knight começou a atrair um grupo de jovens cientistas de ideias semelhantes. Dois de seus colaboradores dessa época, Drew Endy e Ron Weiss, continuariam a fazer contribuições cruciais para o desenvolvimento da biologia sintética. (Por essa razão Knight, às vezes, é chamado de "pai da biologia sintética".) Como Knight, Endy e Weiss foram atraídos pela intoxicante perspectiva de aplicar os princípios da programação à genética e, como Knight, nenhum dos cientistas havia se formado em biologia. A pretensão original de Endy era ser um engenheiro ambiental. Weiss, um prodígio de programação, chegou à biologia através de seu trabalho sobre "poeira inteligente", em que computadores em nanoescala são incorporados em materiais maleáveis como tinta ou estradas. "Acho justo dizer que estávamos em nível amador naquele momento", diz Knight com uma risada. "Mas estávamos aprendendo rápido."

No despontar do novo milênio, a biologia sintética era uma disciplina de engenharia mais de teoria do que de prática. Um pequeno, mas crescente, número de cientistas, engenheiros e físicos estava reconhecendo as aplicações revolucionárias que um dia poderiam resultar da síntese de material genético, mas não havia, ainda, uma prova de conceito.

Isso mudou em janeiro de 2000, quando o bioengenheiro da Universidade de Boston, James Collins, e seus colegas demonstraram um "comutador genético" em *E. coli*.[25] Ao enviar um sinal externo, os cientistas poderiam acionar um gene para iniciar o processo de transcrição (o primeiro passo de expressão genética, onde o DNA é transcrito para RNA e, então, normalmente traduzido em proteína). Ao enviar o sinal novamente, a célula é desligada, como um interruptor de luz, mas na bactéria.

No mesmo mês, outro documento de referência foi publicado na revista *Nature*. Os cientistas criaram um circuito oscilatório que produzia proteínas em intervalos ordenados. Eles chamavam de "repressilator" por causa do gene repressor que ajudava a controlar a alternância da expressão genética.[26] Os dois artigos mostraram que os complexos processos biológicos poderiam ser sintetizados a partir do zero.

No ano seguinte, Knight e Weiss conseguiram elaborar com sucesso a engenharia da comunicação intercelular entre *Vibrio fischeri*, ou seja, conseguiram acender as luzes. Tal projeto pode agora ser conduzido em feiras de ciências de ensino médio, e mesmo assim, Knight diz, isso não foi significativo no campo da biologia. "Foi, no entanto, influente em termos de engenharia. Um biólogo olhou para o que fizemos e disse: 'Por que vocês fariam isso?' Mas os engenheiros olhavam o que fizemos e viam que estávamos dando um pequeno passo em uma direção completamente nova."

42   Emergência acima da Autoridade

Porém, reproduzir qualquer um desses experimentos foi uma tarefa inacreditável. Laboratórios profissionais haviam surgido para sintetizar as sequências genéticas necessárias, permitindo que Knight e sua equipe se concentrassem no experimento em questão. Os custos, todavia, eram proibitivos. E, além disso, engenheiros que eram, Knight e seus colaboradores não queriam reproduzir uma experiência uma vez, mas repetidamente e com o mesmo nível de consistência encontrado em qualquer outro domínio da engenharia. E isso significava criar um conjunto de peças padronizadas.

A ideia era criar uma coleção de sequências de DNA que realizavam funções bem definidas. Elas poderiam ser combinadas em variedades infinitas. Eram como tijolos, então, em 2003, Knight publicou um artigo que estabelecia um plano para criar um catálogo dos blocos de construção do código genético.[27] Esses "BioBricks", como ele os chamou, seriam reunidos em um Registro de Peças Biológicas Padrão. Um deles, o "promotor", pode iniciar a transcrição de um segmento de DNA. Outro tijolo pode gerar certa proteína. Essas partes previsíveis teriam funções previsíveis, repetidas vezes.

A inspiração foi proveniente de duas fontes diferentes. Uma era uma lista de componentes de circuito chamados TTL Data Book, que catalogou milhares de componentes de circuito e suas funções. "Você procura sua peça, anota o número dela e a chama. Pronto." A outra inspiração foi consideravelmente mais realista: "O pensamento precoce, a metáfora precoce, as pessoas que gostam de mexer e desmontar as coisas como LEGOs. E assim, a metáfora foi centrada em torno da ideia de tais peças reutilizáveis, esses blocos de LEGO que você poderia unir."

Era possível dizer que Knight e seus colaboradores estavam se aproximando do estudo da biologia tanto quanto qualquer engenheiro seria capaz: desmontar o objeto; descobrir suas partes constituintes; em seguida, ver como ele pode ser melhorado por uma reconfiguração. Mas isso negligencia os objetivos muito mais audaciosos embutidos no iGEM. A criação de uma biblioteca de BioBricks é, acima de tudo, um ato de *engenharia social*. Com LEGOs você não precisa ser um arquiteto para expressar uma visão única da interseção entre forma e espaço. E enquanto a biologia sintética ainda está no início, já traz a marca inconfundível dessa visão igualitária. Knight, Endy e Rettberg não exatamente "criaram" ou "lançaram" uma nova disciplina científica; desde o início seus esforços foram direcionados à formação das condições pelas quais ela poderia crescer organicamente, alimentada por pessoas e ideias que eles não podiam prever. Muito mais do que qualquer campo anterior, a biologia sintética tem sido produto da emergência.

Isso não é inesperado, diz David Sun Kong, um jovem cientista promissor que participou de algumas das primeiras competições do iGEM como estudante de doutorado no Media Lab. Afinal de contas, o synbio (projeto que tem por objetivo criar medicamentos inovadores) começou porque, de certo modo, o chocolate de alguém pousou na manteiga de amendoim de outra pessoa. "Os pioneiros eram engenheiros civis, cientistas da computação e engenheiros eletricistas." Os pioneiros podem não apreciar a analogia, mas tal como acontece com as células individuais de bolor limoso, na biologia sintética o todo é maior que a soma de suas partes.

Ao diminuir a barreira de entrada e emular o contexto do jogo, Knight e outros encorajaram um conjunto mais diversificado e criativo de mentes para contribuir naquele campo. "Há uma crença fundamental de que a biologia deve ser incrivelmente democrática. De que modo esse conhecimento funciona, mas também a compreensão de como manipulá-lo", diz Kong, que também dirige o EMW, um centro comunitário de arte e tecnologia próximo ao MIT. Um de seus programas, o Street Bio, explora a interface entre a biologia projetada e a rua — as pessoas, a cultura e os produtos que moldarão a forma como a biologia sai do laboratório e entra em nosso cotidiano. "Uma ideia bastante comum em nosso campo é a de que a biologia em geral, e a biotecnologia em particular, são importantes demais para serem deixadas para os especialistas."[28]

Era muito mais fácil propor o registro do que, de fato, criá-lo. Ao contrário de vergalhões, servomotores ou circuitos integrados, não há padronização para as partes que compõem as criaturas vivas. Cada BioBrick consistiria de uma sequência genética cujas características — a capacidade de disparar as células próximas para provocar luminescência, por exemplo — seriam bem conhecidas. Essa sequência seria, então, sintetizada a partir de nucleótids, base por base. Naquela época, muito pouco do genoma — mesmo o genoma bastante direto das formas de vida procarióticas — era "caracterizado" ou definido e compreendido. Knight e seus colaboradores não precisavam de mais tempo no laboratório ou mais financiamento. Precisavam de um exército. Logo teriam um.

PS: Empurrando o Pêndulo de Volta

Em 2003, vários anos depois de a internet ter gerado os blogs, escrevi um artigo sobre "democracia emergente", com a ajuda de uma otimista comunidade de blogueiros. Eu e meus coautores acreditávamos firmemente que essa revolução mudaria para melhor, fundamental e rapidamente, a natureza da democracia.

Quando "A Primavera Árabe" entrou em ebulição em 2010, pareceu-nos a prova de que estávamos certos. O que logo ficou claro, no entanto, foi que havíamos ajudado a criar as ferramentas para a derrubada emergente dos governos, mas não necessariamente o surgimento de uma autogovernança responsável. Nossas esperanças iam se transformando em desânimo à medida que observávamos a região passar do otimismo da Revolução do Jasmim, na Tunísia, para o surgimento do ISIS (Estado Islâmico do Iraque).

Ainda mais desanimadora é a tendência de essas ferramentas serem menos usadas por uma rede aberta e "democrática" de blogs, e mais frequentemente executadas em servidores auto-hospedados, no jardim murado do Facebook e no curto bate-papo do Twitter. Infelizmente, ficou bastante claro que o lado odioso e indiferente da internet é agora tão organizado e eficaz — se não mais — em usar essa nova mídia social para promover suas causas e vozes do que o lado que via a internet como uma nova avenida em prol do discurso aberto e movimentos democráticos.

Agora, estamos em uma fase de democracia emergente que é bastante angustiante. Mas testemunhar isso deu, àqueles que mantiveram tal otimismo uma década atrás, ainda mais determinação para desenvolver as ferramentas e o impulso para cumprir nosso sonho original de que a tecnologia avançasse a democracia de forma positiva.

Para dar um passo nessa direção, estabelecemos um novo grupo de pesquisa, o Scalable Cooperation, no Media Lab, dirigido pelo professor associado Iyad Rahwan, um sírio. Quando eu o estava entrevistando para a posição no corpo docente que ele agora detém, Iyad disse que foi inspirado tanto pelo sucesso quanto pelo fracasso do movimento democrático emergente, e que continua empenhado em construir as ferramentas para a cooperação escalável na promoção de novas formas de democracia.

Estou ansioso para trabalhar com Iyad e outros em um esforço conjunto para empurrar o pêndulo de volta na outra direção e mostrar que o arco da internet pode, de fato, se inclinar para a justiça.

— Joi Ito

Puxar acima de Empurrar

2

A Placa do Pacífico é como um velocista, tanto quanto corpos geológicos podem ser. Todos os anos ela se move quase 9 centímetros no sentido noroeste. Cerca de 160 quilômetros da costa do Japão, essa laje gigantesca de crosta oceânica impacta a muito mais lenta Placa de Okhotsk, deslizando sob ela em um processo que os geólogos chamam de subducção. Isso cria muita tensão não resolvida. A Placa do Pacífico não desliza suavemente para baixo da cobertura da Terra. Em vez disso, a placa de cima pega a inferior, sucumbindo à sua força superior. Por fim, a cada mil anos, como dentes de aço dentro de uma caixa de música, a Placa de Okhotsk volta ao seu lugar.

Foi o que aconteceu pouco antes das 15h de 11 de março de 2011. O terremoto resultante mediu 9.0 na escala Richter — tão poderoso que deslocou o eixo da Terra e moveu o Japão quase 2,5 metros para mais perto dos Estados Unidos. O terremoto em si causou estragos em milhares de edifícios, destruiu estradas e danificou uma barragem. Mas o pior ainda estava por vir.

A usina nuclear de Fukushima Daiichi fica a apenas 177 quilômetros do epicentro do terremoto. As ondas de choque iniciais alcançaram os engenheiros em 30 segundos. "De repente ouvi a terra troar, como um rosnado feroz", disse um dos gerentes da fábrica a um entrevistador de TV. "Foi um terremoto extremamente intenso, mas não só forte, também foi terrivelmente longo." Mesmo um terremoto moderadamente grave raramente dura mais de 40 segundos. O terremoto de 11 de março, como ficou conhecido no Japão, durou seis minutos.

Como a maioria dos edifícios nas imediações do terremoto, a usina nuclear ficou sem energia elétrica após os primeiros tremores. Um conjunto de geradores a diesel entrou automaticamente em funcionamento, mas isso significava que Fukushima estava operando sem uma rede de segurança. Inagaki e sua equipe tinham lacrado os reatores assim que cessaram os abalos iniciais, mas o urânio permaneceria extremamente quente por dias. A eletricidade alimentava as bombas que mantinham a água resfriando as barras de combustível nuclear. Se o fluxo fosse interrompido, a água ferveria rapidamente e o superaquecimento levaria, em uma velocidade aterrorizante, à fusão total do núcleo.

50 PUXAR ACIMA DE EMPURRAR

A partir das 15h, 15 minutos após o choque inicial, isso ainda parecia uma possibilidade remota. Em uma nação acostumada à violência das movimentações tectônicas, a usina de Fukushima foi projetada para suportar os efeitos de um terremoto ou qualquer tsunami resultante dele. Os seis reatores da instalação estavam uns nove metros acima do nível do mar e atrás de um paredão de pouco mais de dez metros. Às 15h02min, o alerta de tsunami do governo previa que a região logo seria atingida por ondas de três metros de altura.

Às 15h25min, os observadores aéreos de tsunami reportaram as primeiras ondas se aproximando de Fukushima. Enquanto 650 funcionários corriam loucamente colina acima, localizada atrás da usina nuclear, a primeira de sete ondas se chocou contra o paredão. Algumas tinham quase o dobro de sua altura. Dois trabalhadores se afogaram em poucos minutos, e a água do mar inundou turbinas, geradores e toda a fiação de quatro dos seis reatores, enquanto Inagaki e sua equipe foram envolvidos por completa escuridão. Até mesmo os estridentes alarmes do terremoto inicial cessaram, deixando a sala de controle em terrível silêncio. Agora, sem energia para esfriar as hastes de combustível, uma fusão era inevitável.[1]

A Companhia de Energia Elétrica de Tóquio, ou TEPCO, considerou que a altura máxima de qualquer possível tsunami ficaria bem abaixo de seis metros. E Fukushima não foi a única área a sofrer com esse trágico fracasso da imaginação e do planejamento. Tal estimativa era compartilhada acima e abaixo da costa do nordeste de Honshu, a principal ilha do Japão. O erro estava inscrito em avisos de emergência, abrigos de evacuação e barreiras físicas. O Japão construiu a maioria de seus paredões, diques de contenção e outras salvaguardas de tsunami após 1960, quando o grande terremoto de Valdívia — o mais poderoso já registrado, com magnitude 9,5 — atingiu o Chile. Em 22 horas, um tsunami percorreu o Pacífico e atingiu o Japão com muita força. Ondas de mais de 4 metros de altura foram relatadas e mais de 150 pessoas morreram.

Essas medidas cautelares eram compatíveis com uma espécie de lógica inquestionável da era industrial. Terremotos capazes de gerar tsunamis tão grandes são incrivelmente raros. Seria mesmo possível planejar eventos chamados de cisne negro (incidentes cuja raridade induz as pessoas à falsa crença de que uma doença terminal nunca atingirá sua família, o mercado nunca falhará e o governo não será derrubado)?[2] De fato, se você ajustar seu campo de observação, os preparativos japoneses contra tsunamis limitaram sua visão à história recente. Não houve um terremoto maior que 8,5 naquela parte do Japão por mais de 400 anos. Um mapa de 2010, da atividade sísmica no Japão, nem sequer punha em destaque aquela área.

Um geólogo, no entanto, tem um quadro de referência diferente daquele de um executivo responsável por serviços de utilidade pública. Em 2009, Yukinobu Okamura, diretor do Centro de Pesquisas e Falhas Ativas do Japão, disse à TEPCO que a zona de subducção ao largo da costa de Fukushima tinha sido o local do terremoto de Jogan, um evento tectônico catastrófico ocorrido no ano de 869.[3] Temos conhecimento do terremoto de Jogan em virtude dos registros oficiais do imperador japonês, e quando cientistas analisaram amostras do núcleo da terra das áreas circunvizinhas, não só descobriram provas abundantes de que o terremoto de 869 havia produzido ondas muito maiores do que as esperadas pela TEPCO, como também que aqueles tremores ocorriam a cada cinco a oito séculos.[4] Uma vez que haviam transcorrido 11 séculos desde o terremoto de Jogan, Okamura disse à TEPCO, o litoral próximo a Fukushima já tinha passado do tempo de um grande tsunami.

Os oficiais ignoraram o aviso, e apesar dos esforços heroicos de Inagaki e sua equipe, que permaneceram no local semanas após o tsunami, em 12 de março, três dos núcleos da usina tinham derretido, liberando material radioativo significativo na atmosfera e no oceano, no pior desastre nuclear desde Chernobyl. A quantidade de material radioativo não foi esclarecida imediatamente. Em consequência, o governo japonês evacuou 134 mil pessoas a uma distância de até 20 quilômetros da planta. Os Estados Unidos, porém, recomendaram a seus cidadãos evitar qualquer lugar em um raio de 80 quilômetros.[5] O governo japonês, com seus recursos escassos, parecia ter perdido o controle da situação. Nos dias que se seguiram, não informou o público sobre os níveis de radiação, em parte porque, para começar, havia poucas pessoas capazes de medi-los.

Mas, assim como a TEPCO falhara em se preparar para um terremoto que os cientistas consideravam uma questão de quando, e não se, o governo estava lutando contra uma crise em seu próprio modo de pensar. Como a maioria das instituições que evoluíram em uma era pré-internet, a Comissão de Segurança Nuclear Japonesa foi organizada para um estilo de gerenciamento de "comando e controle". A informação vinda das linhas de frente, como da usina de Fukushima, fluía através de muitos níveis de gestão. As decisões, portanto, seguiriam a mesma rota de cima para baixo.

A abordagem de Fukushima, e suas desastrosas consequências que resultantes, nos dão um estudo de caso sobre duas visões divergentes de tomada de decisão. O resultado neste caso foi o de que os recursos — perícia na medição e análise da contaminação por radiação — foram *empurrados* para onde os decisores acreditavam que poderiam ser mais bem utilizados. Trata-se de uma abordagem complicada de comando e controle, mesmo nas melhores circunstâncias; em uma emergência nuclear, ela pode ter consequências fatais. E por centenas de anos foi a melhor que qualquer um de nós teve. Na era da rede isso já não é mais uma verdade. O melhor uso dos recursos humanos é *puxá-los* para um projeto, usando apenas o necessário quando for mais necessário. O momento certo é fundamental; enquanto a emergência diz respeito ao uso de muitos, sobre os poucos, para resolver problemas, puxar leva essa noção um passo adiante, usando o que é necessário apenas no exato momento em que é mais necessário. A ideia teria soado totalmente estranha aos executivos da TEPCO. A estratégia de puxar exige transparência e um fluxo bidirecional de informações dentro e fora da organização; a cultura institucional da TEPCO enfatizou a divulgação mínima. Entretanto, um grupo de cidadãos em cada canto do globo estava prestes a lhes dar uma lição prática do poder do puxar.

Quando o terremoto ocorreu, Joi estava lutando para adormecer em um quarto de hotel em Boston, tentando superar seu *jet lag* após um longo dia de entrevistas para se tornar o diretor do Media Lab. Sem um diploma de graduação,

Joi foi uma escolha incomum liderar uma prestigiada instituição acadêmica. Claro, isso pode ter sido parte de seu encanto.

Após Nicholas Negroponte tirar uma licença em 2000, o MIT empossou interinamente Walter Bender, companheiro de viagem nos tempos de Negroponte, ao grupo Architeture Machine. Bender manteve a mão firme no timão até 2006, quando o Instituto contratou Frank Moss, um empresário de sucesso com PhD no MIT. O Lab tinha entrado em uma transição incômoda — aos 20 anos, já não era um *startup* radical capaz de superar o brilho de seu extraordinário fundador e docente. Moss tinha profunda experiência e sucesso em gerir organizações ambiciosas e complexas, mas com o Media Lab enfrentou uma série singular de desafios.

Havia uma percepção — entre jornalistas, se não seus leitores — de que a internet e as ondas de inovação tecnológica em seu rastro tinham deixado o Lab meio trôpego, carente de imaginação. Sem o carisma e a visão de Negroponte, e com foco em administrar o Media Lab mais como um negócio, visando pesquisas avançadas de interesse dos patrocinadores corporativos do Lab,[6] muitos sentiram que Moss não conseguiu manter o tipo de excitação que uma vez permeara o Media Lab, inspirando professores, financiadores e público. Até 2011, o Lab era amplamente visto como tendo perdido o eixo que uma vez lhe dera tal rótulo cultural. Quando Moss decidiu sair, no final de seu mandato, o corpo docente e os funcionários se determinaram a trazer alguém que pudesse fazer o laboratório operar de acordo com seus princípios fundadores e, ao mesmo tempo, liderá-lo em tempos incertos.

Depois de uma conversa inicial para avaliar o interesse de Joi na posição, o comitê de busca não o recomendou devido à sua falta de credenciais acadêmicas. Porém, após haver descartado uma longa lista de suspeitos mais prováveis, a comissão pediu a Negroponte para ver se Joi ainda poderia estar interessado. Uma enxurrada de telefonemas se seguiram, e alguns dias depois Joi embarcava num voo para Boston.

Por volta das 2h da manhã, Joi finalmente se rendeu ao *jet lag* e pegou seu laptop. Tinha sido um dia cansativo — nove entrevistas, uma atrás da outra, com alguns dos mais brilhantes cientistas, artistas e designers dos Estados

54   PUXAR ACIMA DE EMPURRAR

Unidos. Isso tudo o havia deixado com vertigem, nervoso e absolutamente acordado. Assim que abriu seu e-mail, ficou evidente que algo terrível tinha acontecido. Sua caixa de entrada estava transbordando de mensagens ansiosas e repletas de questões sobre um terremoto, um tsunami e, o mais confuso de tudo, explosões em uma usina nuclear. Joi ligou a televisão do hotel e rapidamente compreendeu a escala do desastre.

As próximas horas passaram indistintas. A internet ainda parecia funcionar na maior parte do Japão, mas o serviço de telefonia celular não. Joi primeiro tentou falar com sua esposa, que estava em casa, fora de Tóquio. Aquela região do país havia resistido ao terremoto e ao tsunami, sofrendo poucos danos ou perda de vidas. O restante da família de Joi, no entanto, vivia na costa, não muito distante da usina de Fukushima.

A noite dera lugar a uma manhã chuvosa e de fortes ventos, e Joi, que ainda não conseguira se comunicar com sua esposa, estava enfrentando outras 13 entrevistas no Media Lab. Em momentos roubados entre uma entrevista e outra, ele localizou seus amigos e familiares em uma sobreposição de e-mails, chats online e chamadas pelo Skype. No decorrer do dia, dois fatos ocorreram. Um: Todos os entes queridos de Joi estavam seguros. Dois: A visita tinha sido um sucesso. Agora, Joi era o principal candidato a assumir o grande cargo de Negroponte. Não que tivesse muito tempo para pensar em perspectivas de carreira.

Todos os japoneses que estavam fora do país quando o terremoto aconteceu enfrentaram uma espécie de culpa de sobrevivente. O grande assunto na roda de colegas de Joi na mesma condição de cidadãos japoneses viajando pelo mundo era se eles poderiam ajudar mais retornando à pátria — que ainda estava sendo atingida por abalos sísmicos secundários e dificuldades de transporte — ou fazendo o que poderiam como e onde quer que estivessem. Esse grupo de mentes brilhantes rapidamente se ocupou com a preocupante questão de quanta radiação havia sido liberada e para onde tinha ido. A TEPCO e o governo japonês continuaram a seguir seus protocolos desatualizados (e, em última análise, autodestrutivos) e praticamente não liberavam nenhuma informação. Joi e seus amigos desenvolveram o próprio plano.

Em poucos dias, um grupo de voluntários e conselheiros surgiu a partir dessas conversas online, formando o que passaria a ser o Safecast.[7] A primeira providência era obter o maior número possível de contadores Geiger. Dan Sythe, cuja companhia, International Medcom, fabricava esses aparelhos, ofereceu alguns. Pieter Franken, diretor executivo da Monex Securities, tentou comprar mais, assim como Joi e Sean Bonner, um empreendedor de Los Angeles que havia trabalhado com Joi para organizar uma conferência com a Digital Garage de Tóquio. No entanto, a apenas 24 horas do tsunami, esses dispositivos eram quase impossíveis de se encontrar — em parte porque as pessoas na Califórnia e em Washington estavam preocupadas com a radiação atingindo a costa oeste dos Estados Unidos.[8]

Se a equipe queria garantir contadores Geiger em número suficiente para fazer leituras precisas em toda a área afetada, precisaria construir seus próprios aparelhos. Bonner contatou a Tokyo HackerSpace e Chris Wang, mais conhecido como Akiba, agora um pesquisador no Internet Research Lab da Universidade Keio e fundador da Freaklabs. Andrew "bunnie"[9] Huang, um velho amigo e guru de hardware de Joi, também se juntou a eles. Huang é um aluno do MIT e astuto cronista da indústria chinesa de hardware, que provavelmente é mais conhecido por hackear o Xbox,[10] criar o Chumby — um hardware de rede de fonte aberta — e por ajudar as pessoas ao redor do mundo com seus hardwares, firmwares e designs de software.

Membros da equipe chegaram a Fukushima em meados de abril e começaram a realizar as medições uma semana depois. Logo perceberam que as leituras poderiam mudar dramaticamente em lados opostos de uma rua, mas os dados disponíveis eram de leituras médias de uma ampla área. Cerca de seis meses depois, a equipe verificou que as pessoas haviam sido enviadas para locais vizinhos mais contaminados do que os que tinham deixado. Os dados do governo, coletados por meio de sobrevoos de helicóptero, pareciam ser menos precisos do que os coletados pelos voluntários.

Tendo começado a coletar informações, a equipe precisava, agora, de uma maneira de distribuí-las. Aaron Huslage, um engenheiro da Carolina do Norte, apresentou Joi a Marcelino Alvarez, cuja empresa de rede e dispositivos móveis, a Uncorked Studios, sediada no Oregon, já havia lançado um site para mapear dados agregados de radiação. Ray Ozzie — o criador do Lotus Notes e ex-arquiteto chefe de software da Microsoft — ofereceu sua experiência em análise de dados. Ele levou o nome Safecast e sua URL para o projeto. Ozzie sugeriu também que contadores Geiger afixados em carros poderiam coletar mais dados, e mais rapidamente, do que aqueles carregados à mão. Bonner, Franken e uma equipe da Tokyo HackerSpace começaram a trabalhar na concepção e construção de um novo tipo de Geiger, o bGeigie, que se encaixa em um recipiente com o tamanho de um bentô e inclui um receptor GPS.

Agora, tudo se encaixava. Com quase US$37 mil de uma campanha do Kickstarter e fundos complementares de Reid Hoffman, Digital Garage e John S. e James L. Knight Foundation, a Safecast começou a posicionar contadores Geiger e reunir dados de cientistas-cidadãos em todo o Japão. Até março de 2016, o projeto havia recolhido mais de 50 milhões de dados representativos, todos colocados em domínio público pelo Creative Commons CCo. Pesquisadores de todo o mundo usaram o conjunto de dados Safecast não só para saber mais sobre como a radiação de Fukushima Daiichi se espalhou, mas também para aprender sobre quais são os níveis normais de radiação de fundo em diferentes áreas. Essa informação dá aos cientistas e ao público um ponto de referência útil no caso de outro acidente nuclear.[11]

O Safecast aponta o caminho para um modo radicalmente mais eficiente de organizar o capital intelectual e físico. "Puxar" atrai recursos da rede de participantes conforme a necessidade, em vez de armazenar materiais e informações. Para um gerente em uma empresa já estabelecida, isso pode significar redução de custos, aumento da flexibilidade para reagir a mudanças rápidas das circunstâncias e, o mais importante de tudo, estimular a criatividade necessária para repensar a forma como seu trabalho é feito.

Para o empreendedor — no sentido de incluir qualquer pessoa com uma boa ideia e paixão em encontrar um público para ela — puxar significa a

DISRUPÇÃO E INOVAÇÃO   57

diferença entre sucesso e fracasso. Tal como ocorre com a emergência acima da autoridade, as estratégias de puxar exploram o custo reduzido da inovação que os novos métodos de comunicação, prototipagem, captação de recursos e aprendizagem tornaram disponíveis.

As estratégias "empurrar/puxar" se originaram, grosso modo, nos domínios da logística e da gestão da cadeia de abastecimento, mas, em 2005, John Hagel, um consultor, e John Seely Brown, ex-cientista chefe da Xerox Corp., escreveram uma série de artigos aplicando o conceito em uma matriz muito mais ampla de campos. Há um potencial particularmente dramático em hardware, uma vez que puxar poderia, ostensivamente, transformar toda a cadeia de suprimentos daquela indústria. A lógica de puxar seria que a oferta não deve ser gerada até que a demanda tenha surgido.[12]

No bizarro universo invertido criado pela internet, os ativos verdadeiros de seu balanço — dos prelos às linhas de código — são, agora, desvantagens na perspectiva da agilidade. Em vez disso, devemos tentar usar recursos que podem ser utilizados na hora, apenas pelo tempo necessário e, então, dispensados. A Amazon possibilita aos clientes alugar um canto pequeno e acolhedor em uma de suas nove gigantescas torres de servidores. Quanto, depende estritamente da demanda. O tráfego para um site hospedado na nuvem da Amazon pode atingir um pico, depois declinar rapidamente, e o sistema se ajusta automaticamente.[13]

Desde seus primeiros dias, a internet tem sido, nas palavras do tecnólogo David Weinberger, construída a partir de "pequenas peças frouxamente unidas".[14] Isso foge aos padrões do modelo corporativo tradicional, mas possibilita a uma variedade de organizações de nicho prosperar online, fornecendo produtos e serviços que atendem a necessidades específicas. Juntas, elas compõem um ecossistema complexo que depende não de um controle central, mas de padrões abertos e interoperabilidade.

Daniel Pink observou, em sua palestra TEDGlobal "The Puzzle of Motivation", que essa é uma diferença fundamental entre o fracasso da enciclopédia *Encarta* da Microsoft, cara, profissional e baseada no conceito "empurrar", e a infinitamente mais bem-sucedida Wikipédia, liderada por amadores e baseada em uma plataforma "puxar".[15] Nesse ambiente, nenhuma pessoa ou organização controla a rede. Trata-se de uma plataforma de "consenso aproximado e código de execução", o lema da Internet Engineering Task Force, ela própria sem rigidez organizacional, que aborda problemas de engenharia com a Web à medida que aparecem. Companhias como a AOL, que originalmente teve uma abordagem mais tradicional para fazer negócios, têm se enfraquecido operando em tais condições, enquanto empresas como o Twitter florescem.

Com base no conceito "empurrar", o modelo inicial da AOL tentou oferecer aos consumidores uma gama completa de serviços, controlando o acesso deles à rede. Em razão de seus produtos serem frequentemente incompatíveis com os padrões da internet, efetivamente manteve seus clientes presos em um jardim murado. Como a AOL aprendeu mais tarde — embora não tão bem ou tão rápido quanto seus acionistas teriam gostado — empurrar é antagônico aos atributos inerentes à própria rede, ao seu DNA, se você preferir. Empresas de jogos online, como a Blizzard Entertainment, adotaram desde cedo uma estratégia de puxar, e no caso da Blizzard isso logo foi transformado em uma grande vantagem. A Blizzard trata seus jogadores e sua comunidade de fãs como parte de sua organização — na verdade, muitos jogadores se tornaram funcionários. Ideias provenientes deles foram incorporadas ao jogo. É comum os desenvolvedores compartilharem o funcionamento interno do jogo; eles até permitem aos fãs utilizar conteúdo com direitos autorais para criar vídeos ou produtos derivados. É muito difícil ver, nesses sistemas, onde termina a empresa e onde começa o cliente.

"Puxar" funciona não só com peças e trabalho manual, mas com capital financeiro também. Kickstarter permite que as pessoas façam seu negócio crescer de forma muito mais ágil que os métodos tradicionais de angariação de fundos. O *crowdfunding* demonstra que a mesma lógica por trás do Amazon Web Services — a divisão de "computação distribuída" — também funciona para agregação de capital financeiro. Muitas vezes, as pessoas associam *crowdfunding* com ideias duvidosas para novos produtos, mas o Experiment.com mostra que o mesmo sistema pode ser utilizado para financiar pesquisas científicas sérias.[17]

Além do *crowdfunding*, o *crowdsourcing* também fornece opções acessíveis a criadores independentes para estender seus recursos. Em vez de contratar grandes equipes de engenheiros, designers e programadores, *startups* e indivíduos podem recorrer a uma comunidade global de freelancers e voluntários capazes de fornecer as habilidades que lhes faltam. Naturalmente, isso também é relacionado com sistemas emergentes, porque nenhum dos princípios existe no vácuo — todos eles alimentam e informam uns aos outros.

O projeto Safecast mostrou que um grupo dedicado de voluntários guiados pelo ethos do software aberto e movimentos de hardware poderia construir ferramentas mais precisas e úteis em um ambiente em rápida mudança do que as ferramentas oficiais do governo. Eles foram capazes de fornecer dados acionáveis para pessoas nas comunidades afetadas, empoderando-as a cuidar de si mesmas e de seus vizinhos, inspirando-as a criar uma base para ajudar outras pessoas em todo o mundo.

Um dos motivos pelos quais a equipe do Safecast se mobilizou tão rapidamente foi o acesso às mídias sociais e outras ferramentas online, que ajudam os inovadores com ideias semelhantes a construir comunidades que podem fornecer conhecimento, encorajamento e outros recursos intangíveis. Essas redes estendidas também ajudam a localizar ferramentas e espaços de trabalho, reduzindo ainda mais o custo da inovação e permitindo que novas ideias e projetos surjam sem a direção de uma autoridade central.

Muitos desses projetos também se beneficiaram das modernas tecnologias de prototipagem e cadeias de suprimentos, as quais estão começando a permitir, em hardwares, o mesmo tipo de inovação rápida e de baixo custo que já ocorreu em softwares. Isso permitiu que criadores independentes desenvolvessem produtos de consumo sofisticados que estariam fora de alcance, mesmo alguns anos atrás. À medida que essa tendência se acelera, podemos esperar ver cada vez mais hardwares inovadores produzidos por pequenas *startups* e inventores individuais.

Conforme cai o custo da inovação, comunidades inteiras, ora marginalizadas pelos que estão no poder, serão capazes de se organizar e se tornar participantes ativos na sociedade e no governo. A cultura da inovação emergente dará condições para que todos sintam uma sensação de propriedade e de responsabilidade

60   PUXAR ACIMA DE EMPURRAR

uns com os outros e com o resto do mundo, o que irá capacitá-los a criar uma mudança mais duradoura do que as autoridades que escrevem a política e a lei.

Quando a maioria de nós diz que não somos bons em matemática, queremos dizer algo diferente do que diz Jeremy Rubin, um graduado recente do MIT, cujos passatempos incluem *longboarding* e reinventar o meio de troca que chamamos de dinheiro. "Não sinto ter uma facilidade natural com números, então estava preocupado em ficar para trás", diz Rubin, explicando por que, durante o ensino médio, tinha repassado em um fim de semana todos os conjuntos de problemas da carga semestral de matemática. "Uma das lições mais importantes que aprendi aqui foi sobre trabalhar duro, e que se você quer aprender alguma coisa — qualquer coisa —, você se obriga a sentar e trabalhar."[18]

No outono de 2013, segundanista, e no alto dos cinco cursos que fazia, Rubin e alguns amigos lançaram a Tidbit, uma empresa com base na moeda digital Bitcoin. O projeto tinha chamado a atenção dos capitalistas de risco que circulam em universidades como o MIT, esperando surfar na próxima grande onda. Isso, Rubin recorda, era bem-vindo, mas o deixou sobrecarregado de trabalho e completamente exausto.

Porém, isso estava prestes a piorar. Na manhã de 9 de dezembro, Rubin encontrou um envelope grosso em sua caixa de correio. Era uma intimação do procurador-geral de Nova Jersey — uma demanda sobre o código-fonte do sistema Tidbit, as contas associadas com o Bitcoin e quaisquer outras informações pertinentes à formação da companhia de Rubin, incluindo "todos os documentos e correspondências relativos a todas as violações de segurança e/ou acesso não autorizado a computadores por você".[19] Não era, segundo Rubin, uma boa maneira de começar a semana de provas finais.

A Tidbit teve origem em um *hackathon* (maratona de programação), um produto das epifanias induzidas pela mistura de otimismo jovem e generosas doses de estimulantes suaves, como Red Bull, em um contexto altamente pressionado por prazos. A única exigência dessa maratona específica, uma competição anual chamada Node Knockout, foi que deveria ser escrita usando o popular servidor Javascript Node.js e estar pronta em um período de 48 horas.

O que Rubin e seus amigos criaram nos dois dias que se seguiram diz muito sobre o poder do "puxar" sobre o "empurrar", o choque cultural ainda largamente mal entendido entre os dois e por que era tão improvável que os estudantes antecipassem que sua ideia atrairia a ira das autoridades, assim como elas não imaginavam um programa de software que permitisse às pessoas trocar alguns ciclos de reposição do poder de processamento de seu computador pelo luxo quintessencialmente moderno de não ter sua tela infestada de publicidade virtual para lá de desagradável.

Como os outros princípios deste livro, a vantagem de puxar sobre empurrar é mais uma intuição do que uma ideia. Tidbit explorou habilmente uma das propriedades básicas do Bitcoin: A moeda em si é criada por seus usuários. Esses "mineiros" configuram seus computadores para desempenhar a tarefa de registrar cada transação com Bitcoin que já ocorre em um livro-razão central, ou blockchain. A complexidade matemática desse trabalho é tal que requer enorme poder de computação — existem, por exemplo, vastos grupos de servidores na China que não fazem nada além de minerar bitcoins o tempo todo.

Com seu skate, camiseta desbotada e bermuda de sarja, Rubin se encaixa bem com os outros aspirantes a programadores, cientistas e empresários que compõem boa parte do pessoal que busca se graduar no MIT. Mas há em Rubin uma inteligência feroz no trabalho, uma intensidade que nem todos acham agradável. Como todos os bons "hackatletas", ele e seus amigos tinham começado por identificar um problema existente que poderia ser resolvido usando tecnologias que já os deixavam entusiasmados. O problema era que o modelo primário de negócios para a mídia de notícias — publicidade — não funcionava online. E se os leitores doassem alguns CPUs sobressalentes — excesso de poder de computação —, em vez de serem submetidos a anúncios cada vez mais invasivos e ofensivos? Durante o tempo que ficassem no site, seus computadores executariam parte daquela trabalhosa matemática envolvida na criação de cada bitcoin. No final do *hackathon*, Rubin e o restante de sua equipe não apenas demonstraram a lógica básica de negócios por trás da ideia, mas também construíram um pequeno e elegante aplicativo que os sites poderiam instalar para fazer aquilo acontecer. E tudo ocorreria em segundo plano; uma vez que o leitor optasse, nem saberia que seu computador tinha entrado na mina.

A *hackathon* Node Knockout lhes concedeu o prêmio principal em inovação. Rubin e seus amigos não tinham resolvido a maior das crises na história da mídia, mas sua engenhosa abordagem ganhou a atenção dos capitalistas de risco, e eles estavam procurando criar uma empresa. E por que não? Tidbit dificilmente seria a primeira empresa jovem inovadora fruto de um *hackathon*.

Então, Nova Jersey se pronunciou. O procurador-geral não acusou Rubin ou a Tidbit de cometer qualquer crime específico, mas o texto da intimação poderia ter sido extraído da lei de fraude cibernética do estado, que inclui algumas penalidades bastante duras. No ano anterior, o Estado havia acusado a E-Sports Entertainment, uma empresa que organizava concursos competitivos de videogames, de incorporar código malicioso em seu software antitrapaças. Como resultado, Nova Jersey alegou que, sem saber, cerca de 14 mil assinantes tiveram seus computadores sequestrados e transformados em escravos virtuais da mineração de bitcoin. (O caso da E-sports foi, por fim, decidido, embora o proprietário tenha admitido participar do esquema.)

Em janeiro de 2014, a Electronic Frontier Foundation, um grupo de defesa dos direitos digitais, assumiu o caso de Rubin. Por um lado, a Tidbit de fato consistia de um software que, em teoria, poderia ser usado para extrair bitcoins. Por outro lado, como Rubin foi rápido em apontar, os usuários teriam de optar por tal programa. E, ademais, *o código do Tidbit nunca tinha sido funcional*. Foi uma "prova de conceito" que demonstrou que ele operava em um ambiente restrito com o objetivo de expor a ideia. Nova Jersey alegou ter encontrado o código minando ilicitamente em computadores pertencentes a três residentes diferentes de Nova Jersey. E, então, Rubin passou grande parte de seu segundo e terceiro anos se perguntando se seria processado por um projeto que não era nem fraudulento, nem funcional.

Os cientistas e inventores, muitas vezes, estão ansiosos para reivindicar o crédito por uma importante descoberta. Portanto, é um dos mistérios mais desconcertantes da nossa época que o homem — ou mulher, ou grupo de homens e mulheres — por trás da maior inovação financeira desde o caixa eletrônico permanece teimoso e sinceramente anônimo. Tudo começou em 1º de novembro de 2008, quando alguém que se intitulava Satoshi Nakamoto postou "Bitcoin: A Peer-to-Peer Electronic Cash System" em uma lista de discussão de criptografia.[20]

Em sua introdução, ele escreveu: "Tenho trabalhado em um novo sistema de dinheiro eletrônico que é totalmente peer-to-peer (P2P), sem terceiros de confiança [...] As principais propriedades: O gasto duplo é prevenido com uma rede peer-to-peer. Nenhuma casa da moeda ou outras partes de confiança. Os participantes podem ser anônimos. Novas moedas são feitas no estilo prova de trabalho Hashcash. A prova de trabalho para a nova geração de moedas também fortalece a rede para evitar o gasto duplo". A menos que você seja um criptógrafo, muito do que foi dito acima pode soar bastante etéreo. Então, vamos trazê-lo ao nível do solo.

Para começar, o Bitcoin, ao contrário de tantas outras inovações tecnológicas, merece a badalação que tem. Poderia tirar bilhões da pobreza, transformar nosso sistema bancário moderno em uma pitoresca relíquia e, em geral, realizar uma façanha não menos mágica do que criar dinheiro que funcione sem... bem, dinheiro. É também inteiramente possível que o Bitcoin em si, a moeda, desmorone e se torne pouco mais do que uma resposta no jogo Trivial Pursuit. Assim, a segunda e mais importante razão para prestar atenção é que o blockchain — a tecnologia que torna possível o Bitcoin — tem implicações que vão muito além do futuro das moedas e dos serviços financeiros. O blockchain é, em nossa opinião, suscetível de alterar a própria relação entre indivíduos e instituições, uma revolução na natureza da autoridade.

A importância do Bitcoin e do blockchain — em termos simples, o livro-razão público em que cada transação Bitcoin que já ocorreu é registrada — reside em sua arquitetura, uma estrutura baseada no entendimento de que a rede *puxará* os recursos necessários à sua formação e manutenção, sem a necessidade de um diretor central orquestrando, *empurrando* a organização desses recursos.

O artigo sobre Bitcoin de Satoshi descreveu um método descentralizado para enviar pagamentos eletrônicos sem envolver terceiros — nenhum banco central para emitir a moeda, nem intermediários necessários para garantir a transação. Em vez disso, a própria rede forneceria as garantias que os seres humanos historicamente esperavam de sua moeda. Para garantir que cada bitcoin seja totalmente exclusivo — que um usuário não pode, de fato, gastar duas vezes um bitcoin fazendo mais de uma compra com ele —, os detalhes da transação são transmitidos através da rede, onde são inseridos no livro-razão público, o blockchain.

Se Satoshi (um pseudônimo pelo qual é geralmente citado) tivesse tentado criar um sistema em que os indivíduos seriam encarregados de registrar essas transações, o Bitcoin teria permanecido pouco mais do que outro artigo acadêmico obscuro nos anais da criptografia. Em vez disso, ele alavancou o interesse aquisitivo das pessoas para fazer o trabalho para ele.

Para criar uma moeda funcional, Satoshi teve de criar escassez artificial. O número de bitcoins tinha que ser finito, ou valeria menos do que um marco alemão durante a década de 1920. O ouro é naturalmente escasso; dólares são escassos porque o Departamento do Tesouro dos EUA controla a oferta monetária. Bitcoins, Satoshi determinou, seriam escassos porque um esforço de computação considerável seria necessário para criar cada um. Cada moeda é, na realidade, uma longa cadeia de assinaturas digitais, e o trabalho de produzir novas envolve a gravação de cada transação em blocos, que são, então, adicionados ao blockchain a uma taxa de cerca de seis por hora. Essas fórmulas de "prova de trabalho" são construídas de tal modo que é extremamente fácil verificar uma transação, mas quase impossível falsificar uma. Isso porque cada transação bitcoin contém o "hash", ou identificador numérico, de cada transação que veio antes dele.

Como o número total de bitcoins é limitado — não mais de 21 milhões podem ser produzidas com o código atual — e a taxa de criação de blocos permanece bastante constante, o número de bitcoins criado por bloco deve diminuir ao longo do tempo. Assim, o sistema é projetado para que as funções de prova de trabalho usadas para verificar as transações fiquem cada vez mais complicadas, dificultando a extração de novos bitcoins. O número de bitcoins criado pelo blockchain é ajustado para diminuir em 50% a cada quatro anos. Em consequência, enquanto os primeiros mineradores bitcoin poderiam usar seus computadores pessoais para validar a blockchain, os mineradores de hoje usam enormes torres de servidores especializados de alta tecnologia. No final de 2014, uma dessas operações compreendia seis locais na China que, coletivamente, produzem oito petahashes de computação por segundo, criando 4.050 bitcoins por mês. É um indicador de quão grande o mercado de bitcoin cresceu, pois esse esforço maciço reivindicou somente 3% das operações globais de mineração de bitcoin.[21]

De fato, enquanto este livro era impresso, o Bitcoin sofreu sua segunda redução pela metade — o que significa que o número de bitcoins gerados por segundo foi dividido ao meio. Pouco antes da primeira metade, um bitcoin era avaliado em cerca de 12 dólares. Passados alguns meses, seu preço subiu por mais de uma ordem de grandeza. Antes que ocorresse a redução pela metade havia diversas teorias sobre o que aconteceria — os especuladores anteciparam um pico repentino estimulado por uma oferta menor; os adeptos da teoria dos jogos temiam que os mineradores lutassem pelo último bloco recompensado ou fechassem suas máquinas inteiramente; e muitos usuários, felizmente inconscientes da política econômica do Bitcoin, não tinham expectativas. E quando aconteceu, a redução pela metade se deu relativamente rotineira. Considerando a complexidade da economia do Bitcoin, não tentaremos prever o futuro, mas notaremos que haverá 64 reduções pela metade antes que o subsídio desvaneça até chegar a zero, em um processo espaçado ao longo de muitos anos — ou, de outra forma, 64 oportunidades para debater como a redução pela metade terá impacto no ecossistema Bitcoin.

O projeto descentralizado do Bitcoin, que se baseia em CPUs e algoritmos criptográficos substituindo bancos centrais e autoridade governamental, foi aparentemente inspirado pela desconfiança de Satoshi em relação às transações financeiras tradicionais. Em um ensaio descrevendo o sistema, ele escreveu: "A raiz do problema com a moeda convencional é toda a confiança requerida para fazê-la funcionar. O banco central deve ser confiável para evitar que a moeda seja desvalorizada, mas a história das moedas fixas está repleta de rupturas dessa confiança. Os bancos devem ser confiáveis para manter nosso dinheiro e transferi-lo eletronicamente, mas emprestam-no em ondas de bolhas de crédito com apenas uma fração na reserva". Ele pode ter incorporado outro comentário sobre sua motivação para criar a moeda digital no bloco gênese, em um parâmetro que lê, *The Times* 03/Jan/2009 Chanceler à beira da segunda assistência financeira para os bancos".[22]

Poucos dias após a criação do bloco gênese, que produziu 50 bitcoins, Satoshi lançou a primeira versão da plataforma de software de código aberto para Bitcoin. Escrito em C++, era, de acordo com Dan Kaminsky, o guru de segurança da internet, quase impenetrável. Em uma entrevista de 2011 para o *New Yorker*, Kaminsky disse: "Quando vi o código pela primeira vez, tinha certeza que seria capaz de quebrá-lo. A forma como a coisa toda foi formatada era insana. Só o programador mais paranoico e meticuloso do mundo poderia evitar cometer erros". E, no entanto, toda vez que ele achava que havia encontrado uma brecha no código, descobria que Satoshi já a havia selado. "Eu criei bugs lindos. Mas toda vez que fui atrás do código, havia uma linha que resolvia o problema."[23]

Ao fazer da confiança e da autoridade o campo de ação da rede — uma solução literal peer-to-peer —, em vez de um banco ou um governo, Satoshi criou um marco no nosso desenvolvimento como sociedade. E ao criar um sistema que é ao mesmo tempo tão complexo, mas também tão elegantemente simples, criou algo próximo de uma obra de arte.

Tidbit, o sistema que Jeremy Rubin criou para nos livrar da propaganda nociva e colocar o Quarto Poder de volta em uma base financeira firme, foi construído em linhas semelhantes. Ambos presumem que a melhor maneira possível de organizar e alocar recursos é criar uma proposta atraente — Faça seu próprio dinheiro! Obtenha suas notícias livre de anúncios aqui! — e deixar as pessoas organizadas em redes complexas e profundamente ligadas fazer o resto. A ideia contraria várias centenas de anos de pensamento organizacional, de modo que o escritório do procurador-geral de Nova Jersey pode ser perdoado por não entender inteiramente como o Tidbit estava destinado a funcionar.

Em maio de 2015, Nova Jersey concordou em retirar sua intimação em troca do compromisso de Rubin de, essencialmente, continuar a obedecer os mesmos conjuntos de leis aos quais nunca deixou de aderir. "Se a mineração bitcoin baseada em navegador era ou não uma substituição viável para o conteúdo suportado por publicidade, Nova Jersey sinalizou que pode atacar qualquer tecnologia que tente alistar a máquina de um usuário na mineração, mesmo com o consentimento do usuário para essa troca", observou Ethan Zuckerman, um estudioso de longa data de mídia cívica e um dos conselheiros do Media Lab.[24]

Enquanto isso, Rubin se viu no centro de uma nova controvérsia. Satoshi pode ter resolvido muitos dos obstáculos tecnológicos que uma moeda digital enfrenta, mas havia pouco que ele poderia fazer para salvar a natureza humana. Uma divisão — aparentemente sobre o tamanho de cada bloco no blockchain, mas também sobre questões centrais de descentralização e governança — surgiu entre duas facções dentro da comunidade Bitcoin, mostrando uma das desvantagens inerentes à organização sem liderança. Rubin entrou no meio. "Os dois lados se acusam de tentar 'possuir' o Bitcoin", observa ele. "O problema é que ambos têm razão. Se qualquer um deles tiver êxito, poderia ser a pior coisa que já aconteceu com a moeda. O Bitcoin deve pertencer a todos, não apenas a um pequeno grupo de entendidos."

Quase um mês após o terremoto de 11 de março, o governo japonês ainda não havia divulgado dados sobre a radiação proveniente da fusão de Fukushima. Rumores de uma rede voluntária de monitores de radiação DIY tinham começado a circular pela internet. Em 25 de abril, Joi e um núcleo de designers, empresários e, claro, hackers de software e hardware se reuniram em Tóquio para um brainstorm. Ao final daquele dia eles já haviam construído a estrutura bruta do que se tornaria o Safecast.

Assim como o Safecast usaria o poder de puxar para atrair o capital intelectual que o projeto exigia, os fundadores também atrairiam o capital financeiro. Lançado no site de crowdfunding Kickstarter, o Safecast atingiu e superou sua meta de US$33 mil para comprar e distribuir contadores Geiger.

68 PUXAR ACIMA DE EMPURRAR

Lembra do nosso exemplo da AOL? Compare-o com empresas como o Twitter, que permitem que seus usuários coletem informações e construam relacionamentos que irão beneficiá-los em toda a rede. Tais relacionamentos ocorrem em diversas redes que deixam os participantes se envolverem com um grande número de pessoas e fontes de conhecimento. John Seely Brown chamou a atenção para a eficiência natural dessas redes, desde que a empresa esteja disposta a pensar de forma diferente, e popularizou essa estratégia em um livro de 2010, *The Power of Pull*.[25]

Uma rede robusta de relacionamentos inclui laços fracos e fortes. Em seu trabalho seminal de 1973, "The Strength of Weak Ties", o Dr. Mark Granovetter argumentou que os laços fracos — aqueles que conectam conhecidos casuais e amigos de amigos — têm o potencial de unir comunidades e criar um senso de confiança e comunhão entre pessoas que se conhecem apenas ligeiramente ou nem isso.[26] Indivíduos com uma ampla gama de laços fracos têm, portanto, mais oportunidades de extrair recursos de suas redes. Como observou Malcolm Gladwell, "Nossos conhecidos — e não nossos amigos — são nossa maior fonte de ideias e informações".[27]

Enquanto nos inspiramos em nossos laços fracos, nossos laços fortes podem ter o maior impacto em nosso desempenho. Um grupo de pesquisadores do Media Lab e da Universidade Técnica da Dinamarca, liderado por Yves-Alexandre de Montjoye, descobriu que, para as equipes envolvidas na resolução de problemas complexos em um ambiente competitivo, a força dos laços entre seus componentes é o fator preditor mais importante de seu sucesso.[28]

Laços fortes também são vitais para os participantes em movimentos sociais perigosos ou revolucionários. Durante o Verão da Liberdade de 1964 (movimento ocorrido no Mississippi que visava reunir o maior número possível de eleitores afro-americanos), um sociólogo de Stanford chamado Doug McAdam descobriu que os voluntários que tinham fortes laços pessoais com outros voluntários eram mais propensos a permanecer no sul durante o Projeto Verão do Mississippi, apesar das ameaças físicas e da intimidação diária.[29] Os pesquisadores observaram padrões semelhantes em outros movimentos sociais, incluindo a Primavera Árabe. Os participantes podem ser atraídos para a ação política por seus laços fracos, mas seus laços fortes ajudam a mantê-los no movimento.

Apesar do ceticismo de Gladwell e outros de que plataformas de comunicação online como o Twitter e o Facebook podem fomentar laços fortes, o Dr. Granovetter, citando o trabalho de Ramesh Srinivasan e Adam Fish, da Universidade da Califórnia, Los Angeles, observou recentemente que as redes sociais online podem ser úteis no que se refere a manter laços fortes entre pessoas separadas por geografia ou política.[30] Em 2007, Srinivasan e Fish descobriram que ativistas no Quirguistão usam as plataformas de mídia social para se comunicar com redes simpatizantes em todo o mundo, criando fortes laços que cruzam fronteiras nacionais.[31] Ethan Zuckerman, que supervisiona o Centro de Mídia Cívica no MIT, também observou que, ao contrário das redes de vizinhança local que foram estudadas pelo Dr. Granovetter, essas redes internacionais podem incluir laços fortes que também servem de ponte, ajudando a garantir que, à medida que sua rede cresce, você tenha mais recursos à disposição.[32]

A história do Safecast ilustra essa dinâmica. Talvez na época de Margaret Mead a única coisa que pudesse mudar o mundo fosse um "pequeno grupo de cidadãos pensativos e comprometidos", como a famosa antropóloga afirmava.[33] Entretanto, Safecast foi menos o produto desse grupo de cidadãos comprometidos do que o produto da rede estendida desse grupo de laços frouxos. O Safecast rapidamente se transformou em uma grande iniciativa de cientistas-cidadãos. Esses e-mails iniciais entre Joi e dois de seus amigos bem conectados não representaram a fundação de um movimento, mas simplesmente o acender de um fósforo. Embora muitos dos participantes fossem especialistas em seus campos, não receberam recompensas extrínsecas por seu trabalho — apenas a satisfação intrínseca de contribuir para a saúde e segurança pública. Como observou Daniel Pink, recompensas intrínsecas levam a níveis mais altos de motivação e desempenho que os motivadores extrínsecos.[34]

Este é o poder do puxar sobre empurrar — ele aproveita as modernas tecnologias de comunicação e o custo reduzido da inovação para mover o poder do núcleo para as bordas, permitindo descobertas afortunadas e proporcionando oportunidades para os inovadores explorarem suas próprias paixões. No que tem de melhor, permite que as pessoas encontrem não só as coisas de que precisam, mas também as coisas que não sabiam que precisavam.

PS: Serendipidade Não É Sorte

Desde que eu era um garotinho, todos mandavam eu me concentrar. Foco, foco, foco. Sou muito bom em ser hiperfocado, mas não em manter o foco. Tudo me excita e, geralmente, acabo me concentrando em tudo. Minha visão periférica é superdesenvolvida.

Quando John Seely Brown me contou pela primeira vez sobre "o poder do puxar", isso me ajudou a refletir sobre meu modo de pensar. Como descrevemos neste capítulo, o mundo está mudando e, em vez de estocar recursos e informações, controlar tudo, planejar tudo e empurrar mensagens e ordens do núcleo para a borda, a inovação está acontecendo nas bordas. Os recursos são puxados conforme a necessidade: O mundo está passando de "estoques" para "fluxos".

Eu tento definir uma trajetória geral para aonde quero ir, mas também procuro abraçar o serendipismo e permitir que minha rede forneça os recursos necessários para transformar qualquer evento aleatório em um evento altamente valioso. Assino embaixo a teoria do sociólogo Mark Granovetter sobre a "força dos laços fracos": São essas conexões fora de nosso círculo normal que muitas vezes fornecem mais valor.

Contudo, serendipidade não é sorte. É uma combinação de criação de uma rede e um ambiente rico em laços fracos, uma visão periférica que está "ligada" e um entusiasmo para o engajamento que atrai e incentiva a interação.

Quando os caçadores de cogumelos ou outros se envolvem em tarefas que exigem um trabalho de visão periférica altamente sensível, eles têm que ficar extremamente conscientes e presentes e permitir que seus olhos e mentes tomem consciência dos padrões e movimentos que normalmente filtramos. É só então que os cogumelos — ou qualquer outra forma de oportunidades imperceptíveis — se tornam visíveis.

Em nossa vida, a habilidade de alternar entre o modo de visão periférica e o modo de foco e execução é provavelmente uma das mais essenciais para habilitar o serendipismo, mas o truque é transformar esses eventos "de sorte" em oportunidades reais.

Um dos problemas é que nosso sistema educacional tradicional — e a maior parte da nossa formação em negócios — recompensa foco e execução, limitando a oportunidade de produzir um "visionário". Muito da nossa formação está focada na resolução de problemas conhecidos, em vez de no imaginar e explorar.

Em "puxar acima de empurrar" você precisa estar plenamente consciente, totalmente presente e capaz de desenvolver uma rede muito ampla através da exploração e curiosidade. Você precisa de um portfólio de interesses e da capacidade de responder rapidamente a oportunidades e ameaças à medida que surgem. Concentrar-se demais no passado — ou no futuro — restringe sua visão e o deixa menos capaz de responder a mudanças, oportunidades e ameaças. De muitas maneiras, é como o treinamento zen ou de artes marciais, exige dedicação e mente aberta.

— Joi Ito

Bússolas acima de Mapas

3

Zach, um menino que vive nos subúrbios da cidade de Nova York, vê algoritmos como uma espécie de bússola. Sua capacidade de enxergar os padrões ocultos que fazem o mundo funcionar é um talento revelado há alguns anos e que se tornou um dos princípios organizadores do século XXI: um grande número de objetos em nossa vida, excepcionais e mundanos, obedece a um conjunto preciso de instruções que determinam seu comportamento. Aperte o botão em uma lanterna, a coisa se acende. Aperte-o novamente e a luz fica mais brilhante. Espere cinco segundos antes de pressionar novamente e a lanterna se desliga. O momento em que uma criança percebe que os seres humanos podem converter a intenção em lógica, e que essa lógica, por mais complexa que seja, é passível de ser analisada, testada e compreendida, significa o fim do processo de crença na magia ou, dependendo de sua opinião sobre tais coisas, sua descoberta.

"Era algo notável", diz David Siegel, pai de Zach. "Sempre que ele olhava para qualquer coisa, queria entender o algoritmo por trás daquilo."[1] Logo depois de começar a programar com o Scratch — um aplicativo que permite às crianças criar animações e videogames — Siegel diz, Zach se tornou de fato o cara de TI em suas turmas, solucionando, para seus professores, problemas de sistemas de computador e nas lousas interativas.

David também vê algoritmos. Como seu filho, ele está sempre procurando os algoritmos ocultos que governam o comportamento humano, e ele ganha a vida — uma vida *muito* boa — aplicando seus *insights* naquele sistema complexo e idiossincrático, o mercado financeiro global. Ao contrário de seu filho, Siegel tem bilhões de dólares para testar suas teorias.

Após se formar em Princeton, Siegel estudou ciências da computação no MIT. Ele recebeu seu PhD em 1991 e imediatamente foi trabalhar em uma nova empresa de serviços financeiros chamada D. E. Shaw. Seu fundador, um cientista da computação de Columbia chamado David Shaw, usou seu treinamento em análise quantitativa para encontrar sinais dentro do caótico ruído do mercado de ações. Junto a outra figura lendária dos fundos de cobertura, James Simons, D. E. Shaw inaugurou a era do investimento quantitativo, que usa modelos matemáticos complexos para analisar e executar negócios rapidamente. Em vez de contratar graduados de escolas de negócios, esses fundos recrutaram físicos, engenheiros de computação e matemáticos. Altamente secretos, até mesmo paranoicos, esses profissionais protegem com unhas e dentes suas fórmulas matemáticas.[2] Pensando em termos corporativos, eles estão mais próximos das empresas de tecnologia do Vale do Silício do que das organizações financeiras de Wall Street e, de fato, chamam a si mesmos de empresas de tecnologia. Jeff Bezos e John Overdeck, um prodígio de matemática com PhD em estatística pela Stanford, passaram por D. E. Shaw.[3] Overdeck se juntou a Bezos em sua nova *startup*, a Amazon, e há rumores de que ele tenha sido o responsável por alguns dos muito complicados — e muito lucrativos — algoritmos que instantaneamente dizem aos clientes da Amazon: "Se você gostou *disto*, então você também pode gostar *disto*".

Em 2001, Overdeck e Siegel lançaram sua própria empresa de investimentos quantitativos, a Two Sigma. A companhia não divulga seus retornos, porém, enquanto os bancos de Wall Street demitem funcionários e reduzem suas operações, a Two Sigma está crescendo. Sua cultura de escritório, digna do ethos "quant", tem mais semelhança com uma *startup* de São Francisco do que com empresas de serviços financeiros. Em uma recente sexta-feira de manhã, homens jovens vestindo moletons e camisas esporte circulavam no lobby espartano comendo bagels e salmão defumado. "É uma tradição da manhã de sexta-feira", disse um deles, em pé na fila para um cappuccino. Em 2013, o número de especialistas em software e dados contratados pela Two Sigma excedeu as contratações da empresa de analistas, comerciantes e gestores de portfólio.[4]

Siegel não considera a tecnologia meramente uma ferramenta para ganhar dinheiro. A ciência da computação é uma paixão duradoura, e quando ele retorna à sua casa em Westchester, depois de passar boa parte do dia analisando dados e modificando o código, passa o tempo com sua família e dedica as últimas horas do dia a seu hobby favorito, analisar dados e ajustar mais códigos. Quando Zach anunciou, aos seis anos de idade, que também queria aprender a programar computadores, Siegel lembra de ter sorrido com o grande prazer que qualquer pai sentiria em tal momento.

"Ok", ele disse. "Vamos descobrir como fazer isso."

— O senhor poderia me dizer, por favor, qual caminho devo seguir para sair daqui?

— Depende de aonde você quer ir — disse o Gato.

— Não me importo muito para onde — respondeu Alice.

— Então, não importa qual caminho você escolher — disse o Gato.

— Contanto que dê em algum lugar — Alice completou.

— Ah, você pode ter certeza disso — disse o Gato — se você caminhar o suficiente.

— Lewis Carroll,
Alice no País das Maravilhas

De todos os nove princípios do livro, bússolas acima de mapas tem o maior potencial para gerar mal-entendidos. Na verdade, é muito simples: um mapa implica um conhecimento detalhado do terreno e a existência de uma rota ideal; já a bússola é uma ferramenta muito mais flexível e exige que o usuário empregue criatividade e tenha autonomia na descoberta de seu próprio caminho. A decisão de dispensar o mapa em favor da bússola reconhece que em um mundo cada vez mais imprevisível, que se move cada vez mais rapidamente, um mapa detalhado pode levá-lo mais profundo na floresta a um custo desnecessariamente alto. Uma boa bússola, porém, sempre o levará aonde você precisa ir.

Isso não significa que você deve iniciar sua jornada sem qualquer ideia de aonde está indo. O que isso significa é que entender que, embora o caminho rumo ao seu objetivo possa não ser uma reta, você chegará lá mais rápido e com mais eficiência do que se estivesse se arrastando penosamente ao longo de uma rota pré-planejada. Priorizar a bússola antes do mapa também lhe permite explorar caminhos alternativos, fazer uso frutífero dos desvios e descobrir tesouros.

78 Bússolas acima de Mapas

Há muito tempo esses fatores têm feito com que a preferência da bússola em detrimento dos mapas seja um dos princípios orientadores do Media Lab, que enfatiza a pesquisa não direcionada — aquela que baila nos espaços em branco entre disciplinas. Por exemplo, o Silk Pavilion (Pavilhão de Seda) de Neri Oxman — uma cúpula complexa coberta com a seda de mais de 6 mil bichos-da-seda — começou como uma exploração das fronteiras entre a fabricação digital e a biológica.[5] À medida que o projeto evoluía, Oxman e sua equipe desenvolveram um sistema que chamaram de CNSilk, que usava um robô de controle numérico de computador (CNC) para traçar uma teia de fios de seda que orientava os movimentos dos bichos-da-seda.[6] Isso tanto imitava quanto aprimorava a habilidade daqueles insetos de criar casulos tridimensionais de finos fios de seda. A forma geral da cúpula foi planejada, mas os detalhes da superfície do tecido emergiram da ação natural dos bichos-da-seda. A interação, muitas vezes imprevista, às vezes caótica, entre a estrutura rígida do CNC e a camada líquida de seda produzida organicamente criou uma estrutura híbrida que o diretor do Museu de Artes e Design, em um artigo da *Metropolis*, classificou como um dos mais importantes projetos artísticos de 2013.[7]

O desenvolvimento do Silk Pavilion de Oxman ilustra também a utilidade de uma bússola na orientação da trajetória da pesquisa antidisciplinar. Nesse caso, um mapa detalhado provavelmente não teria explicado o comportamento complexo dos bichos-da-seda, cujas reações a condições ambientais, como variações na iluminação e aglomeração, exigiam uma abordagem flexível e responsiva que respeitasse seu ciclo de vida. No entanto, prosseguir sem o auxílio de uma bússola poderia muito bem ter terminado em um emaranhado de seda e arames, em vez de em um projeto de engenharia com design internacionalmente reconhecido.

Além de permitir que os inovadores explorem e controlem descobertas acidentais e ajudem os alunos a encontrar o caminho para uma compreensão holística de assuntos difíceis, o princípio bússolas acima de mapas também possibilita a indivíduos e empresas responderem com rapidez à mudança de pressupostos e ambientes. Quando confrontados com um obstáculo, inovadores dispondo de uma boa bússola podem contorná-lo, em vez de ter que voltar ao início da viagem para redesenhar o mapa. Isso não só lhes dá a condição de mudar de direção rapidamente, mas também economiza o tempo e as despesas envolvidos na criação de vários planos para lidar com múltiplas contingências, algumas das quais podem não ter sido previstas.

Os princípios não se destinam a traçar o caminho para um destino específico. Eles são relevantes na medida em que uma bússola guiará seus passos através da paisagem da inovação, qualquer que seja o campo escolhido.

Para um país tão esperto, os Estados Unidos podem ser terrivelmente estúpidos. Eles continuam a gerar a espécie de avanços tecnológicos revolucionários que levam a milhões de novos empregos, mas a julgar pelas últimas e sombrias estatísticas sobre educação, é duvidoso se haverá pessoas com habilidades suficientes para preenchê-los.

De três em três anos a Organização de Cooperação e Desenvolvimento Econômico administra um teste de leitura, ciência e matemática para jovens de 15 anos em 65 dos países mais ricos do mundo. Em 2009, 23 países obtiveram maior pontuação em matemática elementar do que os Estados Unidos. Crianças em 35 países — incluindo Espanha, Irlanda e Rússia — obtiveram pontuações mais altas que os Estados Unidos em 2012.[8]

"Aprimorar nosso desempenho apresenta ramificações econômicas enormes", diz o economista Eric Hanushek, de Stanford. Como um dos autores de um artigo de 2011, "Globally Challenged: Are U.S. Students Ready to Compete?", ele argumenta que não melhorar essa pontuação em matemática ao nível atualmente obtido pela China, digamos, já custa aos EUA um ponto percentual inteiro de taxa de crescimento anual ou cerca de US$1 trilhão por ano.[9] Para o futuro, a tendência é piorar.

80   BÚSSOLAS ACIMA DE MAPAS

Reformadores educacionais muito talentosos vêm trabalhando há anos para mudar as coisas, e seus esforços mostraram um progresso limitado, ainda que encorajador. Infelizmente, pode ser o tipo errado de progresso. Nos EUA, o programa Knowledge Is Power, fundado em 1994, agora gere 183 escolas autônomas (escolas que recebem dotações governamentais e têm significativa autonomia operacional) principalmente em comunidades desfavorecidas em todo o país. As escolas KIPP, como são comumente conhecidas, alcançaram resultados admiráveis em comunidades repletas de escolas públicas em dificuldades. Elas se concentram em disciplina, horários escolares mais longos e uma dieta constante de matemática, leitura, escrita e tarefas de casa. Em 2013, a Mathematica Policy Research Study descobriu que os alunos da KIPP estão à frente, em média, 11 meses em matemática e 14 meses em ciências.[10]

E, então, há a inovação nacional americana mais atrasada, a Commom Core Standards. Cerca de 45 estados começaram a implementar os novos objetivos desenvolvidos pela National Governors Association.[11] Eles também lançaram baterias de testes padronizados destinados a medir o que os alunos estão aprendendo. Mas o problema, de acordo com um crescente coro de especialistas de uma ampla variedade de campos, é que enquanto estamos reparando o motor do nosso velho Dodge, o resto do mundo está ajustando o motor de fusão a frio em seu novo landspeeder (aeronave antigravidade fictícia utilizada nos filmes da franquia *Guerra nas Estrelas*). A Finlândia, por exemplo, não realiza nenhum tipo de teste padronizado e faz muito pouco em termos de currículo comum, permitindo aos professores, individualmente, autonomia quase total.[12]

"O problema é que estamos resolvendo a crise errada", diz Scott Hamilton, que já atuou como CEO da KIPP. "Realizei coisas surpreendentes nos últimos anos", diz ele. "Eu fiz a KIPP crescer, ajudei a quadruplicar o tamanho da Teach for America. Fiquei feliz com todas aquelas coisas e com o fato de que desempenhei um papel nelas, mas o resultado final é que dobramos o que gastamos por criança nas últimas décadas e isso não faz muita diferença."[13]

Hamilton acredita que as escolas norte-americanas não se darão melhor ensinando os padrões ainda mais rígidos do Commom Core Standards, e diz que estão perdendo o rumo. Atualmente, ele dirige uma iniciativa chamada Circumventure, que usa grupos de foco, testes de campo e entrevistas para determinar o que os pais e as crianças realmente querem de suas escolas. Ele passou a maior parte do último ano viajando pelo país e conversando com cerca de 2 mil pais e seus filhos. "Percebi que havia um interesse realmente forte em aprender e um interesse muito fraco na maioria das aulas escolares. Em outras palavras, uma baixa correlação entre aprendizagem e escola."

"Uma garota me perguntou: 'Vou ser uma estilista de roupas. Por que preciso aprender álgebra?'. Eu não sabia o que dizer a ela." Hamilton chamou Dan Willingham, um cientista cognitivo focado em educação, e perguntou-lhe por que os estudantes do ensino médio estudam álgebra, uma vez que tão raramente ela se aplica em suas vidas. "Primeiro", Willingham disse a ele, "porque a álgebra é ginástica para o cérebro". Mas, continuou ele, há algo mais importante. "A álgebra é como ensinamos o cérebro a aplicar o pensamento abstrato a coisas práticas." Em outras palavras, é a ponte entre o mundo platônico de formas idealizadas e o mundo desordenado em que habitamos. Estudantes — todos nós, na verdade — precisamos dessa ponte.

Hamilton tinha sua resposta. A álgebra não é importante. A ponte é importante. O pensamento abstrato é importante. É uma bússola que podemos usar para navegar pelo mundo. "Então, estamos usando o melhor método para ensinar isso?", ele pergunta. "Porque se houvesse algum outro método, algo que fosse divertido e direcionado ao aluno, eu conseguiria que eles fizessem fila na porta."

Ora, vejam só, há um aplicativo para isso.

Como muitos programadores de certa geração, David Siegel tinha boas lembranças de usar o Logo quando criança. Avô das linguagens de programação educacionais, o Logo era simples, mas poderoso. Nas palavras de seu criador, o falecido Seymour Papert, ele foi projetado para ter um "teto baixo" (era fácil de aprender) e o que Mitch Resnick chama de "paredes largas" (não havia limites para o que uma criança poderia criar com ele). Mas isso foi há décadas. Com certeza, segundo Siegel, 30 anos de progresso explosivo haviam feito grandes avanços na forma como as crianças se relacionavam com a tecnologia de nossa era.

Ou não.

"Encontramos um programa simples, uma espécie de variante do Logo", diz Siegel. "Mas eu via que não era muito bom. Continuei a fuçar um pouco e, finalmente, descobri o Scratch."

Destinado a crianças de 8 a 14 anos, o Scratch não se parece com o Logo, mas compartilha seu DNA. Os comandos são escritos em linguagem simples — "Mova dez passos" — e categorizados em blocos de cores vivas que se encaixam como peças de LEGO. É amigável, colorido, divertido e projetado para cativar, em vez de intimidar.

Enquanto a lógica subjacente do Scratch — variáveis, condicionais — provém da programação de computadores, não há uma linha de código tradicional à vista, o que era conveniente ao pai de Zach. "Lembre-se, ele estava no segundo ano fundamental na época. Ele nunca pensou no que poderia ser um 'programa'. Eu lhe mostrei alguns truques, e eis que em pouco tempo ele estava escrevendo seus próprios joguinhos."

Na primavera de 2012, Zach estava terminando o quarto ano fundamental. Dois anos haviam se passado. Seu interesse no Scratch não tinha diminuído. Siegel diria: "Por que você não escreve uma versão do Jogo da Forca para Scratch?" Ele voltava um dia depois com o jogo pronto. Zach também descobriu o verdadeiro motor por trás da popularidade do programa, uma comunidade mundial de crianças que compartilhavam sugestões, críticas e, apoiando uma função especial do Scratch chamada "Remix", o código-fonte por trás de suas criações.

Online, Zach descobriu que outros scratchers estavam se dirigindo ao campus do MIT para um Scratch Day e pediu a seu pai para levá-lo até Boston para o evento. Siegel é um homem ocupado, mas é claro que disse sim. ("O que iria fazer, dizer-lhe que não?")

Em uma manhã quente de sábado em maio, pai e filho chegaram ao 6º andar do Media Lab do MIT para descobrir centenas de outros jovens devotos do Scratch perambulando entre as várias oficinas e demonstrações. O Quinto Dia Anual do Scratch havia sido organizado para se assemelhar a um carnaval de delícias. Uma parede inteira tinha sido reservada para grafites baseados em Scratch. Havia caçadas, um "corpo de jornalistas" realizando entrevistas, oficinas para construção e programação de projetos de robótica e, ao final do dia, uma sessão de "mostrar e contar". A melhor atração de todas foi simplesmente a solidariedade que o evento gerou entre as crianças. "Foi inspirador", diz Siegel ao se recordar. "Zach pôde ver que ele não era o único garotinho que gostava de programar."

Perto do início do evento, um homem alto e esguio, de cabelos cacheados e cinzentos, subiu ao pódio para dar boas-vindas aos participantes. Para a surpresa de Siegel, ele reconheceu o orador. Era Mitch Resnick, um colega de seus dias de pós-graduação no programa de ciência da computação do MIT, no final da década de 1980. Mais tarde, à medida que os procedimentos se desenrolavam Siegel se aproximou de Resnick e se apresentou.

"Eu só queria agradecer pelo que você fez por mim", Siegel disse a ele. "Você realmente inspirou meu filho de um jeito inimaginavelmente bom."

Resnick sorriu e acenou com a cabeça educadamente, mas em vez de se lembrar dos velhos tempos, se inclinou para falar com o filho de Siegel. Ele perguntou a Zach o que ele gostava de fazer no Scratch, como ele se envolveu com a comunidade, quais eram suas coisas favoritas sobre o programa e o que ele gostaria que o Scratch fizesse melhor.

"Eu prestei mais atenção em Zach", lembra Resnick. "Há muita diversidade no programa, por isso estou sempre interessado em caminhos diferentes e no que envolve as crianças."

Na viagem de volta a Nova York, Siegel decidiu fazer uma contribuição financeira para a Scratch. "É uma organização sem fins lucrativos", pensou. "Eles poderiam usar o dinheiro." Então, teve outro pensamento: talvez ele tivesse mais a oferecer do que apenas um cheque.

Em 1864, um engenheiro empreendedor chamado William Sellers enviou um artigo a outros inventores do Instituto Franklin, da Filadélfia. Ele propunha que todos os parafusos deviam ter uma ponta achatada e um perfil de rosca de precisamente 60 graus. O governo dos EUA adotou o "Parafuso de Seller", e as ferrovias seguiram o exemplo. Essa proposta simples — a padronização do mais modesto dos componentes industriais — inspirou o desenvolvimento de peças intercambiáveis.[14] "Ele ajudou a desencadear a segunda Revolução Industrial", diz Tom Knight, biólogo sintético do MIT. "Você não pode exagerar a importância da padronização para o processo criativo. Um inventor quer inventar, não se preocupar em como é a rosca de seus parafusos."

Tom Knight, Drew Endy e Ron Weiss estavam em um dilema. Em 2004, os cientistas do MIT e um punhado de outras instituições estavam demonstrando a capacidade de sintetizar sequências genéticas simples. Weiss tinha até criado os rudimentos de um computador biológico, dando vida à visão original de Knight do DNA, substituindo o silício. Para quem bebe da mesma água que Knight, eles estavam fechando um círculo que havia voltado até Mendel e, depois, passado por Watson e Crick, na era moderna da genética.

No entanto, havia ceticismo na comunidade científica predominante. Ou, pior, eles não estavam prestando atenção nenhuma. O que Knight, Weiss e Endy estavam propondo era muito mais do que a engenharia genética, que envolve fazer pequenos ajustes no DNA de uma célula. A biologia sintética, como era chamada, envolvia a construção de sequências de DNA a partir do zero. Os biólogos pensavam que eles eram amadores, e os engenheiros achavam que eram loucos. Foi um tempo solitário para os programadores que trocaram suas placas de circuito por incubadoras e centrífugas.

O problema, acreditava Knight, era a falta de peças. No ano anterior ele havia escrito um artigo propondo um sistema de BioBricks — peças semelhantes ao LEGO que poderiam ser usadas em biologia sintética.[15] Porém, ele e Endy ainda estavam aperfeiçoando o padrão proposto e "havia pouquíssima aceitação nessa época". Ele faz uma pausa. "O que foi decepcionante. Você quer criar uma comunidade vibrante que esteja motivada a ir na mesma direção. O que tentamos fazer era criar alguma liderança, em termos de criar o padrão e a tecnologia capacitadora."

Existem BioBricks para a síntese de proteínas — as moléculas energéticas responsáveis pela maior parte do trabalho que mantém você vivo — e BioBricks para genes promotores, que fazem o restante de uma sequência de DNA funcionar. Conecte um tijolo em outro, como se fossem alguns conjuntos nanoscópicos de LEGO, e logo criará um tipo de forma de vida — inteiramente novo para este planeta. É a modularização da biologia, e se soa como aquilo que uma dupla de nerds de computador obtém de uma cultura de células e uma bancada de laboratório, você não está longe da verdade. De fato, a biologia sintética não veio de um biólogo. Como Knight diz, "Tudo o que é interessante nisso acontece porque um campo colidiu com o outro".

Com a devida adequação, na mesma época em que o trabalho de Knight começava a despontar, um movimento em direção à "biologia aberta" começou a se formar lentamente, inspirado, em grande parte, pelo movimento do software de código aberto. Em uma convenção de cientistas da computação, Meredith Patterson, uma polímata com diplomas em ciência da computação e linguística,[16] purificou um fio de DNA na frente de uma grande plateia. "Acho que deixou as pessoas boquiabertas", diz Mac Cowell, um feroz defensor da biologia aberta. "Esta foi uma convenção de geeks de software e hardware. Ninguém jamais havia considerado a biologia como um espaço para experimentação."[17]

Em 2008, "biolaboratórios comunitários" surgiram em Nova York, Londres e São Francisco. Em grande medida, os participantes se conheciam, e surgiu um ethos bem articulado, que Cowell caracteriza como "Não faça mal. Trabalhe para o bem comum". O custo do sequenciamento — ler as instruções, em vez de escrevê-las — estava caindo a uma taxa de seis vezes a Lei de Moore. Ou, para colocar em termos absolutos, os custos da versão do Projeto Genoma Humano de Craig Venter, financiado com fundos privados, foram estimados em US$250 mil.[18] (O PGH financiado pelo governo federal, em contrapartida, custou US$2,7 bilhões,[19] incluindo despesas administrativas e outras.) Na ocasião em que este livro for publicado, qualquer um será capaz de sequenciar o próprio genoma por apenas US$1 mil. O objetivo de tudo isso é dar aos cientistas os blocos de construção de que precisam para experimentar e brincar, assim como nós damos blocos a uma criança para vê-la construir uma casa, um dinossauro ou uma banana.

Entretanto, a falta de padrões — o fato de que todo pesquisador que começou a se envolver em biologia sintética acabou, em certo sentido, usando um parafuso com uma rosca diferente — estava retardando o crescimento da disciplina nascente. "Um campo só progride quando tem uma comunidade ao seu redor", observa George Church, biólogo molecular de Harvard.

Incapazes de persuadir mais de um punhado de cientistas universitários a explorar essa interseção entre biologia e engenharia, Knight, Endy e Randy Rettberg, que fundaram o iGEM, recrutaram uma legião diferente: universitários. O semestre escolar de inverno do MIT começa em fevereiro, e a universidade tem uma longa tradição de permitir que professores, estudantes ou mesmo estrangeiros não afiliados organizem cursos sobre diversas atividades curriculares, até mesmo as de caráter lúdico, como parte do Período de Atividades Independentes (IAP, sigla em inglês).[20] Assim, em janeiro de 2003, Knight e seus colegas organizaram um curso de biologia sintética. "Nós ensinamos a eles como projetar sistemas biológicos. A ideia era que construíssemos sistemas que exibissem 'comportamento oscilatório', tipo uma bactéria que se acende e se apaga como um semáforo." Knight faz uma pausa, então, diz secamente: "Acho que é justo dizer que demonstramos certo nível de ingenuidade com isso". Com acesso apenas a ferramentas rudimentares e aos poucos BioBricks criados por Knight até então, os alunos não foram capazes de criar nada semelhante a um circuito genético.

Isso não incomodou seus instrutores. "Não sabemos como criar sistemas biológicos", disse Endy mais tarde. "Você não pode ensinar algo que não sabe fazer, então, os alunos estão nos ajudando a descobrir." Como de fato fizeram, adicionando novos componentes ao que Endy e Knight agora estavam chamando de Registry of Standard Biological Parts (Registro de Peças Biológicas Padrão). Knight recebeu incentivo suficiente para dar o curso novamente no

DISRUPÇÃO E INOVAÇÃO   87

verão seguinte. Os comentários sobre as aulas começaram a se espalhar, não só para outros estudantes do MIT, mas também entre acadêmicos. No outono de 2003, Knight foi abordado por uma diretora do programa da National Science Foundation. "Olha, tenho um pouco de dinheiro sobrando no meu bolso este ano, e amo o que você está fazendo", ela disse a Knight. "Queremos ajudá-lo a fazer mais do que isso. Você já pensou em promover uma competição com outras universidades?"

No verão seguinte, o MIT foi o anfitrião da competição inaugural do iGEM, recebendo equipes da Universidade de Boston, Caltech, Princeton e da Universidade do Texas, em Austin.[21] Cada grupo de estudantes recebeu um pacote de amostras de DNA liofilizadas — uma versão antiga dos BioBricks. Podiam encomendar "peças" adicionais conforme necessário, embora, como Knight admite, à vontade e rindo alto, o catálogo fosse "um tanto limitado".

Não obstante, projetos surpreendentes foram revelados naquele ano. O grupo de UT Austin foi capaz de criar a primeira "fotografia bacteriana" ao costurar uma série de genes de todo o (muito pequeno) reino animal e, em seguida, inseri-los em *E. coli*, que resolutamente começou a se reproduzir e formar uma cultura de *E. coli* capaz de registrar uma imagem quando exposta repentinamente à luz. O projeto acabou sendo publicado nas páginas da prestigiosa revista *Nature*, algo quase sem precedentes para estudantes universitários.[22] A "farra", como o evento anual é realmente chamado — "Nós não gostamos de chamá-los de concursos", diz Rettberg — realizou outro truque estiloso. Muitos grupos acabam sintetizando novas sequências genéticas por simples necessidade. Esses foram, então, adicionados ao Registro de Peças Biológicas Padrão, que agora tem mais de dez mil sequências distintas, todas capazes — teoricamente, pelo menos — de desempenhar uma função bem compreendida dentro de um sistema vivo.[23]

A equipe Bettencourt ganhou o prêmio do Grande Júri em 2013 e, a partir dali, uniu-se à organização sem fins lucrativos indiana Open Source Drug Discovery para continuar desenvolvendo sua terapia contra a tuberculose.[24] Os vice-campeões daquele ano também não eram desprezíveis. Eles incluíram uma nova espécie de bactérias que protegeriam as abelhas do fungo que matou colônias ao redor do mundo[25] e uma nova espécie de E. *coli* que pode ser programado para transportar medicamentos para determinado local-alvo em qualquer parte do corpo.[26] (É chamado — veja só — Taxi.Coli.)

O iGEM tem categorias para o ensino médio, faculdade e "já graduados", um balaio que reúne equipes compostas de pessoas que já obtiveram seus bacharelados. Em 2014, eles abriram a competição para o florescente movimento de "laboratório comunitário", no qual grupos de biohackers, trabalhando em laboratórios públicos com nomes como Genspace e BioCurious, competem ao lado dos jovens acadêmicos.

Em 2012, um grupo de estudantes da escola de negócios Sloan, do MIT, estava elaborando um artigo que procurava entender como o Media Lab era organizado. Eles entrevistaram muitas pessoas, professores e estudantes. Passado algum tempo, Joi recebeu a notícia de que o projeto havia sido abandonado porque, após as entrevistas, cada um tinha uma visão tão diferente sobre o que o Media Lab fazia e como fazia, que os pesquisadores não poderiam realmente mapeá-lo.

Tentar compreender o Lab a partir de algum tipo de estrutura é um exercício de futilidade. Como um passeio ao acaso em um ecossistema natural vibrante, com um grupo aleatório de pessoas, algumas se interessarão em como a geologia está trabalhando, outras notarão a forma como as plantas se comportam em conjunto, haverá as que se concentrarão na flora microbiana e aquelas que se prestarão a observar a rica cultura dos indivíduos que vivem lá.

Todos no Media Lab estão, metaforicamente falando, executando seus próprios algoritmos, e eles interagem uns com os outros e com vários sistemas internos e externos. Alguns algoritmos funcionam melhor do que outros, mas cada pessoa e cada grupo olha para o laboratório de forma ligeiramente diferente. Há uma "Cultura do Lab", mas cada grupo de pesquisa e cada unidade de pessoal administrativo tem sua própria cultura. Cada grupo absorve alguma ou toda a Cultura do Lab e a interpreta à sua própria maneira. Isso cria um sistema incrivelmente complexo, mas muito vibrante e, no final, autoadaptável, que permite que o Lab continue evoluindo e seguindo em frente sem que uma peça individual compreenda o todo ou uma coisa controle tudo — é um sistema impossível de mapear, mas no qual todos estão na mesma direção apontada pela bússola. Se o sistema fosse mapeável, não seria tão adaptável ou ágil.

O Media Lab teve muitas reuniões de colegiado para discutir sua visão — sua bússola. O único consenso verdadeiro alcançado desde que Joi chegou ao Lab — e aconteceu em uma das reuniões em seu primeiro ano como diretor — foi a concordância de que, para o Lab, a questão básica diz respeito à "Singularidade, Impacto e Magia". Singularidade: o Laboratório trabalha em coisas que ninguém mais está trabalhando, e se alguém está, nós as deixamos para lá. Como George Church diz, se você está competindo, não é interessante. Impacto: muitos dos que trabalham nas ciências puras estão tentando obter conhecimento "para a ciência". Embora isso seja importante, o Media Lab trabalha a serviço do impacto, um conceito que tem evoluído ao longo dos anos. Nicholas Negroponte supostamente cunhou a frase "Demonstrar ou Morrer".[27] É uma referência ao Lab como direcionado à construção e ao impacto. Em uma reunião acadêmica, Joi tentou ir além de "demonstrar", porque cada vez mais o trabalho do Lab poderia ser estendido para o mundo real por meio da internet, diminuindo os custos de fabricação e aumentando o papel das *startups*. Joe Jacobson, chefe do grupo Molecular Machines, propôs "Implantar ou Morrer", que o Lab adotou como seu novo lema. (Depois que o presidente Barack Obama disse que Joi poderia "aprimorar suas mensagens", ele o encurtou para "Implantar".[28])

Tais lemas formam um pano de fundo para pensar sobre nosso próprio trabalho e são flexíveis o bastante para deixar em aberto interpretações capazes de permitir que cada grupo e indivíduo tenham uma identidade e uma direção, sem reduzir a maravilhosa e rica diversidade do lugar. "Queremos ser menos uma massa sólida e mais como um líquido ou um gás."

90   BÚSSOLAS ACIMA DE MAPAS

Em 1978, Mitch Resnick era apenas mais um graduado da faculdade procurando emprego. Ele tinha estudado física em Princeton, mas também escrevia para o jornal estudantil. O jornalismo universitário o levou a um estágio na revista *BusinessWeek*, que se transformou em um trabalho de tempo integral quando os editores descobriram que ele tinha talento para traduzir o desconcertante novo mundo dos computadores em prosa clara e concisa. "Foi ótimo", diz ele. "Eu podia pegar o telefone e ligar para Steve Jobs. Podia pegar o telefone e ligar para Bill Gates, e eles falavam comigo. Toda semana eu podia aprender algo novo."

Vários anos depois, porém, veio a inquietude. Como jornalista, havia se exposto a alguns dos maiores desafios técnicos atuais, mas começou a ansiar por uma oportunidade de trabalhar em projetos que considerasse pessoalmente mais significativos. Na primavera de 1982, ouviu uma palestra do cientista da computação e educador Seymour Papert, o criador do Logo. As palavras dele mudaram por completo sua maneira de pensar sobre computadores.

"A forma como escrevemos sobre computadores na *BusinessWeek*, como a maioria das pessoas falava sobre computadores, era como se tratassem de ferramentas, um modo de realizar um trabalho", diz ele. "Mas Papert via os computadores como algo que poderia auxiliá-lo a encarar o mundo de novas maneiras e como um meio para as crianças expressarem suas ideias." No ano seguinte, Resnick recebeu uma bolsa de um ano no MIT. Ele se inscreveu para um dos seminários de Papert e ficou viciado. O MIT se tornou seu novo lar. Passados mais de 30 anos, ainda está por lá.

Muitas das primeiras ideias de Seymour Papert sobre educar crianças foram inspiradas no pioneiro filósofo e psicólogo suíço Jean Piaget, com quem trabalhou na Universidade de Genebra de 1958 a 1963.[29] Piaget passou grande parte de seus 84 anos lutando para entender como as crianças — e, por extensão, os adultos — desenvolvem a compreensão do mundo. Ele acreditava que desde a mais tenra idade os humanos construíam modelos mentais para explicar os fenômenos que os cercam — um carro em alta velocidade, a língua áspera de um gato. À medida que envelhecemos, nossas experiências colidem com esses modelos, forçando-nos a ajustá-los para acomodar nossa realidade em constante mudança. Como tal, o brincar é o ato de uma criança inventar e reinventar seu próprio modelo de como o mundo funciona.[30]

Para Papert, era nos computadores que os modelos se desfaziam quando contrastados com a experiência, um veículo perfeito para brincar e aprender. Papert codificou essas ideias no Logo; as crianças aprenderam que algumas linhas simples de código poderiam induzir um cursor na tela para, digamos, construir um quadrado ("repita 4 [frente 50 direita 90]") ou mesmo uma flor ("repita 36 [direita 10 quadrado]"). Se isto, então, aquilo. E o mais valioso de tudo: às vezes isto pode não resultar na aquilo, exigindo que o programador iniciante solucione problemas — formar uma hipótese, testá-la e, em seguida, refinar a hipótese. Com Logo, cada criança se tornou um empirista.

Em 1984, as salas de aula em todo o país estavam executando o Logo em seus PCs primitivos. Uma geração de cientistas da computação escreveu suas primeiras linhas de código no Logo. Para ser mais exato, uma geração de artistas, contabilistas e corretores de seguro usou o Logo para escrever suas primeiras (e possivelmente suas últimas) linhas de código.

"Computadores podem ser portadores de ideias poderosas e as sementes da mudança cultural", Papert escreveu em seu manifesto seminal, "Mindstorms".[31] "Eles podem ajudar as pessoas a formar novas relações com o conhecimento que extravasam as linhas tradicionais que separam as áreas de humanas e de exatas e do autoconhecimento a partir de ambas." Ao longo de alguns poucos anos dourados, o propósito do computador parecia claro: facilitar o ato de criação. Para Papert, o fato de que a programação, mesmo com o Logo, fosse difícil de fazer, representava "um desafio, não um obstáculo".[32] E os desafios eram o que tornava o aprendizado divertido.

Mas quando o Logo estava no auge de sua popularidade, o mundo se afastou da visão de Papert do computador como um meio de criação. Durante uma parada técnica no Super Bowl XVIII, a Apple Computer colocou nas telas de televisão seu anúncio icônico — "Em 24 de janeiro você verá por que 1984 não será como *1984*" — para dezenas de milhões de americanos.[33] Dois dias depois, o Macintosh 128K introduziu a interface gráfica do usuário, transformando para sempre nossa relação com a tecnologia. Computadores eram bonitinhos. Eles eram amigáveis, fáceis de usar, já não mais tão desafiadores. As crianças passaram de programadores em ascensão a usuários passivos. Separadamente, como Papert mais tarde lamentou, os próprios computadores foram transferidos para salas especiais na escola que receberam o nome de laboratórios de informática. A programação se tornou uma atividade especializada, eletiva, praticada por poucos, pelos solitários, pelos nerds (e, muito mais tarde, pelos ricos).

A essa altura, Resnick tinha começado sua pós-graduação no MIT, a caminho de um PhD em ciências da computação. Ele estava trabalhando em estreita colaboração com Papert, seu mentor, no LEGO Mindstorms, uma coleção de robôs programáveis que ajudaram a catapultar o fabricante de brinquedos para a era digital. (Resnick colabora com a empresa LEGO até hoje.)

Resnick e o restante da equipe de Papert permaneceram determinados a mostrar que as crianças poderiam criar seus próprios jogos e softwares, e não apenas consumir jogos e softwares criados por outros. Após terminar seu PhD e se juntar ao corpo docente do Midia Lab do MIT em 1992, Resnick formou um grupo de pesquisa conhecido agora como Lifelong Kindergarten, que, de maneira geral, promovia a visão de Papert de crianças usando a tecnologia para expandir seus conhecimentos e poder de expressão. Em 1993, ele cofundou o Computer Clubhouse, um programa suplementar de ensino financiado pela Intel para jovens residentes em áreas carentes da cidade, que se expandiu com o apoio da Intel, transformando-se em uma rede global com 100 locais ao redor do mundo.

Em 2003, Resnick tinha passado quase duas décadas na interseção fértil entre robôs de brinquedo, o código de computador que os controlava e as crianças escrevendo o código. Ele havia decidido resolver problemas difíceis, e fez isso. Mas mais uma vez, foi tomado pela inquietude. "A Web acabara de entrar em sua primeira fase verdadeiramente social", diz ele. "Mas você não pode compartilhar um robô."

A menos que, obviamente, você "traga o robô para o computador", como diz Natalie Rusk, cientista do Media Lab e uma colaboradora de Resnick. Rusk e Resnick começaram a esboçar uma linguagem de programação que, de certa

DISRUPÇÃO E INOVAÇÃO 93

forma, partiria de onde o Logo tinha parado. Incentivaria as crianças a aprender a projetar e criar, mas também a aproveitar o imenso poder da comunidade para ajudar e promover o processo de aprendizagem. Marvin Minsky, o pioneiro da inteligência artificial, disse uma vez que "o problema com o Logo é que ele tem uma gramática, mas não literatura"; com isso, quis dizer que não havia nenhum método pelo qual grandes trabalhos pudessem ser reconhecidos, celebrados e — programadores sendo programadores — copiados.[34] O Scratch levaria o Logo para o futuro.

"Eu me lembro de fazer um retiro com meu grupo de pesquisa", Resnick recorda, "e dizer: 'Isso tem potencial para atingir mais pessoas do que qualquer coisa que já fizemos'". Demorou quatro anos de programação, prototipagem e testes — boa parte envolvendo bandos de crianças em vários clubes de computador em torno de Boston — antes que Resnick e seus colaboradores lançassem o Scratch, em maio de 2007. Produto de muitas mentes e mãos, manteve-se fiel à visão original de Papert: possibilitar a qualquer pessoa, independentemente da experiência ou idade, se sentar diante de um computador e imediatamente fazer as coisas acontecerem. Mais importante, tinha a comunidade entrelaçada em seu núcleo.

Resnick e seus alunos projetaram o Scratch para que alguém com 8 anos de idade, razoavelmente inteligente, pudesse sentar e começar a programar com a ajuda dos tutoriais online. Apenas a criança, a mascote da Scratch, um gato laranja de cara alegre e o código. Isso é fundamental para a filosofia de aprendizado digital, que coloca grande parte de sua ênfase na motivação. As crianças devem — e fazem isso intuitivamente — *querer* aprender. Cabe a nós, adultos desajeitados e cabeças-duras, estruturar as lições corretamente.

Desde seu lançamento em 2007, o Scratch cresceu lentamente, mas de forma constante, para se transformar em um gigante. No momento em que David Siegel se deparou com ele, estava recebendo mais tráfego do que qualquer outro site no MIT, e o número de projetos online tinha crescido para centenas de milhares. Novos comentários nos fóruns do Scratch eram publicados a cada dois ou três segundos, e a equipe de Resnick trabalhava em uma revisão e atualização completa. Mas o grande volume de trabalho ameaçava consumir Resnick e toda sua equipe. "Eu sabia que para que o Scratch pudesse atingir seu potencial precisávamos de uma nova estrutura organizacional", lembra ele. "O Media Lab, sozinho, não seria suficiente."

Na terça-feira seguinte à sua viagem ao Media Lab, Siegel enviou um e-mail sucinto para Resnick informando que estaria de volta à região de Boston no final do mês. "Estou ansioso para passar aí, dizer olá e deixar uma contribuição para os esforços com o Scratch. Também gostaria de discutir de que maneira eu poderia me envolver para ajudar esse programa a seguir em frente."

Naquele verão, houve uma troca de correspondência entre os dois homens que tinham dedicado suas vidas à ciência da computação, embora com fins diferentes. Eles descobriram uma paixão compartilhada em não apenas tornar a programação acessível a crianças do ensino fundamental, mas torná-la também divertida. Siegel observou que havia tido dificuldade de ensinar programação para Zach em casa. "Posso apenas imaginar as dificuldades que um pai, sem meu conhecimento no assunto, teria para manter uma criança motivada", escreveu ele. Mas o Scratch, ele imaginava, poderia servir como o veículo perfeito. "Seria útil até em escolas de ensino fundamental e médio, já que muitas delas não têm instrutores qualificados nessa área."

Em agosto, Siegel estava de volta ao Media Lab, pronto para tocar os projetos. Optou pelas bicicletas experimentais, kits de solda e, claro, os blocos LEGO, que preencheram o laboratório Lifelong Kindergarten. Sentados no escritório de Resnick, os dois estabeleceram as bases conceituais para um projeto muito mais ambicioso do que desenvolver uma nova linguagem de programação: transformar o modo de pensar das pessoas sobre aprendizagem e educação.

Resnick e Siegel concordaram que aprender a programar não era só para treinar os engenheiros de computação do futuro. Era um método incrivelmente eficiente para aprender a aprender. "Aprender a programar ajuda você a organizar, expressar e compartilhar suas ideias — assim como aprender a escrever", diz Resnick. "Isso é importante para todos."

Siegel solidificou o conceito. "Não se trata de aprender a programar", disse ele. "Mas de programar para aprender." A ideia ficou em suspenso, e quando Siegel retornou a Nova York, arquivou a papelada para criar uma nova organização sem fins lucrativos, a Code to Learn Foundation, agora conhecida como Fundação Scratch.[35]

PS: Pense em Mitologia, Não em Missão

Em 2011, Nicholas Negroponte me enviou um e-mail que dizia: "De vez em quando posso lhe dar pequenas dicas, que você pode ignorar, mas elas serão o tipo de coisa que apenas os pais dizem aos filhos [...] Por exemplo, nunca me referi à faculdade como 'minha faculdade', e sempre disse que fulano de tal trabalhava comigo, não para mim. Essas pequenas coisas fazem parte da diferença entre o mundo corporativo e seu novo emprego, que é mais do que um servidor público".

A única coisa em que discordo de Nicholas é que acredito que, mesmo no mundo corporativo, as empresas não mais são bem servidas pelo tradicional estilo de liderança "de cima para baixo" da era pré-internet.

Neste capítulo discutimos a importância de ter um rumo — uma bússola — e as armadilhas de tentar mapear ou planejar um mundo de complexidade e mudança. É quase impossível ter um plano detalhado ao liderar uma organização complexa e criativa como o Media Lab. De fato, em muitos aspectos, a palavra *liderança* evoca a imagem errada, já que, muitas vezes, pensamos em nossos líderes como possuindo uma tremenda quantidade de controle e poder direto. Liderar o Media Lab é mais como ser um jardineiro do que um CEO — regando as plantas, cuidando da compostagem, aparando galhos e saindo do caminho para que a explosão de criatividade e vida de todas as plantas e vida selvagem no jardim sejam livres para florescer.

O Media Lab, e organizações como ele, pode ser "liderado" ao trabalharmos com nossas bússolas e convergirmos em uma direção comum. É impossível entender os detalhes ou como antecipar todas as ideias e desafios que centenas de pessoas inteligentes, curiosas e independentes que trabalham comigo podem encontrar. Nós precisamos ficar confortáveis com a ideia de que não temos controle, que não podemos prever ou mesmo saber tudo o que está acontecendo, mas ainda podemos ser confiantes e corajosos. Isso também nos permite aceitar a diversidade de pensamento, abordagem e prazos, e não forçar tudo a ser sincronizado demais.

Em vez de regras ou, até, de estratégia, o segredo do sucesso é a cultura. Quer estejamos falando sobre nossa bússola moral, nossa visão de mundo ou nossa sensibilidade e gostos, a maneira como definimos essas bússolas se dá pela cultura que criamos e como a comunicamos por meio de eventos, e-mails, reuniões, mensagens, regras que impomos e até mesmo a música que tocamos. É mais um sistema de mitologias do que algum tipo de declaração de missão ou slogan.

— Joi Ito

Risco acima da Segurança

4

Julia Hu não deveria estar em uma loja da Apple, contudo, encontrou-se de algum modo em 361 delas.[1] A razão disso diz muito sobre por que as coisas grandes — companhias, governos, universidades, por exemplo — se esforçam para competir em uma era de complexidade que favorece coisas pequenas como células terroristas e hackers e, sem dúvida, qualquer indivíduo com uma ideia brilhante e uma conexão rápida à internet.

Alguns anos atrás, Hu, uma recém-graduada de Stanford, teve a ideia de criar um aplicativo para iPhone que usaria uma pulseira para medir os padrões de sono de seus usuários, bem como gentilmente acordá-los pela manhã. Depois de algumas semanas, o aplicativo analisaria a biometria que havia reunido, tornando-se, com isso, um treinador de sono virtual que oferecia conselhos a legiões de pessoas trabalhando muito e dormindo pouco.

A ideia era boa. Seus amigos gostaram. Sua família gostou. Os investidores gostaram. E se a pulseira não tivesse exigido um hardware para fazê-la funcionar, nossa história teria terminado aí. Como milhares de outros empreendedores de software, Hu simplesmente teria contratado um ou dois programadores e entrado no negócio. Mas há uma grande diferença entre uma Apple Store e uma App Store. Custa cerca de US$5 milhões para colocar um produto, mesmo uma pulseira, em lojas de varejo suficientes para obter algum lucro. Até o final de 2009, Hu havia arrecadado menos de US$1 milhão em investimento — o suficiente para desenvolver um protótipo, mas não um produto. Tinha que esperar que mais investidores estivessem dispostos a apoiar sua entrada no mercado de alto risco e baixa margem dos acessórios de smartphones.

Então, ela conheceu Liam Casey, o CEO fundador da PCH International. A empresa de Casey tinha muito dinheiro na mão. Naquele ano, caminhava para faturar US$410 milhões. Porém, Casey não ofereceu capital a Hu, porque, de seu ponto de vista, ela não precisava. Ofereceu-lhe algo melhor: acesso à sua cadeia de fornecimento.[2]

A cadeia de fornecimento é uma linha de batalha crucial entre Grandes Coisas e Pequenas Coisas e, como veremos, as Pequenas Coisas estão começando a ganhar a guerra. Casey é como um maestro condutor, exceto que sua orquestra é composta de milhares de fábricas espalhadas pelo mundo trabalhando sem parar o tempo todo, colocando na rua tudo que se refira a um computador, desde placas de circuito, aos desktops à embalagem de papelão que os empacota. Assim como Hu, Casey também é um criador.

Em 1996, Casey se mudou para Shenzhen, um centro de fabricação em grande expansão que fomentava a emergência da China como potência industrial. Ele começou como uma empresa comercial, e durante anos, ele diz, tudo o que fez foi alinhar as empresas ocidentais com as fábricas chinesas. Em 2003, esse tipo de negócio estava desaparecendo. O Ocidente travara conhecimento com o Oriente, e chegaram à conclusão de que podiam negociar. Casey tinha que oferecer algo mais do que o básico. "Quando cheguei aqui, a China era um bom lugar para fabricar produtos baratos. E rapidamente se tornou um lugar barato para fazer bons produtos. Em seguida, tornou-se o único lugar para fazer esse produto."

Casey levou o conhecimento que acumulara — qual fábrica poderia fazer qual chip em quanto tempo usando matérias-primas vindas de qual aeroporto — e criou um banco de dados. Essas informações, exibidas em sua sede através de enormes monitores de vários computadores, lhe permitem selecionar uma mercadoria — um fone de ouvido, por exemplo — e pôr em destaque cada uma das conexões da rede global que produz os componentes para o tipo mais universal de fones de ouvido. Se quiser ir mais longe, Casey pode obter dados sobre gerenciamento, força de trabalho e até mesmo as especificações para os produtos que eles fabricam.

O banco de dados lhe possibilita oferecer a seus clientes (que incluem algumas das maiores empresas do mundo) a opção de terceirizar quase tudo. Fabricação, sim, mas também design, embalagem, armazenagem e execução. No processo, Casey removeu um dos maiores fatores de risco em um negócio tradicional: o estoque. Ele pode aumentar a produção de acordo com o crescimento das vendas. Se elas caem, ajusta sua rede global em conformidade. Aqueles grandes armazéns em Nashville e no leste de Washington? Estão tão desatualizados quanto uma antiga fundição da Pensilvânia.

Em virtude de sua base de dados e devido à sua habilidade de se ajustar à economia global, Casey nos trouxe à conclusão lógica da terceirização. "Você não precisa possuir mais nada", diz ele. "Nem uma fábrica, nem um armazém, nem mesmo um escritório." Em outras palavras, Casey possibilita realocar até os átomos de uma empresa. O que sobrou? "Você precisa de uma ideia e precisa ser capaz de comercializá-la. É isso." Trata-se de algo muito diferente do tipo de negócio criado por Vanderbilt, Ford ou mesmo Jobs.

É o capitalismo sem capital, e as implicações para a Fortune 500 não devem ser subestimadas. Porque quando tudo o que você precisa é uma ideia, qualquer um pode jogar o jogo. Qualquer um, neste caso, é Julia Hu. "Nós pegamos o design dela, o modificamos para a produção em massa, colhemos os materiais, nos certificamos de que ele foi dimensionado para ser remetido da maneira mais eficiente possível e, depois, a ajudamos a fazer o design da embalagem", diz Casey. E quando o terremoto no Japão ameaçou descarrilar a data de lançamento de Hu? A cadeia de suprimentos de Casey se autocura, como um musgo fecundo. "Encontramos outra pessoa para fornecer a peça em dois dias. Não foi nem um soluço." No final, Hu e Casey até colaboraram na marca e no marketing. Eles chamaram a pulseira de smartphone de Lark,[3] e Casey passou da ideia bruta para o produto acabado em assombrosos seis meses.

A indústria de bens de consumo eletrônicos é avaliada em cerca de US$1 trilhão por ano,[4] e é o tipo de mundo onde as Coisas Grandes andam por aí como gigantossauros, alternadamente esmagando (ou seja, processando) ou comendo (ou seja, comprando) as Coisas Pequenas. O que Casey e as chamadas cadeias de suprimento "just in time" têm feito é torná-la muito mais parecida com empresas de software, nas quais indivíduos e pequenas empresas têm se revelado uma fonte infinita de inovação.

Então, o que acontece quando o negócio de hardware se torna um bocado parecido com o negócio de software? As regras mudam. Quando o custo de levar um produto ao mercado — ou simplesmente trazer uma ideia para um grande público — poderia levar uma instituição à falência, faz sentido privilegiar a segurança em relação ao risco. Mas, de forma dramática, esse não é mais o caso. A internet realmente inverteu a dinâmica: é mais caro manter uma ideia, ou até mesmo o modelo rudimentar de um produto, do que deixá-la vagar pelo mundo sob a forma dos bits de que é constituída.

A nova regra, então, é assumir o risco. Em nenhuma outra parte deste livro há algo que exemplifique quão distante nossos cérebros coletivos ficaram para trás do estado de nossa tecnologia.

Dizemos isso não no sentido de que todos deveriam se engajar no tipo de esportes radicais que tornarão sua apólice de seguro de vida nula e sem efeito, mas no sentido de que devemos ter a mente sintonizada na escala da mudança que ocorreu, e que está ocorrendo ainda mais rapidamente todos os dias. O fato de que um ambicioso estudante do ensino médio pode projetar novas formas de vida não é apenas interessante; isso tem implicações em toda a estrutura e lógica do capitalismo, que, não devemos esquecer, foi construído, em grande parte, com pressupostos não mais verdadeiros há três décadas. Que um indivíduo desvairado poderia projetar uma arma engenhosa que pode ser distribuída online, fabricada em uma impressora 3D e, em seguida, levada para um avião não é apenas assustador, é algo que exige repensar completamente o modo como abordamos a ideia de risco.

Aproveitar as oportunidades que nosso novo mundo, por vezes confuso e assustador, tem a oferecer requer dos que têm a responsabilidade das tomadas de decisão que trabalhem rapidamente, dispensando as camadas de permissões e aprovações exigidas pelo tradicional modelo de gestão de comando e controle. Uma empresa, que por razões óbvias deixaremos no anonimato, ordenou um estudo de viabilidade sobre investir ou não US$600 mil em um dos projetos de Joi. Ela não piscou um olho para o fato de que o estudo custou US$3 milhões. Os procedimentos rígidos dessa companhia, e a recusa em abraçar o risco deixando de lado a segurança, a levaram a trocar um fato de US$600 mil por uma teoria de US$3 milhões; mesmo que o projeto tivesse fracassado, a empresa teria perdido apenas 1/5 do que gastou decidindo não investir.

Tal como colocar a prática acima da teoria, o princípio do risco acima da segurança pode soar irresponsável, mas é essencial para destravar todo o potencial da inovação moderna e de baixo custo que o capacita. Ele tem sido parte integrante das indústrias de software e internet, e ajudou a moldar a paisagem do capital de risco. Cada vez mais é também uma ferramenta importante para a inovação na fabricação, investimento, arte e pesquisa.

DISRUPÇÃO E INOVAÇÃO 105

Implementar o risco acima da segurança não significa negar o risco. Significa simplesmente entender que, à medida que o custo da inovação diminui, a natureza do risco muda. Como veremos em um capítulo posterior sobre a resiliência, a internet liberou — e em alguns casos forçou — as empresas de software a abandonar a aversão ao risco, aprovada burocraticamente pelos protocolos de seus predecessores, em favor de uma abordagem ágil, sem permissão para a inovação. Naturalmente, muitas dessas empresas fracassaram, mas as bem-sucedidas fizeram-no antes que seus concorrentes até mesmo chegassem ao mercado.

Assim como as empresas que construíram o início da internet mudaram suas práticas de negócios para refletir mais de perto as realidades de seu setor de atividade, os investidores e capitalistas de risco que ajudaram a financiar seus esforços também necessitaram dominar uma nova abordagem. Em vez de ler planos de negócios, falar com MBAs de terno e gravata e encomendar onerosos estudos de viabilidade, eles aprenderam a apostar em grandes pessoas e grandes ideias. Cada uma das apostas era relativamente pequena, e poucas delas foram bem-sucedidas —, mas porque eram pequenas, e porque as bem-sucedidas com frequência eram *muito* bem-sucedidas, os resultados favoreceram de forma assimétrica aqueles que estavam dispostos e eram capazes de assumir esses investimentos de alto risco.

Os investidores que assumem o risco em relação à segurança também precisam mudar sua abordagem quanto a investimentos fracassados. Quando você faz inúmeros investimentos arriscados, em vez de alguns seguros, tem que estar disposto a se afastar daqueles que não têm êxito. A mesma coisa que possibilita privilegiar o risco em detrimento da segurança também *impossibilita* investir recursos em um investimento que está morrendo — e esse é o baixo custo da inovação.

Se você gasta US$200 mil tentando salvar seu investimento, em vez de ficar longe dele, você está na mesma posição que a empresa que gastou US$3 milhões decidindo não fazer um investimento de US$600 mil. Ao mesmo tempo, você tem que estar disposto a perder seu investimento inicial, em vez de tentar recuperá-lo de inovadores que devem ser deixados sozinhos para desenvolver suas novas ideias, com ou sem seu dinheiro.

Mesmo empresas maduras como Facebook e Google alavancaram o risco para permanecerem ágeis e resilientes, mudando as estratégias e o foco de seus produtos conforme os respectivos ambientes iam mudando. Como o cofundador do Google, Larry Page, disse à *Wired*, "[A maioria] das empresas decaem lentamente ao longo do tempo [porque elas] tendem a fazer o que faziam antes, com algumas pequenas alterações. É natural que as pessoas queiram trabalhar em coisas que sabem que não vão falhar. Mas a melhoria complementar é algo que vem com a garantia de se tornar obsoleta com o passar do tempo. Especialmente em tecnologia, pois você sabe que haverá uma mudança não complementar".[5]

Mudanças dramáticas, como as que Page menciona, impulsionam a inovação e resultam dela, acelerando à medida que o tempo passa. Tirar proveito dessa curva requer que os inovadores adotem o risco e que os investidores busquem e reconheçam oportunidades e incentivem a inovação, sem exigir que as pessoas em quem apostam lhes peçam autorização.

Os benefícios potenciais de focalizar no risco acima da segurança vão bem além do ganho monetário. À medida que o custo da inovação diminui, permitindo que mais pessoas assumam riscos na criação de novos produtos e empresas, a inovação se desloca do centro para a periferia. Isso proporciona uma série de novas oportunidades para as pessoas que foram excluídas do velho modelo hierárquico de investimento e desenvolvimento de produtos.

As organizações que oferecem a seus empregados a oportunidade de correr riscos também incentivam maior criatividade. O Silk Pavilion (Pavilhão de Seda) de Neri Oxman, um projeto premiado que sedimentou a carreira de Oxman e atraiu grande interesse pela pesquisa antidisciplinar do Media Lab, exigiu que Oxman e o Lab assumissem o risco em detrimento da segurança. Para Oxman, havia o risco de que a imprevisibilidade dos bichos-da-seda destruísse o projeto. Havia também o risco de que não fosse bem recebido ou que sua combinação não convencional de arte e ciência colocaria em risco sua posição acadêmica. Para o laboratório, havia o risco inerente de acolher uma comunidade de mais de seis mil bichos-da-seda que passavam suas curtas vidas se agarrando aos fios e arames compridos que cobriam o átrio principal de um edifício muito popular. A coisa segura a fazer quando Oxman apresentou sua proposta teria sido dizer não. A coisa certa, como se viu, foi dizer sim. O Silk Pavilion foi um risco que valeu a pena.

Centrar-se no risco em detrimento da segurança sempre foi parte do DNA do Media Lab, assim como sempre fez parte da internet. Isso embasou o aviso de Nicholas Negroponte de "Demonstrar ou Morrer", e o faz também com a chamada de Joi de "Implantar". Essa bandeira não implica em uma corrida às cegas para apoiar cada proposta arriscada, mas solicita que inovadores e investidores pesem o custo de fazer algo agora contra o custo de *pensar* em fazer algo mais tarde. Aqueles que entendem melhor tal equação ganharão na medida em que o ritmo de inovação continua acelerando.

Os EUA, com sua longa história de inovação, já devem estar ocupando a posição de destaque nisso, certo? Não somos o lar do Vale do Silício! Liam Casey é o primeiro a dizer que o Ocidente leva vantagem em branding, marketing e em simplesmente ter ideias para os gadgets que todos desejam enfiar em seus bolsos. Porém, antes que você se agasalhe nesse pensamento aconchegante, considere isto: não só quase todos os principais fabricantes de eletrônicos se localizam em Shenzhen, como também as fábricas chinesas estão cada vez mais bem equipadas para produzir seus próprios produtos de ponta com alta qualidade.

Não precisamos de uma bola de cristal para ver o que acontece quando fazer uma câmera nova e incrível não é mais difícil do que criar um novo aplicativo para o Android, porque já está acontecendo: chama-se shanzhai, e está ocorrendo em Shenzhen. Shanzhai significa literalmente "fortaleza de guerrilheira", mas com o passar do tempo se tornou a gíria para marcas apelativas de produtos chineses baratos. Você os vê nas ruas de Nova York ou Los Angeles: casacos North Faith, celulares Nckia e bolsas Guuci.

Por volta de cinco anos atrás houve uma mudança. Primeiro, a qualidade melhorou. Nckia e Samsing logo rivalizavam com a qualidade e durabilidade da Nokia e Samsung. Depois, algo surpreendente aconteceu: os clones começaram a melhorar em relação aos originais. Mais especificamente, começaram a inovar. Liberados das garras de advogados de patentes e regulamentos restritivos, os fabricantes de shanzhai passaram a inventar recursos estranhos e meio malucos — um telefone com um projetor de parede HD, por exemplo. E por que não o fariam? Usando a mesma cadeia de suprimentos ultrarrápida e ultraflexível que Casey emprega, um empreendedor astuto pode produzir pequenas séries de uma ampla gama de produtos, mensurar a demanda e, em seguida, fabricar aquilo que vende.

"Eles estão fazendo para o hardware o que a web fez para rasgar/misturar/queimar", disse Huang à *Wired UK*.[6] Pegas de surpresa, as grandes empresas de bens de consumo eletrônicos se mexeram para não ficar para trás: aquele telefone LG com duas entradas de cartão SIM? O detector de dinheiro falso incorporado nos telefones da Samsung? Ambos os recursos foram inovações shanzhai. Claro, quando a Samsung os lançou, os piratas já haviam se adiantado, oferecendo outras inovações e recursos. As grandes empresas não têm tal agilidade — levam meses para responder à demanda do mercado e, ao contrário do shanzhai, elas têm que negociar uma enormidade de patentes internacionais antes de cada lançamento de produto.

O resultado é que o shanzhai capturou 20% do mercado mundial de telefones celulares em 2009[7] e está rapidamente estendendo seu alcance a outros gêneros de bens eletrônicos de consumo. É uma grande fatia de uma torta quase incompreensivelmente grande: se o mercado global de bens do mercado negro fosse um país, seu PIB ficaria em segundo lugar no mundo, movimentando $10 trilhões.[8] Vale a pena assumir riscos.

Há 70 milhões de anos, era ótimo ser um dinossauro. Você tinha o pacote completo: era grande e tinha pele grossa, dentes afiados, sangue frio e uma longa vida. E foi ótimo por muito, muito tempo. Então, de repente — possivelmente, alguns paleontólogos acreditam, em questão de horas[9]— não era tão bom assim. Por causa de seu tamanho, você precisava de uma montanha de calorias. E precisava de muito espaço. Então, você morria. Sabe quem sobreviveu a você? O sapo.[10]

O roteiro que estamos lendo aqui nos Estados Unidos é tão preocupante quanto familiar: a China em ascensão, o Império Americano em declínio. O sapo deixando o dinossauro no passado. Contudo, há nesse enredo um mal--entendido fundamental da nova era. Empresas americanas e chinesas estão no mesmo barco. Dinossauros não precisam se preocupar com outros dinossauros. Eles precisam começar a pensar e agir como os sapos.

Essa atitude em relação ao risco explica o ocorrido com o bitcoin. Até 2010, quando deu a Gavin Andresen as chaves do projeto Bitcoin SourceForge, Satoshi Nakamoto — o pseudônimo do criador do software que permitiu a criação da Bitcoin — fez quase todas as modificações ao software. De acordo com Andresen, ex-cientista-chefe da Fundação Bitcoin, o código original de Satoshi ainda constituía cerca de 30% do Bitcoin Core no final de 2015.[11] Na mesma palestra, Andresen observou que os principais desenvolvedores — os indivíduos com autoridade para aceitar mudanças no Bitcoin Core — eram "irritadiços e avessos ao risco", mas não tanto quanto Satoshi foi. Na verdade, Andresen acredita que uma das razões de Satoshi se afastar do projeto em abril de 2011 foi que seu desejo de controlar o código era incompatível com a construção da comunidade de desenvolvedores de que precisava, alguns dos quais contribuíram enormemente para o código-fonte nos últimos cinco anos. (Vale ressaltar que o próprio Andresen teve seu acesso de compromisso — sua capacidade de fazer alterações no código-fonte do Bitcoin Core — revogado em maio de 2016.)[12]

Mesmo durante a retirada gradual de Satoshi, outros membros da comunidade bitcoin estavam construindo uma infraestrutura em torno da moeda digital. O New Liberty Standard estabeleceu uma taxa de câmbio em outubro de 2009 (1.309,03 bitcoins em relação ao dólar, com base no custo da eletricidade necessária para a mineração de bitcoins na época).[13] Em fevereiro de 2010, o Mercado de Bitcoin se transformou na primeira casa de câmbio de bitcoin — um lugar onde os bitcoins pudessem ser comprados com moedas fiduciárias ou convertidos em formas mais tradicionais de dinheiro. Em maio de 2010 foi realizada a primeira transação bitcoin do mundo real, quando Laszlo Hanyecz, de Jacksonville, Flórida, ofereceu 10 mil BTC por duas pizzas. Embora o preço parecesse razoável na época, no valor de cerca de US$25, os mesmos 10 mil bitcoins teriam valido mais de US$2 milhões no início de 2015.[14]

110 RISCO ACIMA DA SEGURANÇA

Essa compra de pizza aconteceu no mesmo ano da mais famosa, ou infame, troca de bitcoin — Mt. Gox, originalmente estabelecido em 2007 como "Magic: The Gathering Online eXchange", um site de comercialização de cartões *Magic: The Gathering Online*, Mt. Gox reuniu poeira digital por vários anos antes de seu fundador, Jed McCaleb, ler um post da Slashdot sobre bitcoin e reescrever o site como uma casa de câmbio de bitcoin. Em 2011, McCaleb transferiu o Mt. Gox a Mark Karpelès, um desenvolvedor francês que vive no Japão.[15] Nos dois anos seguintes, o bitcoin se tornou mais visível e mais popular, e o Mt. Gox cresceu junto com ele, manipulando, por fim, mais de 70% do comércio global de bitcoins.[16]

O Mt. Gox passou a apresentar uma série de falhas de segurança e bugs de software ao longo do caminho — incluindo uma transferência maciça e fraudulenta de bitcoins para um hacker que, em seguida, despejou as moedas no mercado de câmbio, derrubando a cotação até quase zero por vários minutos[17] —, mas será mais lembrado pelo que ocorreu em 2013, quando uma cascata de problemas legais e regulatórios o levou à falência.[18]

Tudo começou quando o Departamento de Segurança Interna dos EUA bloqueou US$5 milhões de uma subsidiária do Mt. Gox nos Estados Unidos, alegando que a empresa estava operando um serviço de transferência de dinheiro não registrado. Embora Mt. Gox logo obtivesse uma licença junto à Financial Crimes Enforcement Network (FinCEN), que regulamenta os assuntos monetários nos Estados Unidos, sua capacidade de transferir dinheiro para clientes no país foi gravemente comprometida.[19]

No final de fevereiro, Karpelès renunciou ao conselho de administração da Fundação Bitcoin, o site do Mt. Gox saiu do ar e a empresa entrou no sistema de recuperação judicial dos Estados Unidos e do Japão.[20] A empresa alegou ter perdido quase 750 mil bitcoins pertencentes a seus clientes, bem como 100 mil bitcoins de sua propriedade. Embora tenha encontrado mais tarde cerca de 200 mil bitcoins em "uma carteira de formato antigo que foi usada antes de junho de 2011", aproximadamente um vigésimo dos bitcoins totais existentes na época simplesmente desapareceram.[21] O mercado de bitcoin reagiu de modo muito similar aos mercados financeiros tradicionais, que responderam ao naufrágio de navios transportando ouro do Novo Mundo para o Antigo — o preço dos bitcoins caiu, e uma série de ações judiciais e críticas ocorreram em seguida.

Mt. Gox divulgou uma declaração sugerindo que hackers eram os culpados. No entanto, em dezembro de 2014, o jornal *Yomiuri Shimbun*, do Japão, informou que a polícia japonesa acreditava que apenas 1% dos bitcoins desaparecidos acabaram em carteiras de hackers.[22] Quanto ao restante, o *Yomiuri Shimbun* informou que a polícia encontrou discrepâncias entre contas de clientes e *pools* de bitcoins juntados por desconhecidos, implicando que as transações fraudulentas representaram o desaparecimento da maioria dos bitcoins perdidos.[23] Karpelès foi preso e acusado de fraude em 2015.[24]

A implosão de Mt. Gox também remete a outro escândalo relacionado ao bitcoin que ocorreu em 2013 — o confisco de Silk Road, um mercado online envolvido em tudo, desde drogas ilegais até assassinato por aluguel. Uma vez que seu operador, conhecido como Dread Pirate Roberts (DPR), estava inusitadamente disposto a conceder entrevistas, a existência do mercado tinha sido bem relatada desde que Adrian Chen, da *Gawker*, o descreveu pela primeira vez em 2011.[25] Em 2012, o Departamento de Segurança Interna dos EUA iniciou uma investigação e, um ano mais tarde, o agente especial do DHS, Jared Der-Yeghiayan, havia garantido uma posição como moderador da Silk Road.[26] Seu trabalho levou à prisão, em outubro de 2013, de Ross William Ulbricht, que havia mantido um diário detalhando suas aventuras como DPR no mesmo laptop que continha 144.342 bitcoins supostamente obtidas por meio de transações na Silk Road.[27]

O Serviço de Delegados dos EUA leiloou cerca de 30 mil bitcoins apreendidos durante a investigação — o comprador, o investidor Tim Draper, os emprestou à Vaurum, uma *startup* Bitcoin focada no desenvolvimento de "novos serviços que podem fornecer liquidez e confiança para os mercados que foram paralisados por moedas fracas".[28] Os bitcoins restantes — encontrados no laptop de Ulbricht — foram vendidos em lotes, com o último leilão acontecendo em novembro de 2015.[29]

A investigação da Silk Road e o julgamento de Ulbricht destacam um dos paradoxos do bitcoin — o aparente anonimato da moeda digital atrai a atenção de criminosos e terroristas, enquanto sua arquitetura intencionalmente transparente a torna inteiramente exposta a ser examinada. Não se trata de uma falha — é parte da plataforma. Como Bitcoin.org explica, "Bitcoin é designado para permitir aos usuários enviar e receber pagamentos com um grande nível de privacidade, assim como qualquer outra forma de pagamento. Entretanto, o bitcoin não é anônimo e não pode oferecer o mesmo nível de privacidade que o papel-moeda. O usuário do bitcoin deixa uma extensa lista de dados públicos."[30]

Isso é também compatível com o original *Manifesto do Cypherpunk*: "Privacidade não é segredo. Um assunto privado é algo que não se quer que o mundo inteiro saiba, mas um assunto secreto é algo que não se quer que ninguém saiba. Privacidade é o poder de se revelar seletivamente ao mundo".[31] O bitcoin requer algo de seus usuários — que eles decidam o quanto estão dispostos a revelar e para quem.

Não faz muito, um grupo de estudantes do Media Lab visitou Shenzhen com Huang. Era um grupo pequeno, já que iria a lugares com espaço limitado e havia a necessidade de permanecer ágil. Para a excursão, também foi incluído Reid Hoffman, que é o fundador da LinkedIn e outro amigo de Joi, bem como o reitor do MIT, Marty Schmidt.

A primeira parada foi em uma pequena empresa administrada pela AQS, um fabricante com operações em Fremont, Califórnia, bem como em Shenzhen. Ela se concentra principalmente em fixar chips em placas de circuito, e suas instalações estão repletas de máquinas SMT (de tecnologia de montagem em superfície) que usam pneumáticos programados por computador para pegar e colocar chips e outros componentes nas placas. Além das linhas de máquinas SMT, há numerosos funcionários instalando as linhas, programando o equipamento, testando os resultados usando raios-X, computadores e focos de luz e realizando aquelas partes do processo que — por razões técnicas ou econômicas — ainda são mais bem realizadas à mão.

A AQS trabalha em estreita colaboração com *startups* e outros projetos que, de outra forma, teriam dificuldade em encontrar parceiros industriais na China devido ao pequeno volume, ao alto risco e a solicitações não convencionais que costumam acompanhar o trabalho com empreendedores.

Mas não é a tecnologia que torna fábricas como a AQS impressionantes. São as pessoas. Dos gerentes de produção e de projeto aos engenheiros, eram todos trabalhadores experientes, confiáveis e empolgados em trabalhar com Huang e seus amigos. Eles também eram capazes e estavam dispostos a projetar e testar novos processos para criar coisas que nunca tinham sido fabricadas antes. Como Joi escreveu logo após a excursão, "Sua ética de trabalho e sua energia me lembraram muito do que eu imaginava serem os empresários fundadores e engenheiros no Japão que construíram a indústria manufatureira japonesa no pós-guerra".[32]

Após a AQS, o grupo visitou a King Credie, que fabrica placas de circuito impresso (PCB). O processo de fabricação de PCB é difícil e altamente sofisticado; ele requer a adição de camadas, enquanto se grava e imprime, de materiais como fluxo de solda, ouro e vários produtos químicos. Existem muitas etapas e controles complexos necessários para o procedimento ser bem-sucedido. Na King Credie trabalhava-se em alguns PCBs híbridos muito sofisticados que incluíam camadas de cerâmica e camadas flexíveis — processos considerados exóticos em qualquer outro lugar do mundo, mas diretamente acessíveis ao Media Lab graças a uma estreita relação de trabalho com a fábrica.

A próxima parada foi em uma instalação fabril de moldagem por injeção — Huang estava ajudando Joi com um projeto que exigia uma moldagem por injeção relativamente complicada. A maioria das peças de plástico para tudo, desde telefones celulares até assentos de carro de bebê, é feita usando um processo de moldagem por injeção no qual o plástico é injetado em enormes moldes de aço. O procedimento é difícil, porque se você quiser um acabamento espelhado, o molde tem que ter um acabamento espelhado. Se você precisar de um milésimo de polegada de tolerância na produção, você tem que cortar os moldes de aço com essa precisão. Além disso, é preciso entender de que maneira o plástico fluirá para o molde através de vários furos e se certificar de que ele entra uniformemente e esfria corretamente sem deformação ou quebra.

A fábrica que o grupo visitou naquele dia tinha uma oficina de precisão e os conhecimentos de engenharia para projetar e elaborar as ferramentas de moldagem por injeção de que Joi precisava, mas seu volume de produção inicial era muito baixo para que estivessem interessados no negócio. Eles queriam pedidos de milhões de unidades, e ele só precisava de milhares.

114   Risco acima da Segurança

Em uma reviravolta interessante, o gerente da fábrica sugeriu que Joi poderia ter os moldes de ferramentas de precisão construídos na China, enviando-os depois para uma oficina dos EUA, que executaria a produção. Devido à necessidade de processamento em ambientes com níveis controlados de agentes poluidores, ele achou que seria mais barato executar a produção nos Estados Unidos, porém as oficinas americanas não tinham a experiência ou a capacidade de sua fábrica na China para produzir as ferramentas, e mesmo que tivessem, eles não poderiam incorporar em seus custos tais serviços de valor agregado.

Essa inversão de papéis é um indicador de como a tecnologia, o comércio e o *know-how* para moldagem por injeção mudou para Shenzhen. Mesmo se os Estados Unidos tivessem a capacidade de fabricação, as peças-chave do ecossistema do conhecimento existem, atualmente, apenas em Shenzhen. Local também onde a tolerância para a experimentação e para o fracasso — para o risco — ultrapassa a existente nos EUA.

Em seguida, Huang levou o grupo para o mercado. Eles passaram metade de um dia lá e só viram uma pequena parte da enorme rede de edifícios e estandes de venda. O mercado era constituído de vários quarteirões de edifícios de vários andares com estandes em cada andar. Cada edifício tinha um tema, que variava de LEDs a telefones celulares e manutenção. Havia no lugar um certo ar de *Blade Runner*.

A excursão começou na seção do mercado onde as pessoas levam telefones celulares quebrados ou destruídos, que são desmontados para aproveitamento de peças. Qualquer parte do telefone que possivelmente tenha conservado a funcionalidade é retirada e embalada em grandes sacos plásticos, para venda. Outra fonte de componentes se constitui de peças rejeitadas nas linhas de produção da fábrica, que são, então, reparadas ou chapas de PCBs em que apenas um dos componentes foi reprovado em algum teste. Botões de iPhone, chipsets Wi-Fi, telas Samsung, placas-mãe Nokia, tudo. Huang apontou para um saco de chips cujo preço era de mais ou menos US$500 dizendo que ele valeria US$50 mil nos Estados Unidos. Esses chips não eram comercializados individualmente, mas por peso.

Quem compra chips por peso? Pequenas fábricas que fazem os telefones celulares que todos nós compramos como "novos". Quando faltam peças, elas correm ao mercado e adquirem sacos delas para que possam manter a produção. É muito

DISRUPÇÃO E INOVAÇÃO   115

provável que o telefone "novo" que você acabou de comprar tenha peças "recicla-das" de Shenzhen em algum lugar dentro dele.

Os outros consumidores de tais peças são as pessoas que consertam telefones. Reparações de telefone variam de coisas simples como substituir a tela até a reconstrução total. Você pode até comprar telefones inteiros construídos a partir de peças de sucata — "Perdi meu telefone, você pode 'consertá-lo' para mim?".

Depois desse mercado onde os telefones eram "reciclados", o grupo viu mercados equivalentes para laptops, TVs, tudo, e, então, foi para outro tipo de mercado. Quando entraram, Huang sussurrou: "*Tudo* aqui é falso". Havia telefones "SVMSMUG" e coisas que se pareciam com todos os tipos de telefones que todo mundo conhece. Entretanto, os telefones mais interessantes eram os que não lembravam nada que já existia em qualquer outro lugar. Chaveiros, caixas, carrinhos, alguns brilhando, outros piscando — era uma explosão de cada iteração possível de telefone que você poderia imaginar. Muitos foram projetados pelos chamados piratas shanzhai, que em sua maioria tinham co-meçado fazendo imitações de telefones existentes, mas se tornaram fábricas de inovação ágil para todo tipo de novas ideias em virtude de sua proximidade com o ecossistema de manufatura. Eles tinham acesso às fábricas, mas, mais importante, tinham acesso às habilidades comerciais (e segredos) de todos os grandes fabricantes de esquemas que podem ser encontrados à venda.

A outra coisa incrível era o custo. O preço de varejo do mais barato dos telefones equipados com todos os recursos era de aproximadamente US$9. Sim, US$9. Isso não poderia ser projetado nos Estados Unidos — um design desses só poderia ser elaborado por engenheiros com graxa sob suas unhas e que conhecem o equipamento de fabricação por dentro e por fora, bem como o estado da arte dos telefones celulares de ponta.

Embora em Shenzhen a propriedade intelectual seja algo que parece ser ignorado, as técnicas de espionagem industrial e os segredos comerciais são compartilhados seletivamente em uma rede complexa de familiares, amigos e colegas de confiança. Isso se parece muito com o código aberto, mas não é. As articulações da pirataria para a definição de direitos de propriedade intelec-tual não são uma coisa nova. No século XIX os editores americanos violaram flagrantemente os direitos autorais, até que o país desenvolveu sua própria

116 RISCO ACIMA DA SEGURANÇA

indústria editorial. O Japão copiou companhias de automóveis dos EUA até se encontrar em uma posição de liderança. Parece que Shenzhen é também um ponto crítico onde um país/ecossistema vai caminhando de seguidor para líder.

Quando o grupo visitou a DJI, que faz a linha Phantom de drones quadricópteros UAV aéreos, eles viram uma empresa que estava à frente.[33] DJI é uma *startup* que está crescendo cinco vezes por ano. Tem um dos drones mais populares já projetados para o mercado consumidor e é uma das dez maiores patentes da China. Ela claramente se beneficiou da espionagem industrial, mas também é muito ciente da importância de ser limpo (e agressivo) de uma perspectiva de IP. A DJI dá a sensação de ser uma *startup* do Vale do Silício combinada à ética de trabalho e técnicas de espionagem industrial das fábricas que o grupo havia visitado.

A excursão também visitou uma fábrica de telefones móveis de altíssima qualidade, que fabricou milhões de telefones. Todas as peças eram entregues por robôs de um armazém integralmente automatizado. Os processos e os equipamentos eram de topo de linha e provavelmente tão sofisticados quanto em qualquer fábrica do mundo.

Depois havia a pequena fábrica que poderia montar placas muito sofisticadas em volumes unitários por um preço comparável ao de uma típica assinatura mensal de TV a cabo, porque os funcionários dela as fazem à mão. Eles colocam manualmente as microplaquetas mal distinguíveis a olho nu e têm uma técnica de soldagem que os americanos dirão que somente pode ser feita por uma máquina de US$50 mil. Sem microscópios, sem lentes de aumento. Huang postula que eles fazem isso principalmente pela sensação e memória muscular. Foi incrível e bonito de apreciar.

Joi e seus amigos visitaram, então, a PCH International, onde viram suprimentos chegando bem a tempo de serem montados, embalados, etiquetados e enviados. O que costumava levar três meses das empresas para o estoque, agora, só leva três dias — para qualquer lugar do mundo.

Eles também foram para a HAX Accelerator, uma incubadora de hardware no meio do distrito do mercado que é administrada por uma dupla de empresários franceses.[34]

O que o grupo experimentou em todas essas empresas foi um ecossistema inteiro. Da fabricação sob encomenda de 50 distintivos piscantes do Burning Man controlados por computador, passando pelo cara que reconstrói um telefone enquanto saboreia um Big Mac, até a sala com robôs entregando as peças para linhas e linhas de SMTs — o baixo custo da mão de obra foi a força motora para puxar a maioria das manufaturas sofisticadas dali, mas foi o ecossistema que desenvolveu a rede de fábricas, e foram as técnicas de espionagem industrial que permitiram que aquele lugar produzisse praticamente qualquer coisa em qualquer escala.

Assim como é impossível formar outro Vale do Silício em outro lugar, embora todos tentem, após passar quatro dias em Shenzhen, Joi está convencido de que é impossível reproduzir o ambiente local, seja onde for. Tanto Shenzhen como o Vale do Silício têm uma "massa crítica" que atrai mais e mais pessoas, recursos e conhecimento, mas também são ecossistemas vivos repletos de diversidade e uma base ética de trabalho e experiência que qualquer outra região terá dificuldade em replicar. Outros lugares têm vantagens regionais — Boston pode ser capaz de competir com o Vale do Silício em hardware e bioengenharia; a América Latina e regiões da África poderão competir com Shenzhen em relação ao acesso a certos recursos e mercados. Todavia, Joi acredita que Shenzhen, como o Vale do Silício, se tornou um ecossistema tão "completo" que é mais provável que você tenha sucesso construindo redes para se conectar a Shenzhen do que bater de frente com ele.

Mas só é viável competir com Shenzhen abraçando o ethos que ajudou a formá-lo: uma aceitação, até mesmo uma celebração, de risco e experimentação, e uma disposição de fracassar e começar do zero. Para um país como os Estados Unidos, e para as empresas que cresceram lá, isso soa como um retrocesso, uma reversão para um período mais "vamos que vamos" de sua história econômica. E talvez seja. Mas também é fundamental para sobreviver e prosperar em uma época em que a segurança na inovação já não é uma virtude e na qual apostar em suas chances é fundamental para manter as empresas e economias à tona.

PS: Compre na Baixa, Venda na Alta

Como se ganha dinheiro investindo? Comprando na baixa, vendendo na alta. Certa vez perguntei a um gestor de fundos do governo japonês que investia em ações como ele escolhia seus investimentos. Ele disse: "Eu invisto em grandes empresas, aquelas que não oferecem riscos". Tive que explicar a ele que tudo tem risco e que, para poder avaliar o valor das ações, é preciso entender quais eram os riscos e suas probabilidades.

Por exemplo, se eu sei que Jeff é um bom empreendedor e está trabalhando em um espaço que conheço bem, posso valorizar a oportunidade e o risco do empreendimento melhor do que outros. Eu posso me dar ao luxo de pagar mais pelas ações do que alguém que não conhece Jeff ou o setor, porque vai lhe parecer mais arriscado do que poderia parecer para mim. Mais tarde, quando a empresa de Jeff for um enorme sucesso, for conhecida e estiver na primeira página do *New York Times*, talvez seja a hora de eu vender. A essa altura, todos, incluindo meu amigo gerente do fundo do governo japonês, dirão: "Nossa, que empresa incrível! Como alguma coisa poderia dar errado agora?". A cotação subirá. Costumamos dizer: "A informação está no preço". A empresa pode estar em melhor forma agora do que quando eu investi primeiro, mas as pessoas podem subestimar os riscos e superestimar a oportunidade. As ações poderiam estar caras.

Em outras palavras, use as informações que você tem para entender e assumir riscos, mas compre na baixa e venda na alta. Entender o risco permite que você o avalie com mais precisão — e ele sempre existe.

As pessoas que querem assumir projetos quando eles estão indo de vento em popa e velejar por aí até acontecer um naufrágio são as pessoas que estão "comprando na alta e vendendo na baixa". Alunos que começam a estudar em um campo que está no auge quando entram na faculdade, muitas vezes, se deparam, ao se formar, com extrema competição no mercado de trabalho e um setor econômico em declínio. Os comentários irônicos que as pessoas fazem com respeito às vagas em algumas das universidades de ponta do Japão com frequência são um indicador de repúdio a determinados setores de atividade em face do rumo que estão seguindo.

A versão "comprar na baixa, vender na alta" do ensino superior é tentar encontrar campos emergentes nos quais você tem uma vantagem injusta e uma paixão. Pode ser arriscado, mas é muito mais provável você se encontrar no topo de um campo emergente com menos concorrência e, no pior dos casos, você ainda acaba fazendo algo que gosta.

Além de "comprar na baixa, vender na alta", outra importante lição de investimento de risco é que quando o custo da inovação fica muito baixo, tentar reduzir as perdas é menos importante do que tentar ampliar seus ganhos. Neste capítulo discutimos a ideia de não gastar mais com as análises da viabilidade de um negócio do que com o preço do investimento e a importância de não colocar "dinheiro bom em dinheiro ruim", a fim de salvar um investimento. Ademais, é importante concentrar sua energia no lado de cima e nutrir os vencedores em seu portfólio.

À medida que o custo da inovação diminui, as rodadas iniciais do investimento necessário para fazer a empresa ir em frente, muitas vezes, podem ser pouco significativas. Quando o financiamento era escasso e os custos iniciais eram elevados, as pessoas com dinheiro tinham mais poder. Hoje, contudo, empreendedores seriais com um bom produto e uma boa equipe geralmente começam sua escolha de investidores no Vale do Silício.

— Joi Ito

Desobediência acima da Observância

5

Em 1926, Charles M. A. Stine, diretor do departamento de química da DuPont, convenceu o comitê executivo a financiar o que chamou de "ciência pura ou trabalho de pesquisa fundamental". Parece óbvio agora, mas isso ocorreu muito antes da era da P&D corporativa. Na verdade, a ideia era francamente radical.

Ele tinha, disse, quatro boas razões pelas quais a DuPont deveria pagar aos cientistas para se envolverem em ciência básica:

1

O prestígio científico traria "valor publicitário".

2

A oportunidade de fazer pesquisas inovadoras melhoraria o moral e ofereceria novas oportunidades para recrutar químicos com doutorados.

3

Os novos conhecimentos científicos poderiam ser negociados por pesquisas interessantes com outras instituições.

4

E, por fim, se menos importante, a pesquisa pura poderia levar a aplicações práticas.[1]

Um dos primeiros cientistas a trabalhar no Purity Hall, como os pesquisadores começaram a chamar o laboratório de pesquisa de DuPont, foi um jovem químico orgânico de Harvard chamado Wallace Hume Carothers. Na DuPont, Carothers centrou sua atenção nos polímeros — moléculas grandes e complexas, compostas por várias unidades menores. Stine sabia que havia um tremendo potencial industrial para polímeros, mas a química por trás

124   Desobediência acima da Observância

deles — especificamente as forças que ligam as moléculas entre si — era mal compreendida. É aí que entra Carothers, cuja pesquisa rapidamente elevou o nível de conhecimento geral sobre essas misteriosas "macromoléculas".[2] O trabalho em seu laboratório levaria ao neopreno e à primeira fibra verdadeiramente sintética, que foi provisoriamente chamada de "fibra 66".[3]

Infelizmente, para os cientistas da Purity Hall, Stine foi promovido em junho de 1930, e Elmer Bolton, um químico orgânico formado em Harvard, assumiu o departamento de química. Ao contrário de Stine, para Bolton pesquisas eram valiosas apenas na medida em que originassem resultados comerciais. Em 1920, ele colocou seu posicionamento por escrito em um artigo intitulado "Research Efficiency", no qual insistia em que as pesquisas fossem gerenciadas de forma que não houvesse "uma perda de tempo e de dinheiro desproporcionais ao retorno que poderia ser esperado".[4]

A despeito da ênfase de Bolton na pesquisa aplicada, Carothers continuou a perseguir seus próprios interesses. Quando Bolton insistiu que ele voltasse seu foco para fibras sintéticas no início dos anos 1930, Carothers aproveitou o conhecimento considerável de polímeros que havia desenvolvido sob o reinado liberal de Stine. Em 1935, após anos de frustração e experimentação com diferentes combinações de poliamidos, amidos e ésteres, ele pôde dizer: "Eis aqui sua fibra têxtil sintética".[5] A fibra foi desenvolvida rapidamente depois disso e um pedido de patente foi aprovado em 1937. Infelizmente, Carothers cometeu suicídio apenas algumas semanas mais tarde, e o experimento de Purity Hall logo chegou ao fim.[6]

Mas sua criação — o nylon, como DuPont começou a chamar — logo tomou um impulso próprio. Cerca de 800 mil pares de meias-calças de nylon foram comprados no primeiro dia de comercialização junto ao público. Em dezembro de 1941, a meia-calça de nylon havia conquistado 30% do mercado americano, uma das maiores histórias de sucesso de produtos de consumo de todos os tempos.[7]

Desobediência, especialmente em domínios cruciais como a resolução de problemas, muitas vezes rende maiores dividendos do que a observância. A inovação requer criatividade, e criatividade — para a grande frustração de gerentes bem-intencionados (e os nem tão bem-intencionados) — muitas vezes requer

DISRUPÇÃO E INOVAÇÃO 125

estar livre de restrições. Na verdade, podemos ir mais longe. Como Thomas Kuhn mostrou em seu livro de referência *A Estrutura das Revoluções Científicas*, novos paradigmas despontam quase invariavelmente porque alguns cientistas *não* abraçaram a ideia dominante.[8] Em outras palavras, a regra sobre grandes avanços científicos é que, para fazê-los, você tem que quebrar regras. Ninguém ganhou um prêmio Nobel fazendo o que lhes foi dito ou mesmo seguindo os planos de outra pessoa.

No início da década de 1920, Dick Drew, pesquisador da 3M, transferiu sua atenção das lixas que a empresa conhecia para um novo tipo de fita. Sua inspiração havia sido proveniente de um grupo de trabalhadores da indústria automobilística que maldiziam a fita que usavam para isolar partes da carroceria dos carros durante os trabalhos de pintura de duas tonalidades — com frequência ela descascava a tinta do metal. A nova pesquisa não era tão diferente de sua rotina — encontrar maneiras melhores de colar materiais abrasivos no papel —, mas era diferente o bastante para que William McKnight, o presidente da empresa, lhe dissesse para esquecer aquilo e voltar ao trabalho.

Drew acatou, mas não desistiu de desenvolver um tipo melhor de fita adesiva para a indústria automotiva. Quando McKnight entrou no laboratório e flagrou Drew, não disse nada. No entanto, se recusou a financiar a compra da máquina de fabricação de papel que Drew necessitava para fabricar quantidades comercializáveis de sua nova fita. Destemido, ele driblou as regras: usou sua autonomia para fazer compras de até US$100, emitindo ordens de compra de US$99 para adquirir sua nova máquina. Por fim, confessou o esquema para McKnight, que ficou tão impressionado que criou uma nova política corporativa: "Se você tem a pessoa certa no projeto certo, e eles estão absolutamente dedicados a encontrar uma solução — deixe-os em paz. Tolere sua iniciativa e confie neles".[9]

Em 1925, o trabalho de Drew resultou na primeira fita adesiva com um adesivo sensível à pressão. Logo depois ele criou a fita de celofane transparente, mais conhecida como fita adesiva Scotch, e mudou para sempre o curso dos negócios da 3M, que passou de um fabricante local de lixa e abrasivos para uma corporação amplamente diversificada que ainda adota pesquisas com resultados não esperados, como tacadas de sorte do tipo que resultou na criação do Post-it (uma tentativa fracassada de desenvolver um adesivo superforte que resultou em um bloquinho de notas pegajosas e reutilizáveis).[10]

Carothers e Drew tinham em comum a paixão pela pesquisa não direcionada e livre, independentemente do que seus patrões queriam que eles fizessem. Isso era raro nos anos 1920 e 1930, e pode ser ainda mais raro agora. Nossas empresas, nossos empregos insulados e até mesmo nosso sistema educacional desencorajam a aprendizagem baseada em interesses e exploração. Em vez disso, ensinam os alunos a seguir as regras e se abster de fazer perguntas. Essa é uma das razões pelas quais muitas pessoas se sentem menos criativas à medida que envelhecem — Joi muitas vezes pergunta aos que o ouvem em público quantos deles achavam que eram grandes pintores quando estavam no jardim de infância e quantos ainda pensam que são. As respostas são deprimentemente previsíveis.

Essa abordagem para o trabalho e para a aprendizagem — sondar, questionar, desobedecer — ajudou a criar a internet e também está mudando os setores econômicos, da indústria à segurança. Nenhum dos pioneiros da internet tinha planos de negócios e nenhum deles pediu permissão. Eles simplesmente fizeram o que precisavam e queriam fazer. Quando Joi ajudou a fundar o primeiro provedor de serviços de internet no Japão, os advogados da indústria de telecomunicações lhe escreveram dizendo que ele não podia. Mas ele o fez mesmo assim. Da mesma forma, agiram os inovadores que construíram o Vale do Silício, que permanece sendo um lugar especial, um centro de atividades inovadoras ágeis, desafiadoras que dispensam autorizações.

A cultura da desobediência criativa que atrai inovadores para o Vale do Silício e Media Lab é profundamente ameaçadora para os gerentes hierárquicos e muitas organizações tradicionais. Contudo, são eles os que mais precisam adotá-la caso queiram apoiar seus funcionários mais criativos e sobreviver à próxima era de disrupção. Inovadores que encarnam o princípio da desobediência em detrimento da conformidade às regras vigentes não potencializam apenas a própria criatividade — eles também inspiram outros à excelência. Desde a década de 1970 os cientistas sociais reconhecem o impacto positivo de pessoas com "desvios positivos", cujo comportamento heterodoxo melhora suas vidas e lhes dá condições de aprimorar suas comunidades se adotado mais amplamente.[11]

Nas últimas duas décadas e meia, o desvio positivo tem sido usado para combater a desnutrição, infecções hospitalares, mutilação genital feminina e outros problemas sociais e de saúde ao redor do mundo.[12] Ele também tem sido usado por corporações para implementar programas bem-sucedidos de mudança lastreados nos talentos de desviantes positivos que já estão na empresa, deixando de lado a tentativa de impor uma nova disciplina — essencialmente permitindo que outros adotem a desobediência produtiva de seus colegas de desvio positivo, em vez de obrigá-los a cumprir as regras de um estranho e, nesse processo, abrindo espaço para maior criatividade e inovação.[13]

Na sociedade industrializada e de produção em massa dos séculos XIX e XX, somente um pequeno número de pessoas deveria ser criativo — dos demais simplesmente se esperava que fizessem o que lhes era dito. No entanto, a automação, a impressão em 3D e outras tecnologias estão criando rapidamente um novo cenário que requer mais criatividade de todos. As pessoas que serão mais bem-sucedidas nesse ambiente serão aquelas que fazem perguntas, confiam em seus instintos e se recusam a seguir as regras quando estas ficam em seu caminho.

Tal como muitos indivíduos enredados nos mundos sobrepostos da segurança de computadores e moedas digitais, Austin Hill, às vezes, encarava seus esforços empresariais com uma interpretação flexível de coisas como ética empresarial padrão. Nascido em Calgary em 18 de junho de 1973,[14] o segundo de sete filhos, Hill se envolveu com computadores e empreendedorismo desde criança.[15] Com 11 anos já mantinha um mural na internet e fundou sua primeira empresa quando tinha 16 anos. Essa empresa era, ele admite agora, um golpe — ele e um grupo de amigos, chamando a si mesmos de "Nelson Communications", anunciavam em jornais em todo o Canadá oferecendo "de US$400 a US$600 dólares por semana para assistir TV". Todos que respondiam eram

128   DESOBEDIÊNCIA ACIMA DA OBSERVÂNCIA

"selecionados para fazer uma resenha" de seus programas favoritos, bastando para isso completarem um curso de treinamento no valor de US$49. Nelson Communications ganhou US$100 mil em três meses vendendo esse programa de treinamento, e poderia ter ganhado ainda mais se outra amiga não tivesse chamado a atenção de Hill. Ele se recorda do que ela lhe disse: "Você é uma das pessoas mais inteligentes que já conheci em toda a minha vida e estou realmente muito triste que isso seja tudo o que você pode fazer". Ele percebeu que ela estava certa. "Em todas as empresas a partir daí", diz ele, "cometi erros de todo tipo, mas tinha uma visão de como poderia fazer do mundo um lugar melhor [...] Nunca tive que pedir desculpas desde aquele dia".[16]

Hill interrompeu sua educação formal no início do ensino médio, depois de ter sido suspenso por "haver desacatado" um de seus professores. Era, de fato, um pouco como uma tradição de família. Seu irmão mais velho, Hamnett, deixou a escola ainda mais cedo, no nono ano. Mais tarde, Hamnett se inscreveu na Universidade de Montana (e acompanhou o Grateful Dead em uma turnê), e Austin arrumou um trabalho em uma loja de informática. Em 1994, Hill visitou seu pai, Hammie, cuja empresa o transferiu temporariamente para Montreal, e convenceu Hamnett a se juntar a ele. Logo depois, os irmãos fundaram a Infobahn Online Services — um dos primeiros ISPs (sigla em inglês para Provedor de Serviço de Internet) de Montreal — com um investimento de US$50 mil de Hammie e um ex-chefe de Austin. A empresa se fundiu com a Total.net em janeiro de 1996 e, em 1997, os Hills venderam sua participação por cerca de US$180 por ação, em comparação a seu preço original de US$2,85.[17]

O dinheiro da venda financiou o investimento de risco seguinte dos Hills, uma empresa online de privacidade que provou estar anos à frente de seu tempo. Seu primeiro produto, Freedom, usou a criptografia de chave pública para criar identidades digitais seguras com pseudônimos (ao contrário de anônimas) para seus usuários. Mas a Zero-Knowledge Systems, como a empresa era conhecida, era controversa. Enquanto para numerosos repórteres o apelo da Freedom se dava em termos de proteção dos consumidores, outros realçavam seu potencial para os cibercriminosos no sentido de esconder suas ações nefastas por trás de um pseudônimo. Em dezembro de 1999, David E. Kalish, da Associated Press, descreveu a Zero-Knowledge Systems como "mascate de disfarces do ciberespaço" e disse: "Embora o serviço tenha como objetivo dar maior privacidade aos internautas para comunicar ideias ou fazer compras online, também poderia permitir que inescrupulosos enviassem, sem medo, e-mails abusivos e trocassem entre si coisas como pornografia infantil e software pirata".[18]

Enquanto Hill admite que alguns usuários da Freedom abusaram do sistema — as ameaças contra o presidente dos Estados Unidos eram deprimentemente comuns —, ele diz: "Vimos milhares de usos mais positivos da nossa tecnologia em comparação com os negativos". Na verdade, o Freedom foi elaborado de forma a desencorajar os abusos, desde o custo monetário à implementação de identidades usando pseudônimos, e não anônimas. Como diz Hill: "As conversas, comunidades, relacionamentos e os fortes vínculos emocionais são formados por intermédio de uma forma social iterativa do dilema do prisioneiro.[19] Quando um participante nesse dilema não tem identidade ou se sente livre da responsabilidade de suas ações e interações sociais, as comunidades degeneram rapidamente em uma corrida para o fundo do poço".[20]

É difícil, talvez impossível, entender o mundo diligentemente privado (leia-se paranoico), persistente (leia-se misantrópico) do qual o bitcoin surgiu sem uma compreensão de um meio muito mais antigo — o das intrigas palacianas da criptografia. Na Ásia Ocidental e na Europa, a alfabetização, e até mesmo grande parte do nosso conhecimento matemático, têm estado inextricavelmente ligados à criptografia desde suas primeiras encarnações.

No final da década de 1960, Denise Schmandt-Besserat, uma arqueóloga francesa estudando o uso neolítico da argila, começou a investigar as origens e o propósito de milhares de pequenos artefatos de argila espalhados por lugares da Turquia ao Paquistão. Embora anteriormente fossem identificados como brinquedos, amuletos ou peças de jogo, Schmandt-Besserat passou a reconhecê-los como fichas utilizadas para "contagem de correspondência" — uma maneira de rastrear as quantidades de mercadorias, comparando-as com outras mercadorias, do pão ao azeite, ao pano e às ovelhas.

130 DESOBEDIÊNCIA ACIMA DA OBSERVÂNCIA

Cerca de 5 mil anos depois que aquelas primeiras fichas foram esculpidas em argila, um grupo inovador de escribas de templos na Suméria, uma rica cultura mesopotâmica aninhada entre o Tigre e o Eufrates, no que é agora o sul do Iraque, desenvolveu um precursor da linguagem escrita pressionando as fichas em montículos de argila, ou envelopes, registrando a forma e a decoração da superfície de cada uma antes de selar os recipientes. Pouco tempo depois, alguém percebeu que as mesmas marcas podiam ser feitas com um junco afiado ou um pedaço de osso, tornando as fichas obsoletas.[21]

Liberados da necessidade de contar fisicamente as fichas, os escribas da Suméria também se sentiram livres para inventar novos caracteres que representavam números, permitindo-lhes escrever "três pães", em vez de "pão pão pão". Como observa Felix Martin em *Dinheiro: Uma Biografia Não Autorizada*: "Quando se considera que em uma única tabuinha o comprovante de 140 mil litros de grãos é registrado, é óbvio que as vantagens práticas eram consideráveis".[22] Mais relevante para o desenvolvimento eventual da criptografia moderna, porém, é que esse novo método de escrituração exigia que os registradores entendessem os números em abstrato, algo vital para o surgimento de outra tecnologia sumeriana — a contabilidade.

Demorou quase 3 mil anos para que a escrita e a matemática sumérias chegassem à Grécia, provavelmente através do comércio com a Fenícia, mas, quando isso ocorreu, tornaram-se a fonte de um fluxo de inovação literária e científica que moldou o mundo moderno. Os poetas e dramaturgos gregos criaram obras que são lidas e executadas ainda hoje; os filósofos gregos desenvolveram uma visão de mundo materialista e racional que forneceu um mapa para o Iluminismo dois milênios depois; e os comerciantes gregos sintetizaram o conceito sumério de números abstratos em uma ideia nova e transformadora que mudou o mundo — a do valor econômico.[23]

À medida que a comunicação escrita se espalhava pelo antigo mar Egeu, crescia também a necessidade de ocultar seu conteúdo. Então, como agora, havia dois métodos principais de fazer isso. O primeiro, esteganografia, esconde uma mensagem de texto simples dentro de outro recipiente. Se você alguma vez escreveu uma mensagem secreta com suco de limão ou assistiu a um filme com uma marca d'água digital, você mergulhou na esteganografia. Segundo o historiador Heródoto, que viveu no século V a.C., os métodos contemporâneos de esteganografia incluíam a tatuagem de uma mensagem no couro cabeludo de um escravo, e esperar que seu cabelo crescesse, ou escrever em uma tabuleta de madeira e depois cobri-la com cera (o que provavelmente era mais conveniente — e menos dramático).[24]

A vantagem da esteganografia é que, por definição, ela não chama a atenção para si mesma. Entretanto, se alguém diferente do destinatário descobre a mensagem escondida — digamos que o escravo tatuado caia doente na estrada e um médico bem-intencionado lhe raspe a cabeça para aliviar a febre —, não há nada que impeça essa pessoa de lê-la. A criptografia, por outro lado, codifica informações de modo que somente o destinatário pretendido (ou um adversário particularmente inteligente ou persistente) possa decifrá-la. O problema é que as mensagens resultantes são obviamente criptografadas, a menos que tenham sido dissimuladas com técnicas esteganográficas.

Um dos primeiros métodos de criptografia era o scytale espartano, um cilindro de madeira com uma tira de pergaminho enrolado ao redor. A mensagem poderia ser escrita em texto simples, mas uma vez que o pergaminho fosse desenrolado, as letras seriam uma mistura ilegível para qualquer um sem um scytale de tamanho similar.[25] Outro historiador grego, Polybius, desenvolveu uma grade que permitia que as mensagens escritas fossem codificadas como números, tornando exequível passar comunicações cifradas através de longas distâncias levantando e abaixando tochas — uma forma anterior do telégrafo.[26] Júlio César também se baseava em uma cifra de substituição simples, na qual cada letra era trocada com uma distância fixa dela no alfabeto. Nesse sistema, familiar para muitas crianças em idade escolar, A pode se tornar C, enquanto C passa a ser E e E vira G.[27]

Embora todos esses códigos fossem relativamente simples e grosseiros, também eram os meios de decifrá-los. Isso começou a mudar no século IX E.C., quando o filósofo muçulmano árabe Abu Yūsuf Ya'qūb ibn'Ishāq as-Sabbāh al-Kindī publicou "A Manuscript on Deciphering Cryptographic Messages". Aproveitando-se dos avanços em matemática, linguística e estatística, que estavam florescendo na Bagdá Abássida, onde viveu e trabalhou, Al-Kindī desenvolveu uma abordagem precoce à análise da frequência. Ele escreveu:

"Uma maneira de resolver uma mensagem criptografada, se conhecemos sua linguagem, é encontrar um texto claro diferente da mesma linguagem, longo o suficiente para preencher uma folha ou mais e, em seguida, contar as ocorrências de cada letra. Chamamos a letra que ocorre com mais frequência de 'primeira', a próxima letra que ocorre mais de 'segunda', a seguinte que ocorre mais frequentemente de 'terceira', e assim por diante, até que tenhamos contado todas as letras diferentes na amostra de texto simples. Então, olhamos para o texto cifrado que queremos desvendar e também classificamos seus símbolos. Encontramos o símbolo que ocorre mais e o mudamos para a forma da primeira letra da amostra de texto simples, o próximo símbolo mais comum é alterado para a forma da segunda letra, e assim por diante, até que contabilizemos todos os símbolos do criptograma que queremos solucionar."[28]

Os primeiros códigos multialfabéticos na Europa foram criados por Leon Battista Alberti, que também publicou o primeiro tratado ocidental sobre análise de frequência no século XV. Alberti estava longe de ser o único erudito renascentista fascinado pela criptografia — a crescente sofisticação da matemática europeia, a busca de padrões ocultos na natureza que possam iluminar mistérios religiosos ou revelar conhecimento secreto, a difusão sem precedentes de informações possibilitadas pela imprensa e o emaranhado ambiente diplomático da Europa renascentista forneceram terreno fértil para o desenvolvimento de métodos cada vez mais complexos de criptografia e criptoanálise. No século XVI, Johannes Trithemius e Giovan Battista Bellasso criaram seus próprios códigos multialfabéticos, enquanto Gerolamo Cardano e Blaise de Vigenère foram pioneiros em cifras de autochave, nos quais a própria mensagem é incorporada à chave.[29]

Todas essas inovações criptográficas foram acompanhadas por inovações na criptoanálise — uma versão renascentista com a mesma intensidade que impulsiona avanços tanto na cibersegurança como nos ataques cibernéticos de hoje. Os dispositivos mecânicos relativamente primitivos da criptografia precoce, como o disco cifrado que Alberti usava para rastrear seus alfabetos móveis, tornaram-se cada vez mais complexos, culminando em máquinas criptográficas avançadas, como a Enigma alemã da 2ª Guerra Mundial, cujos códigos teoricamente indecifráveis foram por terra em decorrência de uma simples falha de projeto — nenhuma letra codificada pela Enigma jamais poderia ser codificada como ela mesma. Alan Turing e Gordon Welchman lideraram uma equipe em Bletchley Park, Inglaterra, que criou um dispositivo eletromecânico para ajudar a descobrir as chaves de mudança para os códigos da Enigma. Chamado Bombe, o dispositivo poderia eliminar milhares de combinações possíveis, deixando um número muito menor de potenciais códigos para os criptógrafos humanos em Bletchley tentar descobrir.[30]

Quando os nazistas substituíram a Enigma pela Lorenz — um meio seguro de codificar mensagens de teleimpressão para transmissão de rádio, que os britânicos conheciam como "Tunny" —, Tommy Flowers, um engenheiro britânico, reagiu com o Colossus, o primeiro computador digital eletrônico programável. Embora o projeto tenha permanecido secreto até a década de 1970, e todos os registros associados a ele tenham sido destruídos, várias das pessoas que trabalharam nele passaram a construir a geração seguinte de computadores digitais.[31] Boa parte desse trabalho constou de dois artigos publicados por Claude Shannon no final dos anos 1940, "A Mathematical Theory of Communication" (Teoria Matemática da Comunicação)[32] e "Communication Theory of Secrecy Systems" (Teoria da Comunicação dos Sistemas Secretos),[33] que estabeleceram o campo da teoria da informação e provou que qualquer código teoricamente inquebrável deve compartilhar as características da chave de uso único.

Originalmente desenvolvida no final do século XIX e redescoberta perto do fim da 1ª Guerra Mundial, a chave de uso único requer que tanto o remetente quanto o receptor tenham uma chave composta de uma sequência de dígitos aleatórios pelo menos da extensão da mensagem. Cada dígito indica a mudança necessária — o número de lugares no alfabeto para o qual a letra deve ser deslocada, para cima ou para baixo. Isso impossibilita que um criptoanalista decodifique a mensagem usando a distribuição de frequência. Contudo, também requer que a chave seja inteiramente aleatória. No Reino Unido, o Government Communication Headquarters (GCHQ) — Quartel General de Comunicação Governamental, em tradução livre — adaptou circuitos do projeto Colossus para gerar chaves criptográficas únicas a partir de ruídos aleatórios, providência que evitava tanto as armadilhas de geradores de chaves mecânicas, como Enigma e Tunny, quanto os descuidos ou tentações dos operadores humanos de reutilizar suas chaves de uso único.[34] Outras chaves de uso único se valeram do decaimento radioativo ou gotas de cera que se agitam dentro de uma lâmpada

134 Desobediência acima da Observância

de lava.[35] Seja qual for o método de geração da chave, no entanto, a chave de uso único é tão dispendiosa na prática que é usada apenas para comunicações extraordinárias, como aquelas entre líderes mundiais.

Se as maquinações dos príncipes ajudaram a impulsionar a inovação criptográfica na Renascença, os computadores e a Guerra Fria serviram ao mesmo propósito para a geração de criptógrafos que atingiram a maioridade durante e após a 2ª Guerra Mundial. Até a década de 1970 a criptografia era reservada às agências militares e de inteligência, que investiam em computadores e softwares cada vez mais poderosos e sofisticados destinados à criptografia e criptoanálise.

Na década de 1970, três inovações abriram as portas da moderna criptografia a civis curiosos. A primeira foi a publicação, em 1976, do Data Encryption Standard (DES), um algoritmo de chave simétrica desenhado pela IBM, o National Standards Bureau (agora conhecido como o National Institute of Standards and Technology, ou NIST), e a NSA, que insistiu que o algoritmo não contivesse mais de 56 bits, ou 100.000.000.000.000.000 de chaves — um número que acreditava que os computadores civis seriam incapazes de decifrar, enquanto seus próprios computadores poderiam decodificá-lo com relativa facilidade.[36] Segundo o técnico de segurança Bruce Schneier, "o DES fez mais para galvanizar o campo da criptoanálise do que qualquer outra coisa. Agora havia um algoritmo para estudar".[37]

No mesmo ano, Whitfield Diffie e Martin Hellman, que haviam criticado o algoritmo DES da NSA alegando que, mesmo se os computadores contemporâneos não conseguissem decifrá-lo, isso mudaria em poucos anos, publicaram "New Directions in Cryptography",[38] que introduziu a criptografia de chave pública assimétrica, a primeira tecnologia criptográfica acessível ao público em pé de igualdade com os sistemas governamentais. Como Stephen Levy escreveu na *New York Times Magazine* em 1994, "A partir do momento em que Diffie e Hellman publicaram suas descobertas em 1976, o monopólio criptográfico da Agência de Segurança Nacional [NSA, sigla em inglês] foi efetivamente encerrado".[39]

Ainda que "New Directions in Cryptography" tenha proposto um "criptossistema de chave pública", ele não especificou um método para implementá-lo. Um ano mais tarde, os matemáticos do MIT, Ronald L. Rivest, Adi Shamir e

Leonard M. Adleman, desenvolveram o algoritmo de criptografia assimétrica RSA para fazer exatamente isso.[40] Todas as peças estavam, agora, no lugar para o nascimento do movimento cypherpunk nos anos 1980.

Longe de representar uma surpresa, as preocupações com o Freedom de Austin Hill se intensificaram após os ataques terroristas de 11 de setembro de 2001. Seus críticos não precisavam se preocupar. A Zero-Knowledge Systems já havia decidido remover os recursos de pseudônimos do Freedom e voltar seu foco para a segurança corporativa. Na época, Hill explicou que o Freedom "ampliou as fronteiras e as tentativas de ir longe na ciência da privacidade, mas neste momento está à frente de seu tempo em termos de aceitação do mercado". Ou, como o presidente da Junkbusters Corp disse: "Sua rede foi sempre um Rolls-Royce e não há gente o suficiente disposta a pagar por ele".[41]

A perda de seu programa principal e a implosão da bolha da tecnologia feriram, mas não mataram a Zero-Knowledge Systems. Em 2005, mudou seu nome para Radialpoint, e Hamnett foi selecionado como finalista para o prêmio Ernst & Young de Empreendedor do Ano. Desta vez, o irmão mais velho seguia o exemplo de seu irmão mais novo — Austin foi o Empreendedor Emergente da EY em Québec, em 2000.[42]

Em 2006 Hill migrou para o capital de risco com uma empresa de investimento anjo em fase inicial, a Brudder Ventures, que na época era uma das poucas companhias de investimento em Montreal com foco em novas empresas. Ele também começou a desenvolver o Akoha, um jogo que unia seus interesses em tecnologia, empreendedorismo, filantropia e mudança social. Cada jogador recebia um maço de cartões de missão impressos com sugestões para tornar o dia, ou a vida, de alguém melhor. Depois de completar a missão, o jogador daria o cartão para a pessoa que tinha sido beneficiada, incentivando-a a seguir com o jogo. As missões mais bem-sucedidas eram jogadas várias vezes, com os registros online dos jogadores fornecendo um recurso valioso para determinar quais missões e abordagens funcionavam melhor.[43] Embora o Akoha tenha desenvolvido uma forte comunidade de jogadores, nunca foi capaz de cumprir suas metas de receita. O jogo terminou em 2011, um ano depois que Hill deixou a companhia.[44]

No final de 2013, Hill se reencontrou com Adam Back, que fazia parte da equipe original da Zero-Knowledge Systems. O Dr. Back, que Reid Hoffman descreve como "o segundo depois de Satoshi em bitcoin", convidou-o para sua nova startup, a Blockstream.[45] Ao construir sidechains e outras inovações no núcleo do blockchain do Bitcoin, a Blockstream promete transformar a tecnologia bitcoin em uma plataforma para corretagem de ações, contratos inteligentes autoexecutáveis e outros aplicativos Bitcoin 2.0 que normalmente exigem um intermediário de confiança para mediar entre as partes. Ele também permitirá que os desenvolvedores com ideias inovadoras elaborem suas aplicações diretamente em bitcoin, sem tocar no núcleo do código bitcoin ou derivar suas próprias moedas digitais.

O potencial da Blockstream atraiu o interesse — e o financiamento — da Innovation Endeavors (do presidente da Google, Eric Schmidt), da AME Cloud Ventures (do cofundador do Yahoo, Jerry Yang), de Reid Hoffman e de outros gigantes da indústria da tecnologia. E também causou controvérsia — pois como vários dos principais desenvolvedores bitcoin também trabalham com a Blockstream, alguns entusiastas bitcoin se preocupam que o Bitcoin Core sofra, seja porque os desenvolvedores serão incapazes de gerenciar as demandas a tempo ou porque ocorrerão conflitos de interesse. A condição de busca de lucro da Blockstream é uma preocupação especial — como disse historian1111, um dos membros do Reddit: "Já conversei com austin hill no passado e não me entendi bem com ele, e suspeito de seu modelo de lucro e metas finais para criar um monopólio sobre o desenvolvimento do bitcoin. Também acho que ele é uma cobra passando a perna em vocês, desenvolvedores".[46]

Hill não parece ter respondido às controvérsias publicamente, mas não há nenhuma razão pela qual deveria. Disputas como essa são comuns na comunidade de código aberto, e parece improvável que isso afete o desenvolvimento futuro do bitcoin ou do Blockstream.

A maioria dos sistemas quebra quando são atacados ou estressados. Alguns sistemas — como o sistema imunológico ou a internet— ficam mais fortes; há certa dor, mas o sistema se adapta e fortalece. A única maneira de gerenciar o tipo de pessoas e trabalho que florescem no Media Lab — a complexidade e o fato de que eles estão tentando procurar coisas que podem até não existir — é criar um sistema que seja autoadaptável.

A fim de maximizar a produção criativa de cada um no Lab, muitas vezes, as pessoas têm que ser desprogramadas da necessidade de saber qual é a resposta "certa", o que lhes é pedido, o que precisam cumprir para "passar". Claro, existem diretrizes, e como parte de uma grande instituição, há algumas regras que as pessoas devem seguir. O ponto é que essas regras não são o foco. É a liberdade de agir sem pedir permissão e, como disse Timothy Leary, "pensar por si mesmo e questionar a autoridade", que gerará avanços.[47]

Uma instituição que mede o sucesso através do impacto e avanços todos os anos requer uma cultura e um sistema que incentiva e adota a desobediência, visões extracampo e opiniões críticas, algo não só necessário como vital para o ecossistema.

O MIT, como parte de seu 150º aniversário, publicou um livro chamado *Nightwork*, documentando e comemorando seus "hacks".[48] Como instituto, o MIT celebra o fato de que os alunos podem e conseguem descobrir uma maneira de colocar um carro de polícia em cima da cúpula do edifício central do *campus*. No Media Lab, a abertura favorita de qualquer história é: "Acontece que...", o que basicamente significa: "Estávamos errados de uma maneira legal".

Também é importante notar que desobediência é diferente de crítica. Há, por exemplo, um movimento de design muito importante chamado design crítico — uma perspectiva que fornece uma crítica do tecno-utopismo moderno que nós tecnólogos nos encontramos frequentemente adotando. Todavia, a crítica é *sobre* nosso trabalho, onde a desobediência *é* o trabalho.

A segurança dos computadores não poderia ser aprimorada sem hackers de rede de computadores, e nós não existiríamos sem nossos micróbios intestinais — os bons e os maus —, embora aparentemente a maioria esteja no meio termo.[49]

PS: Desobediência com Consciência

É comum eu exibir os nove princípios em uma das telas na minha sala de reuniões principal no Media Lab. Um dia, quando Mark DiVincenzo, conselheiro geral do MIT, estava no local, ele arqueou uma sobrancelha quando viu "Desobediência acima da Observância" na tela. No contexto de uma universidade, "desobediência" soa claramente como algo que você não quer promover, especialmente quando seria ao custo da "conformidade". Percebi rapidamente que precisava me explicar.

Comecei com minha frase favorita, que usamos neste capítulo: "Você não ganha um Prêmio Nobel fazendo o que mandam". Continuei, explicando que o movimento de direitos civis americano não teria acontecido sem a desobediência civil. A Índia não teria alcançado a independência sem a desobediência pacifista, mas firme, de Gandhi e seus seguidores. O Boston Tea Party, que celebramos aqui na Nova Inglaterra, também foi deveras desobediente.

Há uma linha tênue — às vezes óbvia apenas em retrospecto — entre a desobediência que ajuda a sociedade e a desobediência que não ajuda. Não estou encorajando as pessoas a infringir a lei ou a ser desobedientes apenas pela desobediência em si, mas, em certas ocasiões, temos que observar os princípios primários e considerar se as leis ou regras são justas e se devemos questioná-las.

A sociedade e instituições em geral tendem a se inclinar para a ordem e ficar longe do caos. No processo, isso sufoca a desobediência. Também pode sufocar a criatividade, a flexibilidade e a mudança produtiva e, a longo prazo, a saúde e sustentabilidade da sociedade. Isso é verdade em todos os aspectos, desde a academia até as corporações, governos e comunidades.

Gosto de pensar no Media Lab como "desobediência robusta". A robustez do modelo do Lab é, em parte, devido ao modo como a desobediência e o desacordo existem e se manifestam aqui de forma saudável, criativa e respeitosa. Acredito que ter "desobediência robusta" é um elemento essencial de qualquer democracia saudável e de qualquer sociedade aberta que continue a se auto-corrigir e a inovar.

Em julho de 2016, organizamos uma conferência no Media Lab chamada Pesquisa Proibida. Tivemos conversas acadêmicas sobre a criptografia de ponta a ponta que o governo não poderia decifrar e a importância da pesquisa científica no impacto pessoal e social do sexo robótico. Discutimos a liberação de organismos geneticamente modificados com tecnologia de transferência de genes para ambientes selvagens e, em termos de engenharia, geologicamente extremos, por exemplo, jogando poeira de diamante na estratosfera para refletir os raios do sol e esfriar a Terra. Tivemos o que eu acredito ser a primeira conversa pública sobre um "hack do *campus*" (que o MIT chama de uma categoria particular de trotes), na qual os alunos colocam um caminhão de bombeiros no domo do MIT no meio da noite. Tivemos a videoconferência de Edward Snowden para dar uma palestra sobre tecnologias para proteger jornalistas em zonas de guerra. Tivemos Alexandra Elbakyan, a controversa criadora do Sci-Hub, o site que hospeda ilegalmente quase todos os artigos acadêmicos disponíveis online gratuitamente, para a consternação e ira dos editores acadêmicos.

Na conferência também anunciamos a formação de um Prêmio de Desobediência de US$250 mil, financiado por Reid Hoffman, a ser concedido a uma pessoa ou grupo envolvido no que acreditamos ser excelente desobediência para o benefício da sociedade.

Alguns membros do corpo docente sênior do MIT me disseram que a conferência os fez se sentirem desconfortáveis, mas que ficaram felizes porque as apresentações foram rigorosas e sérias. Eles sentiram, como eu, que o MIT é um dos poucos lugares no mundo onde aquela lista de assuntos poderia ter sido discutida objetivamente e de maneira acadêmica e que era o papel de instituições de desobediência robusta como o MIT abrir espaço para esse tipo de discussão e esse tipo de pesquisa.

— Joi Ito

Prática acima da Teoria

Em teoria, não há diferença
entre teoria e prática.
Na prática, há.

— Yogi Berra[1]

O Complexo Educacional Bayard Rustin parece uma antiga fábrica; de certo modo, é. A escola pública da cidade de Nova York foi construída em 1931 como a Textile High School. No porão havia uma verdadeira usina têxtil. O anuário escolar era chamado *The Loom* (*O Tear*, em português).[2] A instalação foi reutilizada várias vezes desde aquela época, e o enorme edifício atual abriga seis escolas públicas separadas. Apenas uma delas, no entanto, coloca os videogames no centro de cada assunto.

"Quest to Learn",[3] como o PS 422 é chamado, ocupa dois andares do antigo edifício Textile High. Os alunos não têm aulas de ciências, mas veem "A Maneira Como as Coisas Funcionam". O inglês — ou "artes do idioma inglês", no jargão dos educadores profissionais — é ensinado durante "Codeworlds" e "Being, Space and Place" (algo como "Códigos do Mundo" e "Estar, Espaço e Lugar", respectivamente). Educação física? Você não a encontrará no horário escolar desses alunos. Em vez disso, tente "Bem-estar". Nem os professores organizam o currículo em "unidades" sobre, digamos, rochas e formas de relevo. No lugar, há "buscas" e "missões" que culminam em um "nível do chefão", uma expressão bem conhecida de qualquer jogador. O objetivo, insistem os administradores escolares, não é produzir uma geração de designers de jogos. "Estamos ensinando competências do século XXI", diz Arana Shapiro, codiretora do Quest to Learn.

Isso pode representar uma novidade para Dominic, um menino irrequieto de 11 anos envolvido em um "crit", um ritual educacional ao qual normalmente se submetem aspirantes a artistas e poetas. Seus colegas, os 23 outros alunos do 7º ano matriculados em "Esportes do Cérebro", estão fornecendo feedback sobre o jogo de Dominic. "Só estou dizendo que todos os inimigos provocam danos, exceto o chefão rinoceronte, mas toda vez que atiram em você, isso causa danos, porém, se o T-Rex bater em você, você perde toda sua energia."

"Ok, Cyrus, tudo bem. Esses são todos bons pontos", diz Michael DeMinico, o professor enérgico que lidera a sessão. Dominic não tem tanta certeza. Ele está olhando para Cyrus ceticamente e escrevendo em seu lugar, a mão no ar. Ele começa a falar, mas para quando DeMinico levanta a mão. "Você terá a sua vez, Dominic."

DeMinico se vira para Molly, uma garota de cabelos loiros sentada na frente da sala, e estabelece as regras básicas pela segunda vez desde o início da aula. "O que é realmente importante é que esse colega está compartilhando seu jogo conosco, e você vai ajudar a torná-lo melhor. Então, seja honesta. Mas seja legal. Pense nessa pessoa que está mostrando seu jogo do modo como você pensaria de si mesma."

Isso continua por mais cinco minutos, e as crianças exibem todas as sutis dicas verbais e gestuais que você pode ver em uma sala de reuniões corporativa. No final, Dominic se dirige a seus críticos. A defensividade dá lugar à conciliação. É um pouco como assistir a crianças interpretando uma peça muito adulta, mas esse é o ponto. "Ouvimos atentamente o que as universidades e as empresas diziam que faltava aos graduados", diz Shapiro, "e a capacidade de colaborar estava no topo da lista".

Quest to Learn é uma escola pública e, como tal, deve fazer mais do que ensinar os alunos a projetar jogos e construir dispositivos Rube Goldberg (engenheiro e cartunista americano famoso por seus diagramas esquemáticos de "invenções" cômicas). A cidade de Nova York não foi imune à mania dos EUA para testes padronizados. Até agora, diz Shapiro, a Quest to Learn teve um desempenho acima da média nesses testes. Isso dificilmente se constitui em um endosso dos mais vibrantes para uma metodologia educacional não convencional e, de fato, quando pergunto a um pai esperando no escritório da escola o que ele pensa da Quest to Learn, ele encolhe os ombros. "Tudo bem, eu acho. Meu filho gosta de jogar videogame."

Porém, sob um outro ângulo, a Quest to Learn pode estar alcançando seus objetivos. Shapiro observa que a escola se saiu bem na Olimpíada de Matemática por quatro anos consecutivos. "É uma competição que exige que as crianças resolvam colaborativamente os problemas de matemática, e o fato de praticarem tanta colaboração em suas aulas normais torna isso muito natural para elas."

Colocar a prática acima da teoria significa reconhecer que em um futuro mais acelerado, em que a mudança se tornou uma nova constante, muitas vezes há um custo maior para esperar e planejar do que para fazer e depois improvisar. Os bons, velhos e lentos dias de planejamento — de quase qualquer empreendimento, mas certamente nos que requeriam investimento de capital — eram um passo essencial para evitar um fracasso que poderia ocasionar aflição financeira e estigma social. Na era da rede, contudo, as empresas bem lideradas adotaram, e até mesmo incentivaram, o fracasso. Hoje, o preço de lançar qualquer coisa, de uma nova linha de sapatos à sua própria firma de consultoria, caiu drasticamente, e as empresas comumente consideram "falhar" como uma oportunidade de aprendizagem de baixo custo.

Isso pode soar assustador, mas essa pode ser uma ferramenta incrivelmente poderosa. Ao enfatizar a prática acima da teoria, você não precisa esperar por permissão, ou se explicar antes de começar. E uma vez tendo começado, se suas circunstâncias mudam ou seu processo de desenvolvimento toma um rumo inesperado, você não precisa sempre parar para descobrir o que aconteceu antes de prosseguir. O nível em que você pode exercer a prática em detrimento da teoria depende da "camada" em que está trabalhando — infraestrutura e outros projetos intensivos de capital, obviamente, oferecem menos oportunidades de iteração e de tomada de risco relativamente indolor. Isso contrasta com camadas mais altas e mais brandas, como software ou marketing, que têm novas estruturas de custos radicais e devem ser abordados em conformidade.

O desenvolvimento ágil de software, por exemplo, aproveita a redução do custo da inovação. O desenvolvimento ágil rapidamente ganhou a condição de moeda cultural por sua ênfase no planejamento adaptativo (pense: atirar, preparar, apontar, atirar novamente), entrega antecipada aos clientes e capacidade de improvisar em resposta a desafios inesperados.

146   PRÁTICA ACIMA DA TEORIA

Isso contrasta com as abordagens tradicionais para o desenvolvimento de produtos, que exigiam planos detalhados antes que qualquer tipo de produção pudesse ser iniciada. Considerando que o lançamento de um produto pode exigir desembolso de capital extensivo nas ferramentas para as novas máquinas e mudanças nas fábricas existentes, o preço do fracasso era elevado.

Outro exemplo: quando os engenheiros da DuPont estavam projetando o Reator B, em Hanford, Washington — o primeiro reator de produção de plutônio em escala total —, os físicos trabalhando com eles não conseguiam entender por que insistiam em tantos projetos ou por que queriam construir tanto espaço para erro no design. Enrico Fermi disse a Crawford "Greenie" Greenewalt, um dos engenheiros químicos da DuPont: "O que você deve fazer é construir uma pilha o mais rápido possível, queimar etapas, fazer qualquer coisa para deixá-lo pronto logo. Aí, você vai executar, e ele não vai funcionar. Então, você vai descobrir por que ele não funciona e vai construir outro que funcione".[4]

Ninguém quer queimar etapas quando se trata de reatores nucleares. Mas o que Fermi estava sugerindo era a aplicação da prática sobre a teoria, mesmo quando se trata de uma infraestrutura crítica e perigosa. Neste caso, porém, os engenheiros não tinham o dinheiro ou os materiais necessários para esse tipo de iteração rápida. Você pode comparar isso com grande parte do trabalho do Media Lab, onde os alunos constroem regularmente protótipos inspirados em conversas casuais com seus colegas. Em muitos casos, a linha do tempo, da ideia ao protótipo, é medida em horas, e as primeiras iterações podem ocorrer dentro de um dia. Eles podem fazer isso porque em tecnologias, como os métodos avançados de fabricação e softwares de código aberto, o custo da inovação até agora tem se reduzido de tal maneira que, muitas vezes, é menos dispendioso tentar algo do que debater sobre o assunto. Mesmo assim, algumas organizações ainda gastarão mais tempo estudando uma proposta e decidindo não financiá-la do que custaria para construí-la.

Quando um gerente ou líder permite que a prática supere a teoria (uma estratégia praticamente exclusiva da nossa era digital), os objetivos de alguns dos outros princípios apresentados neste livro se tornam muito mais fáceis de alcançar. Experimentação e colaboração entre disciplinas deixam de ser uma noção tão radical e passam a ser algo mais próximo de uma melhor prática. Isso, por sua vez, fornece a determinado grupo de indivíduos (sejam eles funcionários, contratantes ou estudantes que colaboram em um projeto escolar) a chance de explorar novos campos — de aprender fazendo — de um modo que não os obriga a assumir compromissos de longo prazo. Isso também reduz o custo da inovação, pois permite que pessoas talentosas contribuam com seu tempo para projetos fora de suas áreas usuais de especialização. A Google abre a seus funcionários a possibilidade de dedicar 20% de seu tempo a um projeto da escolha deles; a partir da perspectiva da escola de gestão de "comando e controle", tal atitude é, na melhor das hipóteses, um estratagema caro para aumentar o moral. Mas, do ponto de vista da Google, é um método barato de gerar novas ideias de produtos. E, de fato, uma grande quantidade de inovação surgiu a partir do programa, por fim contribuindo com dezenas de milhões de dólares para os resultados financeiros da Google.[5]

Esse ângulo de ação não se limita a organizações que fabricam ou desenvolvem softwares. A biologia sintética aplica a prática acima da teoria à engenharia das células vivas. Sistemas educacionais que permitem que as crianças se envolvam no aprendizado ativo, utilizando ferramentas como o Scratch para aprender os princípios da programação de computadores, aplicando-os a projetos que interessam a elas, estão colocando esse princípio em ação, algo que os professores da Quest to Learn têm deixado bem claro. De fato, a filosofia fundamental da escola pode ser resumida como "As crianças aprendem fazendo", uma noção que pode ser vista em pioneiros da educação como Maria Montessori e outros. Entretanto, nesta era de aumento de testes, a prática é mais propensa a ocupar uma carteira lá no fundo da sala na maioria das escolas, assim como acontece em muitas organizações em uma variedade de setores econômicos.

Abordagens antigas estão profundamente enraizadas. Numerosas organizações sem fins lucrativos, por exemplo, são muito orientadas por métricas. Métricas são importantes para medir seu progresso quando você sabe exatamente o que quer fazer, contudo, elas também podem sufocar a inovação. As organizações que dependem em grande parte de subsídios para se financiarem podem ficar atadas ao incrementalismo. E se cada uma de suas propostas de subvenção descrever não só a investigação que pretende realizar, mas também a forma

148 PRÁTICA ACIMA DA TEORIA

de mensuração, elas não serão capazes de explorar caminhos inesperados ou seguir uma curva errada interessante.

Em dezembro de 2013, um grupo barulhento de adolescentes se reuniu em uma pequena sala de conferência nos escritórios da Two Sigma, a empresa de fundos de cobertura, de propriedade de David Siegel, que junto com Mitch Resnick conspirava para promover a linguagem de programação Scratch.[6] Se você olhasse em um mapa, os adolescentes que estavam lá naquele dia moravam à distância de uma caminhada do local. Mas por qualquer outra medida, eles existiam em um universo alternativo. Eram crianças da cidade, em sua maioria negros ou latinos, um contingente demográfico sutilmente sub-representado nos campos da ciência e tecnologia. O grupo teve aulas semanais na Two Sigma, parte de um programa criado por Siegel havia alguns anos no qual alguns de seus melhores programadores são incentivados a tirar um tempo para ensinar crianças a programar.

Serve de testemunho à sinceridade de Siegel o fato de que esse programa começou bem antes de seu trabalho com Mitch Resnick e a Fundação Scratch. Nenhuma badalação é associada a essa parceria com as escolas locais; não foram emitidos comunicados de imprensa. Jeff soube disso apenas incidentalmente quando conheceu Thorin Schriber, o empregado da Two Sigma que administra as aulas.

Naquele dia os alunos foram acompanhados por um trio de mulheres usando roupas elegantes e salto alto. Eram funcionárias da Two Sigma, mas estavam lá para participar da "Hora do Desafio do Código", uma nova iniciativa realizada em conjunto com a "Semana da Educação em Ciência da Computação". O projeto foi criado por Code.org, um grupo sem fins lucrativos que compartilha alguns dos mesmos objetivos da Fundação Scratch. No final da semana, cerca de 20 milhões de pessoas haviam escrito 600 milhões de linhas de código, anunciaram os organizadores.

A Code.org se vangloria de ter bolsos profundos e um elenco glamouroso de financiadores, incluindo Mark Zuckerberg, Bill Gates e Jack Dorsey, do Twitter.

Nem todos ficaram impressionados. Pouco depois que o grupo foi lançado, em fevereiro de 2013, Dave Winer, um veterano da indústria de computadores e autor do blog *Scripting News*, escreveu que "você deveria [programar] porque você adora, porque é divertido — porque é maravilhoso criar máquinas com sua mente. O software é a matemática em movimento. É um milagre da mente. E se você pode fazê-lo, e muito bem, não há absolutamente nada igual". Ele discordou com a ênfase do Code.org em preparar os americanos para "competir em um mercado global". Se ele fosse um garoto e ouvisse isso, ele escreveu, "Eu fugiria o mais rápido que pudesse".[7]

O ponto de vista de Winer é representativo de uma geração de programadores impulsionados mais pela paixão do que pelo pragmatismo, que naturalmente se ressentem de ver uma forma de arte reduzida a uma espécie de treinamento de trabalho.

Seja qual for a motivação, qualquer esforço para integrar a programação no currículo nacional americano enfrenta obstáculos assustadores. "Não há escassez de pessoas muito inteligentes tentando descobrir como conseguir que as crianças programem, para ensiná-las a desenvolver essas habilidades do século XXI", diz Resnick, "mas elas estão pressionando escolas e distritos que dizem que esse não é um caminho crítico para a obtenção daquelas pontuações elevadas nos testes que todos querem." Para tornar a programação uma prioridade, os defensores precisam de uma estratégia de duas pontas, persuadindo não só altos funcionários estaduais que definem as políticas, mas também os professores na linha de frente do sistema educacional americano.

Isso é mais fácil de falar do que de fazer. Vários estudos têm mostrado que linguagens de programação visual como o Scratch são eficazes para ensinar os conceitos básicos de programação às crianças, e que as crianças expostas a elas desfrutam de experiência suficiente para dizer que estão mais propensas a considerar as carreiras em STEM (sigla em inglês para Ciências, Tecnologia, Engenharia e Matemática).[8] O pensamento computacional não é fácil de medir, particularmente usando os tipos de testes padronizados dos quais a maioria das escolas americanas depende.

150 PRÁTICA ACIMA DA TEORIA

Pelo menos empiricamente parece haver uma clara relação causal, e não apenas entre uma facilidade no Scratch e altas pontuações matemáticas. Um estudante, Luka, diz que o Scratch o ajudou mais em sua aula de inglês porque "me ajudou a contar histórias".

Ouvindo isso, Resnick sorri, mas não parece surpreso. Está jogando a longo prazo, ganhando estudante a estudante, professor a professor. Ao mesmo tempo em que aplaude o que a Code.org realizou, faz uma nítida distinção entre as duas organizações. "Atualmente, há um interesse crescente em aprender a programar, mas é porque eles querem oferecer um caminho para que as pessoas se tornem programadores e cientistas da computação. E essa é uma boa ambição. Há uma necessidade real de mais programadores e cientistas da computação. Mas achamos que essa não é a missão mais importante."

Na verdade, tão ambiciosos quanto a Code.org, CodeAcademy e outros grupos que lutam para colocar mais ciência da computação nas escolas dos EUA, Resnick e Siegel têm um objetivo muito mais audacioso. "Não colocamos os filhos para aprender a escrever porque queremos que as crianças se tornem jornalistas ou romancistas", diz Resnick. "Nós as ensinamos a escrever porque o modo como escrevem as ajuda a aprender. Da mesma forma que usamos a escrita para expressar ideias, usamos a programação para expressar ideias. Isso é o que as pessoas não entendem. Não se trata apenas de empregos — embora esse seja um subproduto maravilhoso —, trata-se de ensinar as pessoas a pensar." A ciência da computação, na visão deles, não é um assunto ou disciplina. É algo que deve estar na raiz de cada assunto ou disciplina.

É uma ironia cruel que, na atualidade, as próprias escolas mais solidárias com a missão da Fundação Scratch sejam as que menos necessitam de seu apoio. As escolas particulares e os distritos mais abastados começaram a integrar entusiasticamente a robótica e a programação em seus currículos, uma dicotomia que só reforçará a lacuna de aprendizagem existente nas escolas americanas.

"Poderíamos acabar tendo dois sistemas escolares — um para os ricos e outro para os pobres", diz James Gee, linguista, educador e designer de games. Os pobres serão ensinados a fazer os testes, aderir aos currículos comuns que "lhes garantem o básico, adequando-os a um emprego". As escolas ricas, por outro lado, enfatizarão a resolução de problemas, a inovação e as habilidades necessárias para produzir novos conhecimentos. "Essas crianças vão se dar muito bem no sistema global." O último campo de batalha para os direitos civis, diz Gee, não é o dos direitos dos eleitores ou oportunidades de emprego iguais. "É a álgebra."[9]

Em um computador, privilégio é sinônimo de acesso. Alguns usuários têm privilégios de administrador, que lhes concedem a capacidade de determinar quem usa o computador. Outros têm o privilégio de criar. Alguns só têm o privilégio de consumir. É uma metáfora reveladora neste contexto, e uma pergunta implícita à qual a nação americana como um todo deve responder. Quem recebe privilégios em um futuro cada vez mais complexo?

Há nisso nuances a considerar: a programação ensina os alunos a resolver problemas e pensar criativamente sobre o mundo. Mas as escolas mais desesperadamente necessitadas de algo como o Scratch — ocasionalmente carentes, inclusive, dos próprios computadores — ficariam felizes em ter seus alunos integrando as fileiras de programadores e engenheiros de software. "Não é suficiente que o Scratch seja ensinado em algumas escolas", diz Siegel. "Precisamos que seja ensinado em *todas* as escolas."

Fazer isso acontecer poderia ser um truque. O Scratch Day 2013 — um festival anual que atrai famílias e outros interessados no programa — contou com uma sessão de educadores intitulada "O que há de tão extraordinário no Scratch?", liderada por Sean Justice, um especialista em educação artística da Universidade Columbia. Sete professores se sentaram ao redor de uma mesa e discutiram a questão animadamente, refletindo o ceticismo pulsante no título.

"Os professores me perguntam sobre as ferramentas digitais, e eu retruco: 'Você já ouviu falar do Scratch?'", diz Justice. "'Não, o que é isso?' É uma linguagem de programação para crianças; é também uma rede social; trata-se de compartilhamento e comunidade." Eles franzem as sobrancelhas, confusos, diz Justice, e quando ele termina de explicar o Scratch, "bem, é como, para que me preocupar? [...] Já é muito difícil convencer alguém até mesmo a dar uma chance para o programa, quem dirá incluí-lo em seu currículo".

Outros professores em torno da mesa concordaram com um sinal de cabeça, em compaixão. Eles representavam, sem exceção, o coro: pessoas como Keledy

152 Prática acima da Teoria

Kenkel, professora de computação do Brooklyn's Packer Collegiate Institute, uma das escolas particulares mais elitistas de Nova York, e Maureen Reilly, professora do 5º ano fundamental e "pesquisadora de tecnologia" da Blue School, uma escola "independente" fundada por membros do Blue Man Group. Esses eram alguns dos instrutores de tecnologia mais experientes em algumas das melhores instituições dos EUA. E eles não estavam tendo uma vida fácil trazendo esse tipo de pensamento para suas escolas.

Poucas semanas após o encerramento do Scratch Day 2013, um educador de longa data, com laços profundos entre os formuladores de políticas educacionais, observou que o Scratch tinha um amplo espectro de críticos. "Algumas pessoas no Vale do Silício dizem não se tratar de uma linguagem de programação verdadeira e, portanto, as crianças terão que desaprender todas essas lições ruins para que seja possível ensiná-las a realmente programar." Porém, um desafio muito mais assustador para a missão da Fundação Scratch, afirma Shapiro, é o atual foco no currículo comum.

Luka e dois de seus colegas contestam essa preocupação, dizendo que o Scratch os ajudou em suas notas, e por todas as razões elementares que fizeram com que Jean Piaget lançasse uma nova luz sobre a noção de jogo: "É como se estivesse me ensinando coisas", diz uma das crianças, Peter May. "Estou me divertindo enquanto aprendo."

Então, o que aconteceria se cada criança no país aprendesse a programar? Uma resposta a essa pergunta pode vir mais cedo do que tarde: a Estônia, que fornece acesso wi-fi gratuito em todos os recantos de seu território, a partir de 2012 passou a ensinar seus alunos de primeiro ano a programar. Ninguém estudou o impacto do novo currículo universal, mas há um forte apoio político do presidente do país, Toomas Hendrik Ilves. "Aqui na Estônia, começamos a educação em línguas estrangeiras, seja no primeiro ou no segundo ano. Se você está aprendendo as regras da gramática aos sete ou oito anos, então, como isso é diferente das regras de programação? De fato, a programação é muito mais lógica do que qualquer outra linguagem."[10]

O conceito está se espalhando. Em setembro de 2014, todos os estudantes do ensino fundamental e médio em uma escola pública no Reino Unido começaram a estudar programação de computadores.[11] O governo dos EUA, até agora, se recusou a instituir uma política tão abrangente. Mas isso pode estar mudando. Um poderoso capitalista de risco, com vínculos com educadores e políticos de Washington, diz que houve discussões dentro do Departamento de Educação dos Estados Unidos sobre a implementação do Scratch em todo o país. E em 2014, um grupo de especialistas em educação da Massachusetts Business Alliance for Education emitiu recomendações ao estado.[12] "Recomendamos que a programação seja uma parte obrigatória do currículo em todos os níveis", diz Saad Rizvi, vice-presidente executivo da Pearson e um dos autores do relatório. "Afirmamos também que o Scratch seria a melhor maneira de fazer isso na primeira infância."[13]

Resnick permanece otimista. Ele sempre esteve otimista. Em uma conferência, mais ou menos dez anos atrás, ele estava dando uma palestra quando um membro da plateia se levantou para questioná-lo.

"Seymour Papert não estava trabalhando nessas *mesmas coisas* há 20 anos?", perguntou o homem. Não era um elogio. Ele sugeriu que Resnick tinha ficado sem ideias. Mas Resnick não mordeu a isca.

"Sim, estou fazendo *o mesmo* que Seymour Papert estava fazendo há 20 anos", ele respondeu. "Acho que se tratam de coisas dignas de se trabalhar. Estamos fazendo progresso, e ficarei feliz e orgulhoso se passar o resto da minha vida trabalhando nessas coisas, porque são importantes o suficiente para que eu faça isso."

———

Quando falamos de aprendizagem — em vez de educação—, estamos realmente falando em substituir o modelo tradicional, da transmissão de conhecimento de cima para baixo por um sistema ativo e conectado que ensina as pessoas a aprender. Educação é o que as outras pessoas fazem para você. Aprender é o que você faz para si mesmo.

Um sistema orientado para o aprendizado valoriza os interesses dos alunos e lhes dá as ferramentas de que precisam para descobri-los e buscá-los. Em instituições educacionais formais, esses sistemas ainda podem ser guiados por abordagens baseadas em evidências pedagógicas e sequenciamento, ao mesmo tempo em que permitem aos alunos construir seus próprios currículos, procurar mentores e compartilhar seus conhecimentos com seus pares.

Os aspectos sociais dos sistemas orientados à aprendizagem são particularmente relevantes quanto ao envolvimento dos alunos. John Dewey percebeu isso há quase um século, quando pediu uma integração perfeita entre a vida e a aprendizagem dos alunos.[14] Houve uma grande quantidade de pesquisas mostrando que as pessoas aprendem melhor quando podem conectar as coisas que estão aprendendo com seus interesses, relacionamentos pessoais e oportunidades que gostariam de perseguir. No entanto, o sistema educacional tradicional nos Estados Unidos e em muitos outros países ainda emprega uma abordagem desconectada, baseada em métricas, construída em torno de um modelo desatualizado que pressupõe que em crianças com 12 anos de educação suficientemente rigorosa emergirão as habilidades necessárias para enfrentar um ambiente social e econômico em rápida mudança.[15]

Esse modelo ainda dá ênfase ao aprendizado rotineiro e testes isolados — o equivalente a se sentar no topo de uma montanha com um lápis nº 2 e sem acesso à internet —, mesmo que as pessoas que terão mais sucesso nas próximas décadas sejam aquelas que podem acessar suas redes para aprender as coisas de que precisam para os desafios que possam surgir. É aqui que a aprendizagem acima da educação encontra o puxar acima de empurrar — em vez de pedir aos alunos para armazenar conhecimento, ela os capacita a puxar da rede aquilo de que precisam quando precisam. Também os auxilia a desenvolver as habilidades necessárias para crescer, cultivar e navegar nas redes sociais que os ajudarão a continuar aprendendo ao longo da vida.

Sejam quais forem os interesses dos estudantes, dispor de diversas classes de conexões lhes fornecerá mais oportunidades de explorar tais interesses com maior profundidade e contribuir através de projetos e discussões significativos. As mídias sociais e outras tecnologias de comunicação facilitaram que jovens e adultos procurem outras pessoas com interesses compartilhados, mas a muitos estudantes não foi dada a chance de se envolver com as comunidades online — porque suas instituições estão subfinanciadas ou porque seus distritos escolares tentam protegê-los de interações fora de seus círculos sociais limitados, ou ainda porque os adultos responsáveis por sua educação consideram a internet mera distração.

Embora as recentes mudanças na política educacional americana tenham tentado modernizar o currículo trazendo mais tecnologia para a sala de aula, apenas introduzir novas tecnologias não é suficiente. Em muitas escolas, os professores não têm tempo para aprender novas tecnologias ou não têm o apoio institucional para incorporá-las integralmente ao currículo. Uma maneira de superar essas questões é convidar especialistas apaixonados por tecnologia para compartilhar seus conhecimentos com os alunos, enquanto o instrutor supervisiona, avalia e orienta a conversa como achar necessário.

Tal espécie de solução pode não ser possível caso ambos, professor e especialista, não possam estar presentes na sala de aula, mas as mídias sociais, o *streaming* de vídeo e outras tecnologias de comunicação em tempo real permitem que alunos e seus professores se conectem com mentores inspiradores em todo o mundo. A Dra. Mizuko Ito, que preside a Connected Learning Research Network da Fundação MacArthur (e que por acaso é a irmã de Joi), se refere a isso como a "separação" de funções que historicamente residiram na mesma pessoa: especialização, domínio pedagógico e avaliação. A desagregação pode dar condições aos professores para se concentrarem em suas áreas de especialização — pedagogia e avaliação —, enquanto especialistas externos estimulam o entusiasmo dos alunos e os ajudam a descobrir seus interesses.

Apesar de que nem todos os alunos de todas as salas de aula tenham os mesmos interesses, viabilizar seu envolvimento na aprendizagem orientada pelo interesse (prática), muitas vezes, os ajuda a lidar com os aspectos mais tediosos, mas necessários, do currículo (teoria) e os conduz a uma experiência educacional bem desenvolvida em todos os aspectos. Joi, que notoriamente fugiu do jardim de infância e da universidade, adora mergulho e peixes tropicais. Explorar por completo esses interesses significava aprender a ensinar os alunos de mergulho sobre a matemática subjacente à lei de Boyle, a química da água, os ecossistemas marinhos e as convenções de nomeação científica. Mais recentemente ele revisitou a álgebra linear e leu sobre os modelos de Markov, porque queria entender o que um dos alunos no Media Lab estava tentando lhe ensinar sobre a aprendizagem automática — o fundamento da inteligência artificial. Nenhuma dessas coisas estava diretamente relacionada à sua carreira acadêmica formal, que começou com a ciência da computação e terminou com a física, mas eram importantes para sua contínua busca por conhecimento.[16]

Isso nos leva a outra razão para priorizar a aprendizagem em relação à educação — as mudanças curriculares são tipicamente impulsionadas pelas necessidades atuais e antecipadas do mercado, assim como ocorre com as escolhas dos alunos em relação às suas concentrações acadêmicas. À medida que o ritmo da mudança tecnológica e social continua a acelerar, os estudantes que simplesmente absorvem a educação que lhes é oferecida, sem também desenvolver a capacidade de aprendizagem orientada para o interesse, autodirigida e ao longo da vida, estarão em perpétua desvantagem. Estudantes apaixonados pela aprendizagem sempre serão capazes de ensinar a si mesmos aquilo que precisam saber, muito além de onde termina sua educação formal.

Empresas que pensam à frente, inovadoras, podem ajudar as escolas a mudar seu foco, enfatizando a aprendizagem acima da educação, desenvolvendo novos critérios de seleção que realçam a criatividade e as habilidades, em vez de privilegiar certas graduações, certas universidades ou certos programas. Uma abordagem flexível desse problema poderia combinar técnicas e ferramentas sociais para escalar a mais ampla rede possível. Por exemplo, uma empresa à procura de programadores poderia convidar os candidatos para uma competição aberta e, em seguida, analisar seus acessos via um algoritmo. A partir daí, seria possível perguntar aos melhores candidatos com quem mais deveriam conversar, potencialmente expandindo suas redes muito além das poucas escolas nas quais há entrevistas no *campus* e oferecendo oportunidades a candidatos não tradicionais que, de outra forma, poderiam tê-las perdido.

O Media Lab está focado no aprendizado atraído por interesses e paixão através do fazer. Também está tentando entender e implementar essa forma de aprendizado criativo em uma sociedade que cada vez mais precisa de alunos mais criativos e menos de seres humanos capazes de resolver problemas mais bem abordados por robôs e computadores.

Jerome Wiesner foi presidente do MIT de 1971 a 1980. Além de brilhante e ousado, ele tinha uma formação única em artes e ciências. Nicholas Negroponte, na época um jovem professor do departamento de arquitetura, tinha sua sala muito próxima de onde o motorista do professor Wiesner esperava, e com isso veio a se familiarizar com Wiesner, que passava em frente à escrivaninha de Negroponte todos os dias.

Ainda que Wiesner estivesse se preparando para se aposentar da presidência, estava claro que ele não estava pronto para realmente fazê-lo. Um dia, ele perguntou a Negroponte: se você pudesse projetar um novo laboratório ou departamento, o que você faria? Negroponte, aproveitando o momento, disse: eu tenho a ideia *exata*.

Sentado atrás de Alex Dreyfoos, ex-aluno do MIT e membro de longa data do Conselho Consultivo do Media Lab, Negroponte havia tido a ideia de um novo departamento que trataria de artes *e* ciências, um departamento que reunisse alguns dos melhores professores do MIT, como Muriel Cooper, diretora de arte, Marvin Minsky, pioneiro em inteligência artificial, e o cientista da computação e teórico educacional por trás do Logo, Seymour Papert.

Poderiam eles montar um departamento que fosse também um laboratório de modo que a pesquisa em si pudesse ser a aprendizagem? O programa poderia ser chamado de "Artes e Ciências"?

Negroponte recorda frequentemente esse período como sendo similar a dirigir tendo um gorila no assento do passageiro. Toda vez que o Instituto o mandava encostar por quebrar as regras, viam Wiesner ao lado dele e diziam-lhe para seguir em frente. A combinação do ex-presidente do MIT e do gênio radical Nicholas Negroponte foi uma mistura mágica que abriu caminho para o experimento que é o Media Lab.

Quando o Lab foi criado, Negroponte e Wiesner foram capazes de "driblar" o sistema e dar ao Lab seu próprio programa acadêmico — um programa de pós-graduação que teria uma graduação para um mestrado e um doutorado em Artes e Ciências de Mídia sob a Escola de Arquitetura + Planejamento. Essa foi uma inovação crítica. Apesar da extrema proatividade do MIT e de seu lema ser *mens et manus* — "mente e mão" —, o Media Lab se aventurou ainda mais no sentido de aprender na prática. Quando o Lab foi criado, o programa MAS eliminou quase todas as aulas e criou um sistema em que os projetos de pesquisa se tornaram a maneira pela qual os alunos e professores aprendiam — aprendendo através da construção, em vez da instrução.

Mais de uma década de pesquisa pedagógica mostra que aprender fora de contexto é muito difícil, mas ensinamos nossos alunos usando livros didáticos e conjuntos de problemas abstratos. Exigimos "não colar" nos testes em que os alunos são obrigados a dar a resposta "correta" a um problema abstrato, mesmo havendo evidências de que permitir-lhes colaborar nos exames pode melhorar os resultados da aprendizagem.[17] Ensinamos as crianças (e adultos) a serem pontuais, obedientes, previsíveis e ordenados. Desencorajamos o brincar ou relegamos essa atividade para períodos de recesso. Tratamos matemática e ciência como "trabalho sério", e aí franzimos coletivamente nossos cenhos quando os alunos não conseguem prosseguir suas carreiras em ciência, tecnologia, engenharia e matemática. E, ainda, quando se pergunta aos empregadores quais os atributos que eles mais desejam em um novo contrato, eles confiam em listas de itens como criatividade, sociabilidade, inventividade, paixão e espírito lúdico.

Na verdade, agora estamos quase sempre conectados, somos colaborativos como configuração padrão, e na medida em que robôs e IAs são aprimorados e os trabalhos repetitivos se mudam para o exterior e depois para os *data centers*, a criatividade está se tornando uma parte extremamente importante de nossa vida.

Acontece que recompensas financeiras e pressões podem aumentar a velocidade com que as pessoas resolvem problemas incrementais ou lineares, mas essas pressões realmente retardam as pessoas quando têm que imaginar soluções criativas ou futuros não lineares.[18] Para tais tipos de perguntas, o brincar tem um papel mais importante — quando o problema não é providenciar uma "resposta", mas sim imaginar algo completamente novo.[19]

No futuro, cresceremos e estaremos continuamente conectados a IAs e robôs, que estenderão nossa mente e nosso corpo. Por que dar continuidade a um sistema educacional que tenta transformar seres humanos em robôs "de carne e osso" programados para ter sucesso em fábricas, não em nossa sociedade pós-industrial, pré-IA? Por que não amplificar a natureza casual, emocional, criativa e orgânica dos seres humanos que, com as IAs e os robôs, criarão a força de trabalho do futuro?

PS: Quando a Teoria Falha

Teoria em demasia pode ser fatal: no início do outono de 1347, um navio sem nenhum interesse particular atracou no movimentado porto de Messina, na Sicília. Os mercadores genoveses podiam ser encontrados em todos os portos do Mediterrâneo, mas aqueles marinheiros carregavam uma carga indesejada — Yersina pestis, a bactéria responsável pela peste bubônica. No espaço de um ano, a epidemia devastou a Europa, eliminando metade da população de muitas cidades e vilas. Então, como agora, as pessoas em pânico recorriam aos especialistas em busca de respostas. No século XIV, o equivalente mais próximo à Organização Mundial da Saúde era a faculdade de medicina da Universidade de Paris. Ao longo do terrível verão de 1348, os membros luminares daquela instituição investigaram e debateram, emitindo, no mês de outubro seguinte, o "Relato Científico da Peste".[20]

A primeira metade do tratado examina a etiologia de "esta grande mortalidade", como era chamada na ocasião. "Em 1345, uma hora depois do meio-dia de 20 de março, houve uma grande conjunção de três planetas em Aquário." Essa conjunção de Marte e Júpiter "causou uma corrupção mortal do ar" que se espalhou da Sicília para infectar o restante da Europa. Os indivíduos com maior risco, escreveram os autores, incluem aqueles com "corpos [...] quentes e úmidos", assim como "aqueles que seguem um estilo de vida ruim, de muito exercício, sexo e banhos".

É fácil, com quase sete séculos de retrospectiva, considerar esses pronunciamentos solenes com espanto. Entretanto, o mais surpreendente é que, considerado em seus próprios termos, o relatório da Universidade de Paris é uma peça erudita cuidadosamente pensada, um excelente representante do conhecimento humano submetido à doutrinação da teoria. Considere que entre 1348 e 1350 havia 24 tratados científicos escritos sobre a praga, muitos deles, obra da intelectualidade predominante na época. Nenhum chegou perto de identificar uma infecção bacteriana como a causa; o primeiro microscópio não apareceria por mais três séculos. Nenhum identificou o rato ou a pulga como a causa da rápida disseminação da doença.

No entanto, eles fazem uso cuidadoso do precedente citando os escritos de Aristóteles, Hipócrates e do grande filósofo medieval Albertus Magnus. Em grande parte dependente de teorias de mais de mil anos, as teorias contemporâneas da patologia combinavam a astrologia e a noção dos "quatro humores" para criar um sistema coerente. No âmbito desse sistema, os autores do tratado sobre a peste estão corretos. Eles apenas estão corretos de uma maneira muito errada. A observação direta — a força vital da ciência moderna — não foi encorajada por uma academia ainda quase inseparável das restrições da fé católica. Na ausência de qualquer base empírica, fica difícil dizer se esses castelos de areia estavam apoiados em qualquer tipo de verdade demonstrável.

É tentador acreditar que nossa era iluminada está imune a tais tolices, mas muitas evidências apontam o contrário. Em 1996, um físico chamado Alan Sokal submeteu um artigo ao *Social Text*, um periódico acadêmico altamente respeitado no crescente campo dos estudos culturais. O artigo, "Transgressing the Boundaries: Towards a Hermeneutics Transformative of Quantum Gravity", propôs que a física quântica era, de fato, um construto social e linguístico. Evidentemente impressionados pelo argumento de Sokal, os editores publicaram o artigo em sua edição da primavera/verão.

O problema é que, segundo Sokal, não havia argumentação. Foi um experimento para ver "se uma das principais revistas norte-americanas publicaria um artigo liberalmente recheado de tolices caso (a) parecesse bom e (b) lisonjeasse os preconceitos ideológicos dos editores". A resposta acabou sendo sim. O artigo de Sokal, em suas próprias palavras, não passava de uma "sátira" de citações de textos de estrelas do rock pós-modernas como Jacques Derrida e Jacques Lacan, "unidas por referências vagas à 'não linearidade', 'fluxo' e 'interconectividade'". E, do nada, Sokal escreveu em um artigo revelando a brincadeira, "há algo que se assemelhe a uma sequência lógica de pensamento; encontram-se apenas citações de autoridade, jogos de palavras, analogias forçadas e afirmações vazias". A ironia é que, assim como com as explicações astrológicas da peste negra, o artigo de Sokal não está exatamente errado; está correto dentro

DISRUPÇÃO E INOVAÇÃO 161

de um sistema coerente e inutilmente recôndito de compreensão, como um argumento vencedor em uma língua falada tão somente em alguma ilha remota.

Nada disso visa contestar o papel central que a teoria desempenhou na efusão de conhecimento que ocorreu ao longo dos últimos 150 anos. Mas a teoria por si só pode ser tão sedutora quanto perigosa. A prática deve informar a teoria da mesma maneira que a teoria deve informar a prática; em um mundo de mudanças rápidas, isso é mais importante do que nunca. Nos anos vindouros algumas descobertas científicas, com certeza, testarão algumas de nossas crenças mais acalentadas. Precisamos nos certificar de que não assumimos o papel do Vaticano quando confrontados com evidências de que somos apenas outro planeta girando em torno de uma estrela.

— Jeff Howe

Diversidade acima da Habilidade

7

No outono de 2011, a revista *Nature Structural and Molecular Biology* publicou um artigo revelando que, após mais de uma década de esforço, os pesquisadores conseguiram mapear a estrutura de uma enzima usada por retrovírus semelhantes ao HIV.[1] O resultado foi amplamente considerado como um avanço, mas havia algo mais surpreendente sobre o artigo. Constando no grupo internacional de cientistas que contribuíram para a descoberta havia algo chamado "Foldit Void Crushers Group". Era o nome de um coletivo de jogadores de videogames.

Foldit,[2] uma nova experiência criada por um grupo de cientistas e designers de games da Universidade de Washington, pediu aos jogadores — alguns ainda no ensino fundamental e poucos com formação em ciências, muito menos em microbiologia — para determinar como proteínas se desdobrariam na enzima. Em poucas horas, milhares de pessoas estavam competindo (e colaborando) umas com as outras. Após três semanas elas tiveram êxito onde os microbiologistas e os computadores haviam fracassado. "Este é o primeiro exemplo que conheço no qual jogadores resolvem um problema científico de longa data", disse David Baker, um cocriador do Foldit.[3]

Não era para ser o último. A Foldit continuou a produzir com sucesso modelos precisos para outras enzimas altamente complexas. Outros projetos de pesquisa têm similarmente aproveitado a multidão para executar tarefas que vão desde a simples coleta de dados até a resolução avançada de problemas. Outro dos cocriadores do Foldit, Adrien Treuille, passou a desenvolver um jogo semelhante, Eterna, no qual os jogadores criam designs para RNA sintético.[4] O slogan de Eterna resume perfeitamente a premissa central do projeto: "Resolva quebra-cabeças. Invente Medicamentos". Os designs criados pelos principais cientistas-cidadãos da Eterna são, então, sintetizados em Stanford.

A Foldit e alguns dos outros esforços discutidos neste capítulo podem muito bem revolucionar a forma como tratamos as doenças. Mas também apresentam outra promessa: uma percepção de que a prática convencional de gestão está frequente e mortalmente equivocada sobre quem é a pessoa mais adequada para uma tarefa. A melhor maneira de combinar o talento

166 Diversidade acima da Habilidade

com a tarefa, pelo menos no mundo da nanobiotecnologia, não é atribuir os trabalhos mais difíceis aos melhores graduados, mas sim observar o comportamento de milhares de pessoas e identificar aquelas que demonstram a maior aptidão para as habilidades cognitivas que a tarefa requer.

"Você acha que um PhD em bioquímica seria muito bom para projetar moléculas de proteína", diz Zoran Popović, um designer de games da Universidade de Washington por trás da Foldit. Nem tanto assim. "Os bioquímicos são bons em outras coisas. Mas a Foldit requer um conhecimento mais estreito e profundo."

Há alguns jogadores com uma capacidade sobrenatural de reconhecer padrões, uma forma inata de raciocínio espacial que a maioria de nós não tem. Outros — muitas vezes "vovós sem um ensino médio", diz Popović — dispõem de uma habilidade social particular. "Eles são bons em destravar as pessoas. Conseguem que elas abordem o problema de maneira diferente." Qual grande empresa farmacêutica teria antecipado a necessidade de contratar avós sem instrução? (Conhecemos alguns idosos que precisam de trabalho, se o RH de Eli Lilly estiver pensando em reformular sua estratégia de recrutamento).

Treuille observou que ele e seus colegas da Eterna foram capazes de "filtrar centenas de milhares de pessoas que são especialistas em tarefas muito esotéricas". Elas são capazes, em outras palavras, de combinar talento e tarefa com uma eficiência excepcional— não com base no CV de alguém, e tampouco contando com a magia da "autosseleção", mas sim através dos milhares de dados gerados pelo jogo.[5] Eterna representa um repensar radical de um dos pressupostos centrais do capitalismo, segundo o qual o trabalho é mais bem alocado mediante um estilo de comando e controle de gestão. Eterna depende de um atributo — a diversidade — que tem sido tradicionalmente subestimado. Na verdade, antes da internet, muitas vezes parecia difícil de ser alcançado.

Em junho de 2006, Jeff escreveu um artigo para a revista *Wired* intitulado "The Rise of Crowdsourcing".[6] Extraindo evidências de negócios como banco de fotografias e atendimento ao cliente, o artigo propunha que uma nova forma radical de produção econômica surgiu do solo fértil do software de código aberto, Wikipédia, e do declínio dramático ocorrido no preço de ferramentas tecnológicas, das câmeras digitais ao equipamento para bancadas de laboratório.

DISRUPÇÃO E INOVAÇÃO   167

"Aqueles que têm hobbies, pessoas que não trabalham em tempo integral ou exercem uma atividade como amadores, dispõem de um mercado para seus esforços na medida em que empresas inteligentes [...] descobrem maneiras de aproveitar o talento latente da multidão", escreveu Jeff. "O trabalho não é sempre gratuito, mas custa muito menos do que pagar os empregados tradicionais. Não é terceirização; é *crowdsourcing*."

O termo, cuja origem é proveniente de uma brincadeira entre Jeff e seu editor da *Wired*, Mark Robinson, foi rapidamente adotado, inicialmente por pessoas vocacionadas à publicidade e jornalismo, nos quais o *crowdsourcing* havia enraizado e, em seguida, pelo público em geral. (A palavra apareceu pela primeira vez no *Oxford English Dictionary* em 2013.)[7] Como prática de negócios, o *crowdsourcing* se tornou procedimento operacional padrão em áreas que vão desde tecnologia e mídia ao planejamento urbano, academia, e por aí afora.

Quando funciona — e ao contrário do exagero promocional inicial, dificilmente se constitui em uma panaceia da era digital —, o *crowdsourcing* exibe uma eficácia quase mágica. Instituições e empresas como a NASA, o LEGO Group e a Samsung integraram as contribuições públicas no modo como fazem negócios. No processo, eles remodelaram o limite que tradicionalmente separava os produtores de uma coisa dos consumidores daquela coisa. Agora, é uma camada permeável, em que ideias e criatividade, e mesmo o controle sobre aspectos cruciais como a determinação da estratégia de longo prazo, são um esforço colaborativo.

Os fundamentos teóricos dessa abordagem estão na disciplina nascente de sistemas complexos; a força do *crowdsourcing* deriva, em grande parte, de uma função da diversidade que ocorre naturalmente em qualquer grande grupo de pessoas.

Há muito tempo, as ciências vêm utilizando várias redes dispersas de conhecimento que foram capazes de organizar eficazmente a diversidade que existe em uma ampla gama de disciplinas. Um dos exemplos mais conhecidos é o Prêmio Longitude. Em 1714, o parlamento inglês ofereceu um prêmio de £10.000 a qualquer pessoa que pudesse descobrir um método para determinar a longitude. Algumas das principais mentes científicas concentraram seus

168 Diversidade acima da Habilidade

consideráveis talentos nesse problema, mas a bolsa foi finalmente reivindicada pelo relojoeiro autodidata John Harrison.[8]

Naturalmente, amadores sempre fizeram contribuições para disciplinas como astronomia e meteorologia que se desenvolveram em virtude de um grande número de observações. Mas antes da internet, o público teve pouca oportunidade de contribuir para a criação de outros tipos de conhecimento científico. Nos últimos anos, uma enorme variedade de empresas, indivíduos e áreas acadêmicas utilizou essa rede global de comunicações para aumentar a capacidade mental exercida para enfrentar cada problema individual e, mais importante, facilitar uma diversidade cognitiva que muitas vezes falta na atmosfera rarefeita de um laboratório corporativo ou acadêmico.

Fundada em 2000 pela companhia farmacêutica Eli Lilly, a InnoCentive construiu seu modelo de negócios sobre ser capaz de entregar a seus clientes esse tipo de músculo intelectual altamente diversificado. A InnoCentive enfrenta os problemas difíceis provenientes de grandes empresas, laboratórios de P&D e iniciativas de pesquisa médica e os publica em um quadro de avisos online. Ele é frequentado por cerca de 400 mil cientistas profissionais e amadores de aproximadamente 200 países, com mais de metade residindo fora do continente americano.[9] Não se trata de gente de qualificação mediana. Se os milhares de químicos de uma empresa farmacêutica multinacional como a Merck não puderem resolver um problema de química, você não pensaria que ele fosse cair no colo de algum estudante do primeiro ano de engenharia elétrica na Universidade do Texas.

E ainda assim… qualquer pessoa pode postar uma solução. Se funcionar, o indivíduo recebe uma recompensa, geralmente entre US$10 mil e US$40 mil. A InnoCentive diz que cerca de 85% dos problemas são resolvidos, o que é uma boa média, levando em conta a escala dos desafios. Mas o interessante é quem resolve os problemas e como. De acordo com pesquisas da Harvard Business School, há uma correlação positiva entre soluções bem-sucedidas e o que o pesquisador Karim Lakhani chama de "distância do campo". Em linguagem simples, quanto menos determinado solucionador está exposto à disciplina na qual o problema se insere, mais provável é que ele resolva o problema.[10]

Mais notável que o fato de que mais de 60% dos "solucionadores" da Inno-Centive, como são conhecidos, possuírem mestrado ou doutorado é o fato de que quase 40% não ostentam esses títulos. Na realidade, um dos solucionadores mais prolíficos era um trabalhador manual canadense que havia abandonado seu programa de doutorado em física de partículas para cuidar de seus pais.

Isso não é tão surpreendente quanto parece. Lembre-se de que os desafios da InnoCentive geralmente correspondem a problemas que mentes inteligentes já não conseguiram resolver. Se uma grande empresa de produtos de consumo enfrenta o desafio de produzir economicamente um composto químico, é provável que convoque seus melhores químicos. Estamos inclinados a crer que as pessoas mais inteligentes e mais bem treinadas em determinada disciplina — os especialistas — são as mais qualificadas para resolver um problema em sua especialidade. E, na verdade, muitas vezes são. Quando falham, como ocorre de vez em quando, nossa fé inquestionável no princípio da "habilidade" nos leva a imaginar que precisamos encontrar um solucionador *melhor*: outros especialistas com níveis igualmente elevados de treinamento. Mas está na natureza da alta capacitação reproduzir a si mesma — a nova equipe de especialistas, afinal, treinou nas mesmas escolas, institutos e empresas incríveis como os especialistas anteriores. Da mesma forma brilhante, podemos confiar que nossos dois grupos de especialistas aplicarão os mesmos métodos para o problema, e compartilharão também os mesmos preconceitos, pontos cegos e tendências inconscientes. "A habilidade é importante", diz Scott E. Page, autor de *The Difference: How the Power of Diversity Creates Better Groups, Firms, Schools, and Societies*.[11] "Mas, no conjunto, oferece retornos decrescentes."

Tudo isso parece um pouco inebriante, mas tem implicações diretas sobre como alocamos capital intelectual ou como podemos cada vez mais pensar em permitir que ele mesmo se aloque, *à la* projetos como InnoCentive ou Eterna. Devido a um crescente número de pesquisas demonstrando que grupos diversificados são mais produtivos em uma ampla gama de aplicações,[12] a diversidade está se tornando um imperativo estratégico para escolas, empresas e outros tipos de instituições. Pode ser boa política e boa RP e, dependendo do compromisso de um indivíduo com a igualdade racial e de gênero, bom para a alma. Porém, em uma era em que os desafios provavelmente também se caracterizam por uma complexidade máxima, trata-se simplesmente de boa gerência, que marca a saída admirável de uma era em que se supunha que a diversidade ocorria às custas da habilidade.

Raça, gênero, nível socioeconômico e treinamento disciplinar são importantes, mas apenas na medida em que são códigos para os tipos de experiências de vida que produzem diversidade cognitiva. Além disso, como não podemos saber com antecedência quais desses diversos contextos, experiências educacionais ou tendências intelectuais podem produzir um avanço, Page declarou em um e-mail para os autores, "devemos pensar em nossas diferenças como formas de talento. Para alavancar esse talento é preciso paciência e prática". Isso representa seu próprio desafio, porque quaisquer que sejam suas vantagens, a diversidade é uma qualidade que muitas vezes lutamos para produzir, e as consequências vão muito além dos negócios.

Em 20 de abril de 2015, o *New York Times* revelou um mistério demográfico inquietante. Um grande número de homens afro-americanos parecia ter desaparecido. Um número muito maior do que poderia, digamos, caber em um cartaz. Em geral, os dados de um recenseamento não são uma fonte de manchetes impactantes, mas estes poderiam ajudar a paralisar o leitor mais ocasional: "1,5 Milhão de Homens Afro-americanos Desaparecidos". A peça resultou do trabalho da equipe de jornalismo de dados do jornal, o Upshot, mas não é preciso ser um jornalista investigativo para detectar a anomalia estatística óbvia no coração do censo de 2010. Naquela época havia apenas 7 milhões de homens negros entre 24 e 54 anos vivendo fora de uma instituição e mais de 8,5 milhões de mulheres negras entre as mesmas idades.

O uso do termo "desaparecidos" era provocativo, mas revelador. Sem dúvida, um milhão e meio de americanos não tinham sido repentinamente abduzidos por alienígenas. Mas não estavam menos desaparecidos. Eles não estão na igreja; você não vai encontrá-los na cozinha ou ajudando seus filhos com a lição de casa ou realizando pequenas tarefas antes do jantar. Você encontrará alguns deles — cerca de 600 mil — na cadeia. E os outros 900 mil? Uma parcela pequena estava morando nas ruas naquela época e alguns participando de excursões militares no exterior. Mas o contingente maior, de longe, parecia ter morrido, vítimas de doenças cardíacas e diabetes e da pior epidemia de todas, o homicídio, que pode ter sido responsável pela morte de uns 200 mil homens negros na faixa etária que os demógrafos chamam, com razão, de "idade principal".

Em média, a mulher negra nos Estados Unidos provavelmente vive em uma comunidade em que há somente 43 homens para cada 67 mulheres. A diferença de gênero é mais acentuada, descobriu o *Times*, em Ferguson, Missouri — a mesma comunidade que se tornou o centro do movimento Black Lives Matter depois que um policial matou um adolescente negro desarmado em 2014. A diferença também é maior em North Charleston, onde a polícia matou Walter Scott, também afro-americano e desarmado, enquanto tentava fugir.

Tirar tanta gente de circulação aleija comunidades que, muitas vezes, já enfrentam desafios em suas escolas, empresas e estrutura social. Pesquisas recentes de dois economistas da Universidade de Chicago[13] sugerem que a disparidade desencoraja compromissos de longo prazo e formação de famílias por homens que não precisam competir por esposas ou parceiras. Isso, por sua vez, exacerba os fatores que contribuem para a ausência de homens negros, que vão desde o aumento da violência das gangues até o sexo desprotegido e o suicídio. Ciclo vicioso, em que a perda em larga escala transforma as comunidades no equivalente municipal dos pacientes que, ainda que feridos, conseguem se locomover e, por isso, têm menor prioridade de atendimento.

É difícil não se tornar insensível a esses contínuos feedbacks negativos. Os problemas que afligem nossas comunidades mais problemáticas, que vão da falência das escolas à gravidez na adolescência e à má nutrição, persistem obstinadamente através de gerações de movimentos bem-intencionados de reforma e prescrições políticas. As manchetes sangrentas podem se sobrepor uma à outra até que seja fácil esquecer que cada vítima, assaltante e espectador é o irmão ou a irmã ou o filho de alguém.

Naquele tempo, as forças que encorajaram nossa apatia pareciam mais fortes do que aquelas que inspiraram nossa ação. Em 1938, pouco depois da Noite dos Cristais (o pogrom — nome dado ao ataque violento e maciço a minorias étnicas em dado lugar —, em que pelo menos 91 judeus foram assassinados, e mais de mil sinagogas, destruídas), um psicólogo entrevistou 41 membros do

172   DIVERSIDADE ACIMA DA HABILIDADE

Partido Nazista e descobriu que apenas 5% aprovavam a perseguição racial.[14] Os alemães têm lutado com questões de culpa e cumplicidade desde então. Um argumento sustenta que a ascensão do nazismo ao poder e os crimes que se seguiram foram o produto irrepetível de circunstâncias inteiramente únicas para um tempo e lugar. Uma nação militarista tinha sido envergonhada e empobrecida pelo Tratado de Versalhes, levando a tumultos, caos e desespero. Desse naufrágio surgiu Hitler, uma figura autoritária que ofereceu ordem e redenção nacional. Hitler cumpriu essas promessas, e quando sua intenção obscura e niilista se mostrou evidente, era tarde demais para se opor a ele. Essa história oferece muitos confortos. Tem bastante verdade para ser persuasiva; ela absolve todos aqueles que mantiveram suas frontes abaixadas e rezaram para que alguém matasse o louco; e diz ao resto de nós que isso não poderia acontecer conosco.

A menos que esteja acontecendo aqui. Imaginamos que ouviremos a história quando ela chamar. Quando isso não acontece, voltamos à nossa vida cotidiana, nossa moral ainda intacta. Entretanto, talvez a história não chame ou, talvez, você tenha que ficar escutando atentamente para ouvi-la. Priorizar a diversidade em detrimento do mérito percebido — a avaliação daltônica de uma habilidade que jamais foi realmente daltônica — é reconhecer que os imperativos estratégicos não podem ser a única referência pela qual distribuímos os prêmios da sociedade. Há um senso cada vez maior — entre os componentes da geração de millennials que enchem nossas salas de aula, mas também no mundo mais árido de cubículos, vans de entrega e salas de espera de hospitais — de que não basta ser correto, lucrativo ou talentoso. Você também deve ser justo.

Não é pouca coisa acusar alguém de cumplicidade pelo desaparecimento de mais de um milhão de pessoas, e isso leva ao risco de destituir a individualidade de irmãos e pais e filhos que compõem essa figura abstrata. Todos nós somos agentes ao longo de nossa vida, mas esse não é um fator uniformemente distribuído em nossa sociedade. Está muito além do âmbito de nosso livro retratar causas e consequências do racismo. Duas estatísticas são suficientes: entre 1934 e 1962, o governo federal dos EUA aportou US$120 bilhões em hipotecas residenciais. Como Melvin L. Oliver e Thomas M. Shapiro escreveram em seu livro de 1995, *Black Wealth/White Wealth* , "a mais massiva oportunidade para a acumulação de riqueza na história americana", e gerou trilhões de dólares em capital que iriam, em última análise, ser convertidos em escolhas: a escolha de ir para uma faculdade melhor ou fazer um estágio não remunerado ou contratar um advogado para manter um adolescente promissor, mas ocasionalmente tolo, fora das grades. Noventa e oito por cento desses empréstimos foram para famílias brancas. Em 1984, a família branca mediana nos Estados Unidos tinha um patrimônio líquido de mais de US$90 mil. A família negra mediana possuía menos de US$6 mil. O valor dos imóveis continuou a crescer nas décadas subsequentes, fazendo com que o hiato de riqueza aumentasse. Até 2009, a família branca mediana tinha US$250 mil em ativos. A família negra mediana? Vinte e oito mil e quinhentos dólares, quase uma ordem exata de magnitude menor que os de sua contraparte branca.

Expressando a decisão da maioria da Corte de Justiça em *Obergefell vs. Hodges*, a ação judicial que anulou as restrições contra o casamento homossexual, o juiz Anthony Kennedy declarou que "a natureza da injustiça é que nem sempre podemos vê-la em nossos próprios tempos".[15] Mas em 2016, deve-se reconhecer, víamos melhor do que nunca. Em razão dos genocídios do século anterior, ainda frescos em nossa consciência coletiva, e dos frutos do racismo, presentes diariamente em nossas páginas, não podemos reivindicar inocência nem ignorância.

Muito mais do que em qualquer momento anterior, também compreendemos como a história nos julgará. Alguns anos antes da Guerra Civil, o teólogo e abolicionista americano Theodore Parker pronunciou estas palavras de seu púlpito:

> Não finjo entender
> o universo moral; o arco é longo,
> meu olho alcança pequena parte do caminho;
> não consigo calcular a curva e completar
> o quadro geral pela experiência
> visual; eu posso adivinhá-lo pela consciência.
> E pelo que vejo estou certo de que
> se inclina para a justiça.

174 Diversidade acima da Habilidade

Uma centena de anos mais tarde, Martin Luther King Jr. parafrasearia Parker, irrevogavelmente inserindo em nossa consciência coletiva a noção de um arco moral, a ideia de que a justiça para todos tem um andar lento e hesitante, mas tem certeza quanto a seu destino.

Em seu categórico estudo da violência ao longo da história humana, Stephen Pinker, um psicólogo de Harvard, descobriu que o arco moral é de fato longo, mas que, em consonância com o ritmo da mudança em geral, recentemente acelerou. Em seu livro *Os Anjos Bons da Nossa Natureza*, Pinker sistematizou séculos de dados de crimes e guerras para mostrar que, desde o fim da Idade Média, nossa espécie foi se tornando notavelmente mais pacífica; na Escandinávia, para citar apenas um exemplo, os assassinatos diminuíram de 100 homicídios por 100 mil pessoas para 1 por 100 mil. Pinker atribui essa pacificação, em parte, ao que ele chama de "círculo crescente de empatia". De início reservamos nosso amor e preocupação aos nossos parentes, depois, aprendemos a expandi-los para abarcar nossa tribo. De lá, abraçamos a aldeia e, por volta da década de 1800, a prática geral da humanidade era conceder a contragosto seu respeito àqueles de semelhantes raça, religião, credo e, acima de tudo, nacionalidade. Então veio a 2ª Guerra Mundial, a terrível lição para o *Homo sapiens* de quando a empatia nacional enlouquece. Na sequência desse trauma coletivo, esse ciclo de consideração comunitária começou seu maior período de expansão. Tal impulso encontrou sua formulação clássica no poema "First they came..." (conhecido no Brasil como "E não sobrou ninguém"), do pastor luterano alemão e sobrevivente do campo de concentração nazista, Pastor Martin Niemöller:

> Primeiro, eles vieram pelos Socialistas,
> e eu não protestei —
>
> Porque eu não era um Socialista.
>
> Depois, vieram pelos Sindicalistas,
> e eu não protestei —
>
> Porque eu não era um Sindicalista.

> Depois, vieram pelos Judeus,
> e eu não protestei —
>
> Porque eu não era um Judeu.
>
> Depois eles vieram por mim —
> e já não havia ninguém para protestar
> por mim.

Em outras palavras, não é das melhores a aposta de que seremos responsabilizados pelas injustiças de nossos dias. A temporada eleitoral de 2016 ocasionou uma reavaliação das políticas reativas de justiça criminal do governo norte-americano, o que levou ao encarceramento de mais de 2 milhões de homens estadunidenses, 37% deles afro-americanos. Não é difícil imaginar os futuros historiadores concluindo que os formuladores de políticas dos EUA criaram um sistema de mandato federal pelo qual uma raça permaneceria empobrecida nas gerações vindouras, criminalizaram os sintomas de disfunção que dele resultaram, depois lutaram, com unhas e dentes, contra as modestas iniciativas destinadas a trazer um pouco de alívio para aqueles cujo único pecado era nascer pobre e não branco em um momento em que seus companheiros cidadãos ainda não sabiam até que ponto o círculo de empatia deveria se estender.

Certamente, nos EUA, foram muitas as pessoas, instituições, e até mesmo estados, que concluíram de forma semelhante que a diversificação nas universidades e locais de trabalho é a coisa certa e inteligente a se fazer. As minorias representam 37% da população dos Estados Unidos. O fato de que poucas organizações tenham alcançado algo parecido com esse número não deve ser equiparado a uma falta de esforço. Atualmente, nas áreas de tecnologia e mídia têm sido observados alguns dos menores avanços na diversificação de suas forças de trabalho e, menos ainda, na composição de suas respectivas mesas de reuniões e salas executivas. No final de 2014, Google, Yahoo e Facebook, em conjunto, empregavam apenas 758 afro-americanos. Menos de 3% de todas as posições de liderança na indústria de tecnologia dos EUA eram ocupadas por negros. A diferença de gênero é, no mínimo, igualmente cruel. A situação

176 Diversidade acima da Habilidade

no Twitter é particularmente ruim, com as mulheres detendo apenas 10% das funções técnicas da empresa. Os executivos seniores do Twitter estavam tão (nada) preocupados com a imagem que isso transmitia que, em meio a um rumoroso caso de viés de gênero, organizaram em julho de 2015 uma "frat party" para sua equipe (ou "festa de fraternidade").

Para seu crédito, as grandes empresas de tecnologia fizeram esforços genuínos para incluir mais minorias e mulheres em seus cargos. Seu limitado sucesso, dizem eles, tem mais a ver com o "pipeline" — o conjunto disponível de candidatos com qualificações razoáveis para o trabalho — do que com qualquer falta de iniciativa de sua parte. Mas a julgar pelo que dizem muitos dos programadores, do gênero feminino ou oriundos das minorias, que conseguiram entrar nessas empresas, um preconceito inconsciente de como "um techie deve se parecer" é o obstáculo mais provável.

O Media Lab teve suas próprias lutas a esse respeito — não foi imune às mesmas dinâmicas sociais e preconceitos inconscientes que obstruíram os esforços para criar diversidade em empresas como Twitter ou Facebook. O processo de admissão, como tudo mais no Media Lab, é idiossincrático. Os pretendentes à pós-graduação (o Media Lab não concede diplomas de graduação) se inscrevem em 3 dos 25 grupos de pesquisa do Lab. A decisão cabe, em geral, ao corpo docente encarregado desses grupos. Até recentemente, havia pouquíssima supervisão central sobre o número final de candidatos femininos e de minorias recebendo ofertas de admissão.

Durante os primeiros anos de Joi como diretor do Media Lab, essa passividade teve uma consequência previsível. Dos 136 alunos matriculados para o ano letivo 2012–2013, um total de 34 eram mulheres, e 5 vinham de minorias sub-representadas. No ano seguinte, observou-se uma pequena melhoria — 20 mulheres e 7 estudantes de minorias em uma classe de 55. Joi havia colocado a diversidade como uma de suas missões centrais em seu mandato no comando do Lab, e estava ansioso para obter números compatíveis. O primeiro passo foi criar uma nova função — assistente de diretoria de diversidade e apoio aos alunos — e encorajou os esforços para fortalecer o Comitê de Diversidade do Lab.

Nos anos subsequentes o Lab instituiu uma série de programas para resolver o desequilíbrio. Primeiro, foram adotadas medidas muito mais proativas para identificar candidatos potenciais e juntá-los com alunos atuais que poderiam ajudá-los a embasar e desenvolver suas solicitações de admissão. Além disso, tomaram-se várias iniciativas para introduzir a cultura e emoção do Media Lab junto aos futuros alunos. Nisso o Media Lab reflete um esforço mais amplo sobre parte do ensino superior no sentido de superar uma lacuna de cultura na qual estudantes de alto desempenho das comunidades desfavorecidas não conseguem entrar em faculdades de elite pela simples razão de que não há ninguém sabendo que suas notas e pontuações nos testes lhes dão uma excelente chance de admissão, ou ninguém que possa lhes dizer por que os programas da escola seriam compatíveis com suas ambições.

No caso do Media Lab, os esforços deram frutos — em parte. Embora os números estejam abaixo do alvo, e ainda variem muito de acordo com o grupo de pesquisa, o contingente de mulheres e minorias sub-representadas inscritas nos programas do Lab melhorou sensivelmente. Embora a porcentagem de requerentes provenientes das minorias tenha permanecido constante em aproximadamente 6%, elas representaram 16% dos ingressantes para o mestrado no ano acadêmico 2016–2017, enquanto as mulheres representaram 43% do grupo para o mestrado em 2016, e 53% do conjunto para o PhD.

Há uma percepção, por parte não só da nova classe de alunos, mas também entre professores e funcionários, de uma mudança de cultura, uma sensação de que o Lab se tornou um lugar mais interessante para se estar, com um leque mais amplo de possibilidades, inclusive entre as instituições famosas por incentivar interesses de pesquisa eclética. E não é apenas o Media Lab. Essa impressão, por mais difícil de quantificar, não está fora de sintonia com algumas das pesquisas mais recentes sobre os efeitos da diversidade. Alguns anos atrás, o Team Bettencourt, o mesmo grupo de jovens biólogos sintéticos cujo kit de detecção de tuberculose nós descrevemos no Capítulo 1, conduziu um estudo dos efeitos da diversidade de gênero em projetos de biologia sintética. Sua primeira descoberta não foi encorajadora — apenas 37% dos biólogos sintéticos eram mulheres, um número consistente com disciplinas científicas relacionadas. Mas quando se aprofundaram naqueles dados, a imagem ficou muito mais otimista. O número de mulheres participando do iGEM — a competição anual que serve tanto como concurso quanto como critério cultural para o crescimento rápido dos cargos da SynBio — havia aumentado dramaticamente ao longo dos últimos quatro anos. Além disso, equipes com paridade de gênero estavam superando as que tinham menor participação feminina. É o tipo de resultado que estamos começando a ver cada vez mais.

Um círculo maior beneficia a todos.

PS: A Diferença Faz Diferença

Passei boa parte de 2007 e 2008 escrevendo um livro sobre *crowdsourcing*. Não tive dificuldade em identificar estudos de casos fascinantes; uma explosão de *startups* ambiciosas, se não frequentemente mal concebidas, ocorreu desde que a *Wired* publicou meu artigo original sobre o assunto. Mas havia poucos pesquisadores sérios estudando os tipos de comportamentos de grupo que fizeram o *crowdsourcing* deslanchar, ou assegurar-se que não deslancharia. Descobrir o trabalho de Scott E. Page sobre a mecânica da diversidade representou um divisor de águas — a diversidade era mais do que uma plataforma política ou um item de alguma apresentação de RH. Era uma estratégia inteligente.

Page e outros pesquisadores e estudiosos estavam mostrando que a diversidade produziu benefícios em geral, para empregador e o empregado, para o gerente e a força de trabalho. Organizações com mão de obra cognitivamente diversa pareciam mostrar vantagens na solução de problemas. Isso parecia uma informação especialmente valiosa nos anos que se seguiram à crise hipotecária e à consequente recessão. Foram numerosas as atividades econômicas que sofreram o revés da sorte, contudo, ao contrário do mercado da construção civil — cuja demanda por imóveis residenciais sempre retorna — o negócio dos meios de comunicação estava envolto no que os economistas (e os jornalistas mais observadores) chamariam de ventos "cíclicos" ou "seculares", o que significa dizer que o jornalismo, que estava em apuros mesmo antes da Grande Recessão chegar, impedindo uma explosão de modelos empresariais inovadores e alternativos, dificilmente estava pronto para uma recuperação robusta.

Esse parecia o tipo de problema que você gostaria que fosse atacado por seu melhor — ou seja, mais diverso — grupo de solucionadores de problemas. Infelizmente, isso já não era possível. A diversidade atingiu sua marca máxima em 2006, quando menos de 14% dos jornalistas eram membros de minorias raciais ou étnicas (em comparação com 37% da população norte-americana).[16]

180   Diversidade acima da Habilidade

Não surpreendentemente, isso pouco fez para aumentar o número de leitores das minorias. E a diversidade foi uma das piores vítimas de nossa recessão mais recente — "último contratado, primeiro a ser despedido" significa que as mesmas pessoas recrutadas para diversificar e, assim, aprimorar a redação foram os primeiros a ir quando o dinheiro acabou. Minorias são muito mais propensas a ler notícias online do que ver a si mesmos ou suas comunidades adequadamente representadas. E com organizações como a Online News Association (ONA) e as notícias digitais em geral, o problema ficou muito pior, unindo a monocultura histórica da mídia com a cultura masculina esmagadora e branca do Vale do Silício.

Nos bons tempos a mídia teve seu melhor desempenho recrutando mulheres e minorias no final do "pipeline" (ou seja, na ponta final do sistema educacional), mas não conseguimos examinar com mais profundidade quando isso só conseguiu aumentar a diversidade em porcentagens de um dígito. Aí pode estar onde ocorreu o maior fracasso moral — ou, no mínimo, o maior fracasso da imaginação. E é onde devemos concentrar nossos esforços agora. Em vez de lamentar o conteúdo do pipeline a partir da vantagem de seu ponto de saída, ir para a origem do pipeline — recrutar na nascente. Um dos objetivos futuros do programa de Inovação de Mídia da Northeastern University é criar áreas em bairros como Dudley Square (um distrito afro-americano perto da universidade) e lançar mentorias de oito anos em narrativas de não ficção em uma variedade de mídias. Essa visão é muito inspirada no OneGoal, um programa de Chicago cuja chamada diz tudo: "Graduação Universitária. Ponto".

Se o programa for bem-sucedido, a Inovação de Mídia poderia, um dia, ser um banquinho com três pernas: a primeira, estudantes de graduação e de pós-graduação da Northeastern; a segunda, a faculdade de jornalismo, com um programa de bolsas incorporado que trocaria espaço de escritório e estipêndios para os profissionais dispostos a ensinar por um semestre ou dois; e a terceira, um programa de mentoria baseado em alguma loja da Dudley Square, com um pé em uma área de escolas secundárias. As crianças com interesse em produzir histórias de não ficção (documentários, reportagens investigativas, *podcasts*, jornalismo em quadrinhos etc.) seriam convidadas para um programa de mentores de oito anos baseado no OneGoal.

Idealmente, Gannett ou Advance ou algum outro desses gigantes de mídia criariam uma série de tais programas lá atrás, quando ainda estavam exibindo números de crescimento saudável. Agora, é mais provável que alguém como a Google precisaria pagar a conta. Parece um objetivo ambicioso, claro, mas então a Google vende uma enxurrada de anúncios nas costas de nosso conteúdo, e o Vale do Silício e as redações norte-americanas se beneficiarão, ambos, de um pipeline de talentos experiencialmente mais ricos e mais diversificados — tanto de programadores quanto de jornalistas.

— Jeff Howe

Resiliência acima da Força

8

O aço não é forte, rapaz.
A carne é mais forte!

> — Thulsa Doom,
> *Conan, o Bárbaro*

A ilustração clássica da resiliência acima da força é a história do junco e do carvalho. Quando os ventos do furacão sopram, o carvalho (forte como o aço) se parte, enquanto o junco, flexível e resiliente, se verga para baixo e se alteia novamente quando a tempestade se vai. Na tentativa de resistir ao fracasso, o carvalho, ao contrário, o garante.

Tradicionalmente, as grandes empresas têm, como o carvalho, se endurecido ante o fracasso. Elas estocaram recursos e implementaram estruturas de gestão hierárquica, processos rígidos e planos detalhados de cinco anos, destinados a isolá-las das forças do caos. Em outras palavras, valorizaram a segurança acima do risco, o empurrar acima do puxar, a autoridade acima da emergência, a observância acima da desobediência, os mapas acima das bússolas e os objetos acima dos sistemas.

As empresas de software que cresceram na era da internet, no entanto, adotaram uma abordagem diferente. Seu campo era tão novo e mudava tão rapidamente que a aversão ao risco tal como mensurado por seus predecessores os teria deixado encalhados no meio do percurso, observando seus concorrentes irem adiante. Como resultado, muitas vezes, fracassaram — mas seus investimentos iniciais foram baixos o suficiente para lhes permitir aprender com suas falhas e seguir em frente.

Vem do YouTube um ótimo exemplo dessa abordagem. Em sua primeira iteração, o YouTube era um site de namoro de vídeo chamado "Tune In Hook Up" (Sintonizado na Pegação). Não deu certo, mas seu fantasma habita o Arquivo.org, no qual a primeira captura de YouTube.com inclui as opções de menu "Sou Homem/Mulher procurando Homens/Mulheres/Qualquer Um entre 18 e 99 anos".[1]

Os fundadores do YouTube, entretanto, já tinham percebido que a internet não precisava de outro site de namoro, mas de uma maneira fácil de compartilhar conteúdo de vídeo. Inspiraram-se, em parte, em dois eventos ocorridos em 2004. Um foi o chamado "wardrobe malfunction" (exposição acidental de partes íntimas de alguém devido a um problema com a vestimenta) de Janet Jackson no Super Bowl; o outro foi o tsunami do Oceano Índico. Havia milhares de vídeos de ambos os eventos, mas era difícil encontrar os sites que os hospedavam e eles eram grandes demais para serem enviados como anexos de e-mail.[2]

Chad Hurley, Steve Chen e Jawed Karim registraram o YouTube.com em 14 de fevereiro de 2005, e o site foi lançado em abril daquele ano. Karim estrelou o primeiro vídeo carregado no site — um clipe de 23 segundos dele, de pé em frente à área de elefantes no zoológico de San Diego.[3] Em outubro de 2006, o trio vendeu sua criação para a Google por US$1,7 bilhão.

De uma perspectiva tradicional, o YouTube não começou em uma posição de força. Ele tinha apenas três membros, um dos quais, em vez de assumir as responsabilidades de gestão, voltou para a escola antes de o site ser lançado. O financiamento inicial veio dos bônus que seus fundadores receberam quando o eBay comprou seu empregador anterior, o PayPal. Não havia nenhum plano de negócios, nenhuma patente e tampouco capital externo, mas isso deu a liberdade de mudar de foco quando a ideia original fracassou.

Mesmo uma organização cuja missão básica é perene pode abraçar a resiliência em detrimento da força mantendo seus custos baixos para poder se recuperar do fracasso. Em 1993, o banheiro de Joi em Tóquio foi transformado no escritório japonês da IIKK (mais tarde, PSINet Japão), o primeiro provedor comercial de serviços de internet no Japão. A maioria dos equipamentos era antigo, e muitos estavam danificados. Quando o servidor superaqueceu, foi preciso assoprá-lo até que um novo ventilador fosse entregue.

Uma empresa de telecomunicações já estabelecida, com padrões enraizados e despesas elevadas, nunca teria implementado esse tipo de configuração improvisada, mas a força de uma empresa tradicional tem um custo alto. O que a PSINet Japão construiu por milhares de dólares teria custado milhões à companhia telefônica —, mas quando seu equipamento falhou, a PSINet Japão se recuperou, e quando a demanda aumentou, cresceu rapidamente. Após um ano, saiu do banheiro de Joi para um escritório de verdade e continuou

DISRUPÇÃO E INOVAÇÃO   187

a ser rentável mesmo quando a empresa da qual era subsidiária, na Virgínia, expandiu além do limite e foi à falência.[4] Bill Schrader, que fundou a PSINet em 1989, disse mais tarde: "Nós nos movemos um pouco rápido demais. Não precisávamos entrar em três países ao mesmo tempo. Poderíamos ter entrado apenas em um. Teríamos ficado para trás, mas continuaríamos no negócio até agora".[5]

Em resumo, a PSINet havia trocado grande parte de sua resiliência primitiva por um crescimento rápido. Na condição de empresa de capital aberto, com bilhões de dólares em dívida, já não tinha a agilidade de que precisava para se recuperar do colapso da "bolha da internet" (alta especulativa das novas empresas de TI) em 2001.

Organizações resilientes o suficiente para se recuperar de seus fracassos também se beneficiam de um efeito do sistema imunológico. Assim como um sistema imunológico saudável responde à infecção desenvolvendo novas defesas contra os patógenos, uma organização resiliente aprende com seus erros e se adapta ao meio ambiente. Essa abordagem ajudou a moldar a internet como existe hoje; em vez de planejar para se precaver de um possível ataque ou falha, a internet desenvolveu um sistema imunológico, respondendo e aprendendo com os ataques e violações de segurança conforme eles ocorrem. Em seus primeiros dias, quando o preço do fracasso era baixo, essa atitude lhe dava a resiliência de que precisava para sobreviver sem aumentar os custos. No entanto, mesmo que o custo de ataques maliciosos e falhas acidentais suba, esse tipo de resposta imune flexível continuará a melhorar a resiliência da rede.[6]

Ao longo do tempo, o foco na resiliência sobre a força também pode ajudar as organizações a desenvolver sistemas mais vibrantes, robustos e dinâmicos, que são mais resistentes a falhas catastróficas. Por não desperdiçarem recursos antecipando eventualidades distantes ou gastarem quantidades excessivas de tempo ou energia em formalidades e procedimentos desnecessários, eles podem construir uma base de saúde organizacional que lhes auxiliará a enfrentar tempestades inesperadas. Isso é tão verdadeiro para empresas de hardware, organizações civis e organizações sem fins lucrativos, como tem sido para empresas de software e *startups* na internet. Em todos esses domínios, o custo da inovação — e, por conseguinte, o custo do fracasso — está diminuindo tão rapidamente que a ênfase da força sobre a resiliência pode não fazer mais sentido.

Claro, nada disso significa dizer que os inovadores e suas organizações nunca devem planejar para o futuro ou antecipar potenciais fontes de problemas. Trata-se simplesmente de reconhecer que em algum momento haverá falhas, e que os sistemas mais funcionais serão capazes de regenerar rapidamente. A chave é reconhecer quando resistir ao fracasso custa mais do que ceder a ele, e manter sua resiliência à medida que a organização cresce.

Poucos setores demonstram a importância da resiliência acima da força de maneira melhor do que o de cibersegurança. Durante o verão de 2010, um novo malware (um pequeno arquivo que contém um código malicioso para permitir que os pesquisadores o analisem e derrotem) despertou a atenção dos profissionais de segurança de todo o mundo. Para o pessoal desse meio, um novo código malicioso dificilmente é uma grande novidade; algumas estimativas da indústria de segurança indicam que são detectadas cerca de 225 mil estirpes de malware todos os dias. Porém, o Stuxnet, como esse espécime em particular foi chamado, era um animal diferente. Foi a primeira vez que se teve conhecimento de um malware cujo objetivo era o software personalizado utilizado para controlar máquinas industriais, como turbinas e prensas.

Após meses de análise incessante, ficou evidente que o código que visava esses sistemas de controle de supervisão e aquisição de dados (SCADA, sigla em inglês) tinha um propósito muito específico: interromper o processo de enriquecimento de urânio em instalações nucleares. Quando as centrífugas conectadas ao sistema atendessem a determinadas condições, o malware forçosamente alteraria a velocidade de rotação dos motores, em última instância, fazendo com que as centrífugas ficassem inutilizadas antes de sua vida útil normal. Mais importante ainda, as centrífugas não conseguiriam enriquecer adequadamente as amostras de urânio. O malware também modificaria inteligentemente as informações enviadas de volta para as telas do computador de modo que sua sabotagem da turbina permanecesse incógnita por muito tempo. As duas grandes descobertas do Stuxnet — a capacidade de se infiltrar em um sistema industrial altamente seguro e a capacidade de permanecer oculto por muitos anos — se tornaram um assunto fascinante entre os profissionais de cibersegurança.

Ele também, contudo, demonstra por que a resiliência é sempre preferível à força: não há Fort Knox em uma era digital. Tudo o que pode ser hackeado será, em algum ponto, hackeado. Apenas para transmitir o quanto os especialistas em segurança ficaram atordoados quando o Stuxnet veio a público, considere o seguinte: os sistemas SCADA em uso em uma usina nuclear são "air-gapped" (fisicamente isoladas). Isso significa que eles não têm absolutamente nenhuma conexão com o mundo exterior. Quando os técnicos precisam transferir dados para dentro ou para fora desses sistemas, eles o fazem por meio de USBs protegidos. O Stuxnet tinha conseguido penetrar em um drive de um funcionário de uma unidade da instalação ou era um trabalho interno. Tal façanha ganhou consideravelmente mais estatura uma vez que os analistas determinaram que o vírus teve como alvo cinco instalações nucleares no Irã — consideradas os locais mais seguros do mundo.

O segundo grande golpe do Stuxnet consistia em evitar a detecção até que já tivesse destruído cerca de mil centrífugas do Irã e atrasado o programa nuclear do país em vários anos. O que se está dizendo é que esses sistemas acabaram por não ter praticamente nenhuma segurança. Uma vez que o Stuxnet passou por uma primeira linha de defesa, supostamente impermeável, se tornou uma raposa solta em um galinheiro. O fazendeiro — os responsáveis pelo programa nuclear do Irã — passou anos se perguntando por que continuava perdendo tantas galinhas.

O equívoco de optar pela força às custas da flexibilidade e resiliência não teve início nos sistemas de computador. Depois da 1ª Guerra Mundial, os franceses ficaram compreensivelmente paranoicos com a perspectiva de alemães com armas aparecerem sem serem convidados. Então, entre 1930 e 1939, eles construíram uma série de fortificações maciças ao longo da fronteira com a Alemanha, de 451 quilômetros de extensão. A Linha Maginot foi anunciada como absolutamente impenetrável, a fortificação perfeita. E assim teria sido — para a guerra anterior. Como qualquer criança poderia dizer, na ocasião, os alemães simplesmente deram de ombros e *contornaram* a barreira. Incorporados naquelas paredes, em meio a todo o aço e concreto, estavam certos pressupostos. O primeiro era o de que a Alemanha não violaria a neutralidade belga ou holandesa no caso de uma guerra entre as duas superpotências da Europa Ocidental. O segundo era o de que os aviões — e os bombardeiros em particular — continuariam a

190   RESILIÊNCIA ACIMA DA FORÇA

desempenhar um papel apenas secundário na guerra moderna. O terceiro era o de que não havia necessidade de construir canhões capazes de girar para disparar em qualquer direção porque os alemães não poderiam flanquear as fortificações e ataques do lado francês da linha. A ironia é que a Linha Maginot nunca falhou fisicamente. Até hoje continua a ser uma cerca impenetrável. A falha estava na imaginação dos homens que a construíram, na incapacidade de imaginar como perder de uma forma que permita continuar na luta, que é uma definição de resiliência tão nítida quanto se pode encontrar.

A enganação desempenhou um papel igualmente importante no sucesso do Stuxnet. Os PLCs, controladores lógicos programáveis que controlavam as turbinas, careciam de um mecanismo para detectar não só o código malicioso projetado para alterar o comportamento dos motores, mas também as tentativas de evitar a detecção por meio da falsificação dos dados exibidos para o sistema. Uma vez contornadas as barreiras usadas para manter a segurança nas instalações nucleares, o Stuxnet não encontrava nenhuma outra medida defensiva.

Essa falha na imaginação, essa incapacidade de resistir ao fascínio da defesa impenetrável, dificilmente se limita ao Irã ou mesmo às usinas nucleares. O campo da segurança da informação está repleto de Linhas Maginot, apesar de suas repetidas falhas em manter os bandidos longe.

Hoje em dia, quando pensamos na cibersegurança, nos vem imediatamente à cabeça os computadores e suas vulnerabilidades, mas a cibersegurança evoluiu de sua necessidade básica de proteger a informação — uma necessidade que remonta aos primeiros dias da linguagem escrita. Durante séculos as pessoas confiaram em formas mais ou menos científicas de criptografia para trocar informações confidenciais.

Até a década de 1970 a criptografia tinha sido, em grande parte, um jogo para a inteligência militar e, ocasionalmente, um nerd educado. Na última categoria há homens como o abade alemão Johannes Trithemius, que em 1499 escreveu *Esteganografia*, uma obra em três volumes — um tratado criptográfico disfarçado de livro de feitiços mágicos e encantamentos. Circulou em forma de manuscrito até 1606, quando um editor em Frankfurt se atreveu a publicá-lo, junto com a chave de decodificação para os dois primeiros volumes. John Dee

DISRUPÇÃO E INOVAÇÃO 191

rastreou uma cópia em 1562 e aparentemente acreditou que era um manual para a comunicação instantânea de longa distância possibilitada pela astrologia e pelos anjos. (Imagine a diversão que qualquer um teria tido na internet!)

Outro alemão, Wolfgang Ernst Heidel, desvendou o código de Trithemius em 1676 —, mas desde que recodificou o resultado usando seu próprio código, ninguém mais o leu, até que o Dr. Jim Reeds, matemático no departamento de matemática e criptografia do AT&T Labs, e o Dr. Thomas Ernst, um professor alemão na faculdade de La Roche em Pittsburgh, de modo independente, resolveram o quebra-cabeça na década de 1990. Segundo o Dr. Reeds, o mais difícil em decodificar o manuscrito era transcrever as tabelas numéricas do velho monge em seu computador — "afinal", disse ele ao *New York Times*, "houve algum progresso nos últimos 500 anos".

Esse progresso — a crescente sofisticação das técnicas criptográficas, combinada ao aumento da velocidade, do poder de processamento e da ubiquidade dos computadores em rede — transformou a criptografia e, com ela, as comunicações de longa distância, as transações monetárias e inúmeros outros aspectos da vida moderna.

Como ocorrera desde o alvorecer da criptografia, a troca da chave era o mais grave dos inconvenientes. As soluções criptográficas existentes, desde o código de César até a Enigma e a chave de uso único, exigiam que tanto o remetente quanto o receptor tivessem uma cópia da chave. Entretanto, dado que a transmissão de uma chave não criptografada poderia permitir descriptografar todas as mensagens subsequentes criptografadas por ela, até mesmo as mensagens eletrônicas exigiam uma troca física de chaves. Isso era problemático, inclusive para os governos bem financiados e agências militares.

Tal problema consumiu a atenção de Whitfield Diffie no início dos anos 1970, mas ele não encontrou ninguém para compartilhar seu interesse até que um criptógrafo do Centro de Pesquisa Thomas J. Watson da IBM, em Nova York, recomendou-lhe conversar com Martin Hellman, um professor de Stanford. Após uma reunião inicial, Hellman encontrou um lugar para Diffie em seu laboratório de pesquisa, como estudante de pós-graduação; e com um terceiro colaborador, Ralph Merkle, concentraram seus esforços na solução do problema de distribuição de chaves.

Eles logo perceberam que a solução estava nas funções unidirecionais, que são funções matemáticas que não podem ser facilmente desfeitas. Pense nelas como misturar diferentes tonalidades de tinta ou quebrar ovos — na verdade, às vezes são chamadas de funções de Humpty Dumpty.[7]

Diffie, todavia, teve um avanço próprio — uma inspiração que levou à primeira cifra assimétrica. Como qualquer código anteriormente conhecido, as cifras assimétricas não exigem que o remetente e o receptor tenham a mesma chave. Em vez disso, o remetente (Alice) dá sua chave pública para Bob, e Bob a usa para criptografar uma mensagem para Alice. Ela, então, a decodifica usando sua chave privada. Já não importa se Eve (que está escutando sua conversa) também tem a chave pública de Alice, porque a única coisa que será capaz de fazer com ela é criptografar uma mensagem que somente Alice pode ler.

No ano seguinte, Ronald L. Rivest, Adi Shamir e Leonard M. Adleman, matemáticos do MIT, desenvolveram o RSA, um método para implementar a cifra assimétrica de Diffie que é usada ainda hoje.[8] Como a troca de chaves Diffie-Hellman-Merkle, a RSA depende de uma função modular de mão única. Nesse caso, a função requer que Alice escolha dois números primos muito grandes e os multiplique para obter N. Com outro número, e, N será a chave pública de Alice. É razoavelmente segura, porque decifrar N é extremamente complexo. Especificamente, os algoritmos mais conhecidos da atualidade são praticamente inviáveis para números muito grandes, portanto, quanto maior o número, menos provável que um computador conseguirá fatorá-lo em um prazo razoável.

A primeira mensagem pública criptografada com o RSA usou um valor relativamente pequeno de N — apenas 129 dígitos. Ainda levou 17 anos até que uma equipe de 600 voluntários doando seus ciclos de processador sobressalentes, usando o site de interconectividade SETI@Home, desvendasse o código. Naturalmente, pode chegar o dia em que os matemáticos descobrirão uma maneira mais fácil de fatorar grandes números, e chegará o dia quando o RSA não conseguirá produzir uma chave grande o bastante para torná-lo seguro contra as redes de computador mais poderosas do mundo.

Foi uma longa jornada desde o código de César, mas mesmo hoje em dia confiamos na noção duvidosa de que a chave, o segredo que nos permite decifrar uma mensagem, pode ser mantida segura e privada — que temos a força capaz de proteger nossos segredos. Em contraste, a história do sistema de segurança é relativamente nova. Não existia até 1988, quando Robert Tappan Morris (filho do lendário criptógrafo e diretor da Agência Nacional de Segurança, Robert Morris) usou um "transbordamento de dados" (ou "estouro de buffer") para espalhar o primeiro malware, e as pessoas passaram a entender que os computadores eram realmente vulneráveis a ataques. Havíamos, assim, construído um castelo na areia. Mais preocupante ainda é que, em vez de mudar nossa estratégia — em vez de aceitar as inevitáveis derrotas e aprender a conter e limitar o dano que causam —, nós apenas adicionamos mais areia ao castelo, e em nossa cega adesão a presunções ultrapassadas, caímos de novo na ilusão da parede tão forte que nada seria capaz de derrubá-la.

Em julho de 2014, Wall Street enviou um documento assustador para os legisladores em Washington. O maior grupo do setor de serviços financeiros solicitou ao governo que formasse um "conselho de guerra cibernética", devido ao perigo iminente de um ataque cibernético que poderia destruir grandes quantidades de dados e drenar incontáveis milhões de contas bancárias. "As consequências sistêmicas poderiam ser devastadoras para a economia na medida em que a perda de confiança na segurança das poupanças e ativos individuais e corporativos poderia desencadear uma corrida generalizada em instituições financeiras, a qual, provavelmente, se estenderia muito além dos bancos, empresas de valores mobiliários e gestores de ativos diretamente afetados."

O documento observou que, acentuando o perigo, estava a confiança dos bancos em uma rede elétrica que enfrenta seu próprio conjunto de vulnerabilidades de segurança. Naquele mesmo mês, a empresa de segurança CrowdStrike revelou que um grupo de hackers russos conhecidos como "Energetic Bear" estava atacando empresas de energia nos Estados Unidos e na Europa, ostensivamente em resposta à oposição do Ocidente à agressão russa na Ucrâ-

194   RESILIÊNCIA ACIMA DA FORÇA

nia. De acordo com um especialista em segurança que acompanhava o grupo há anos, eles tinham um nível de organização e recursos que sugeriam apoio governamental. Surgiram em 2012, visando empresas de geração de eletricidade, operadores de rede e operadores de oleodutos. Na época, o Energetic Bear parecia estar em uma missão de espionagem, mas o malware em uso atual lhes dava acesso à indústria de sistemas de controle utilizados pelas próprias empresas de energia. Um pesquisador da Symantec, uma empresa de segurança de internet listada na Fortune 500, disse à Bloomberg News: "Estamos muito preocupados com sabotagem".[9]

Em fins de 2012 os bancos dos EUA sofreram ondas de ataques DDoS (ataques de negação de serviços), nos quais um servidor-alvo é inundado de mensagens, sobrecarregando a infraestrutura de TI de uma empresa e, com isso, paralizando as operações normais. De acordo com os autores daquele documento, isso era apenas um aquecimento para ataques muito mais sofisticados, provavelmente no "curto-médio prazo". No momento, admitiram os denunciantes, o setor financeiro está mal preparado para se defender.

Grandes bancos e empresas de infraestrutura não são os únicos alvos. No perpétuo jogo de gato e rato cibernético, os agressores têm sido vencedores, mas ultimamente a vitória tem sido esmagadora. Cerca de 800 milhões de números de cartões de crédito foram roubados em 2013, o triplo do que ocorreu em 2012.[10] Essa quantidade astronômica — equivalente a mais de 10% da população mundial — ainda não faz justiça à amplitude e gravidade do problema. Veja o que diz o chefe de segurança da informação de uma empresa integrante da Fortune 500: "Nossa hipótese operacional é a de que dentro de dez minutos de inicialização de um novo servidor ele é 'possuído'", na terminologia do setor para infiltrar com êxito um dispositivo.

O tema unificador no exemplo de criptografia, o Stuxnet, e o estado atual da segurança cibernética não significam que sejamos ruins na criação de sistemas fortes, mas sim que nem sempre somos rápidos o suficiente para adotar novas estratégias defensivas à medida que os atacantes vão se adaptando.

Em 2012, Ron Rivest e seus colaboradores escreveram um artigo que abordava a segurança cibernética segundo a teoria dos jogos. O objetivo do trabalho era encontrar as melhores estratégias para ambos os jogadores de modo que cada um deles mantivesse o controle sobre o sistema com o menor custo. Os autores partiram do pressuposto de que, não importa o quão forte é o sistema, ele estará comprometido. Eles, então, passaram a mostrar que sempre que um atacante for adaptável, a melhor estratégia defensiva é jogar "exponencialmente" — fazer um movimento defensivo (como redefinir uma senha ou destruir e reconstruir um servidor) no mesmo tempo médio, mas em intervalos diferentes e difíceis de prever em cada instância.

Um fator-chave em um jogo defensivo, então, é a habilidade de se mover mais depressa do que os atacantes e se tornar imprevisível. Resiliência acima da força. Hoje, malwares, vírus de computador e outras formas de ataques cibernéticos podem responder com grande velocidade, contornando as defesas muito rapidamente. A única maneira que a defesa tem de se atualizar, então, é constatar que a internet moderna se assemelha à complexidade encontrada em uma série de outras redes compostas por atores heterogêneos. "Elementos maliciosos são onipresentes em sistemas complexos", diz Stephanie Forrest, especialista em segurança cibernética e membro do Instituto Santa Fé. "Isso é verdadeiro para sistemas biológicos, ecologias, mercados, sistemas políticos e, é claro, a internet."[11]

A internet, de fato, tornou-se tão invadida por atores nefastos — mafiosos cibernéticos ucranianos, fantasmas cibernéticos chineses, nerds norte-americanos inexperientes e entediados, seja lá quais forem — cujos maiores obstáculos não são mais os métodos de segurança de qualquer rede, mas eles mesmos entre si. E cada vez mais a primeira linha de ataque ou defesa é um sistema automatizado. Em agosto de 2016, o DARPA (Defense Advanced Research Projects Agency) promoveu o primeiro "All-Machine Hacking Tournament", o Cyber Grand Challenge.[12] Ao longo de uma competição de 12 horas, as máquinas testaram as defesas de cada um, corrigiram os sistemas que haviam sido programados para proteger contra vulnerabilidades e "validaram o conceito de ciberdefesa automatizada".

O problema se agrava quando se constata que um ataque cibernético tem as cartas embaralhadas em seu favor. Ao contrário de uma investigação policial, os hackers não precisam se preocupar com fronteiras nacionais ou sutilezas jurisdicionais. E para ter êxito um ataque só precisa quebrar as paredes do castelo em um único lugar. O rei, por outro lado, tem que proteger cada centímetro da muralha ao redor do reino. E nada disso conta com a velocidade e agilidade com que os hackers trabalham.

"A defasagem entre as comunicações eletrônicas na velocidade da luz e o tempo necessário para que as instituições humanas respondam às preocupações de segurança e privacidade de dados é grande e crescente", dizia um *post* do blog da *Harvard Business Review*, do qual Forrest era coautora. Para começar a corrigir esse atraso, os autores escreveram, teríamos que conceber a cibersegurança como um problema técnico e reconhecer suas dimensões políticas e sociais.[13]

As instituições se movem à velocidade de qualquer grande grupo de seres humanos tentando se locomover em uma nova e complexa paisagem. Como muita coisa está em jogo, cada um terá seu próprio plano brilhante e, se você arranhar a superfície, uma intenção oculta. Contudo, os vírus de computador não apenas se movem à velocidade da luz, mas também se *adaptam* ao ritmo da evolução — algo que para um vírus biológico é muito, muito rápido. Um dos vírus mais comuns, o *influenza* A ou B, o vírus da gripe comum, pode produzir de mil a dez mil cópias de si mesmo em até dez horas.[14] Mais cedo ou mais tarde surgirá um vírus com uma mutação que o tornará mais resistente a qualquer vacina no corpo do hospedeiro. Após meses, ou mesmo semanas, essa mutação — ou adaptação bem-sucedida, do ponto de vista do vírus —, pode se espalhar como, bem, um vírus.

Da mesma forma, malwares, vírus de computador e outras formas de ataques cibernéticos podem responder com intensa velocidade, contornando as defesas tão rapidamente quanto são produzidos.

O campo emergente de sistemas complexos começou a iluminar as dinâmicas ocultas e os padrões subjacentes ao caos aparente do, digamos, ecossistema de um pântano da Flórida ou dos obscuros mercados dos derivativos de hipotecas. Cada vez mais, acredita Forrest, isso nos ajudará também a imitar esses sistemas. Para pegar um rato, pense como um rato. E para pegar um vírus, dizem em coro um número crescente de especialistas em segurança, pode ajudar pensar como um anticorpo ou um sistema imunológico.

"Os sistemas biológicos evoluíram para lidar com uma multidão de ameaças, como a proliferação de patógenos, a autoimunidade, a crescente corrida armamentista, o engano e o mimetismo", diz Forrest. "Uma estratégia de projeto que ajuda os sistemas biológicos a alcançar robustez a essas ameaças é a *diversidade* — diversidade genética em espécies, diversidade de espécies em um ecossistema e diversidade molecular em um sistema imunológico".[15]

Em contraste, a indústria de computadores se especializa na homogeneidade: pondo para fora quantidades quase infinitas de peças de hardware e software idênticas. O resultado é que um agente capaz de causar estragos em um hospedeiro — leia-se: computador ou, cada vez mais, qualquer quantidade de objetos que se juntam à Internet das Coisas — pode facilmente infectar qualquer número daquelas cópias.

Produto de centenas de milhões de anos de evolução, nosso sistema imunológico é caracterizado por uma complexidade bizantina, mas em sua essência joga um jogo complicado de Nós contra Eles. Qualquer coisa estranha ao corpo do anfitrião é Eles; tudo aquilo que não está no nosso time. Forrest e seus colegas se valem da expressão "modelagem baseada em agentes" para designar uma espécie de jogo de guerra que se desenrola em computadores poderosos colocando inúmeros agentes individuais uns contra os outros para imitar um sistema complexo. Ao contrário de outros sistemas de modelagem computacional usados por cientistas climatológicos, por exemplo, a modelagem baseada em agentes permite que os atores individuais atuem de forma egoísta e, mais importante, aprendam e se adaptem a seus erros, assim como os participantes individuais em um ecossistema ou a recorrente guerra intracelular dentro do corpo humano.[16]

"Isso nos permite ver como se chega a um ponto de inflexão em uma epidemia", diz Forrest. "E imputando comportamento 'egoísta' a cada agente, temos uma visão do que acontece em um sistema complexo de cinco, dez ou quinze movimentos no jogo de xadrez." Em outras palavras, algumas políticas de defesa cibernética fazem muito sentido no curto prazo, mas se revelam desastrosas no longo prazo. Uma das estratégias imunológicas mais inteligentes a ser imitada é a capacidade de operar a pleno vapor *mesmo durante o calor da batalha*. Essa resiliência envolve um nível de humildade e aceitação incomum para a mentalidade militar usual dos equipamentos de segurança cibernética. Entretanto, como a pesquisa de Forrest indica, pode ser a única maneira segura de avançar, longe de seguir o exemplo do executivo da In-Q-Tel, Dan Geer, e simplesmente ficar o mais distante possível da rede.[17]

PS: Fazendo as Pazes com o Caos ou Esperando o Inesperado

Eu tenho uma relação pessoal com esse princípio porque fui criado para valorizar a força, mas as circunstâncias de minha vida adulta exigiram um grau único de resiliência. Em janeiro de 2008, meu filho foi diagnosticado com "atraso global de desenvolvimento". Finn tinha quatro meses na época, mas seus músculos do pescoço não conseguiam suportar o peso de sua cabeça, e ele não conseguia ganhar peso. O que realmente preocupava os médicos, porém, era seu comportamento sem vida e sem expressão. Em algum momento, Finn não só riria, mas desenvolveria um vocabulário de cacarejos e risinhos e gritos que se tornaram uma de suas qualidades mais vencedoras, como compensação para a comunicação verbal. Enquanto escrevo, Finn está completando seu 9º aniversário. Ele enfrenta uma série de desafios físicos e intelectuais que incluem, mas não se limitam, ao autismo. Nada disso está destinado a ganhar empatia. Minha esposa e eu somos extremamente sortudos por possuir os recursos, financeiros e outros, para poder oferecer a Finn e sua irmã neurotípica uma boa vida.

Essa história pretende ilustrar que muitos desses princípios têm profundas implicações pessoais. Finn se destaca em muitas coisas — ele fica de cabeça para baixo com um ótimo equilíbrio e é um estrategista astuto em luta na água —, mas seu maior talento pode estar em interromper nosso próprio e humilde *status quo*. Eu nunca sei quando vamos precisar sair de casa — pode ser para ir ao pronto-socorro ou para saciar uma necessidade urgente de percorrer os corredores da nossa mercearia local para cima e para baixo — ou voltar a eles. Todos os dias, nosso filho — um sistema complexo e caótico, se alguma vez houve um — nos oferece a oportunidade de aprender uma lição valiosa com aplicabilidade muito além da esfera do lar: meus instintos são de não ceder ante as dificuldades — meu pai não era o Homem do Marlboro, mas ele passava seus verões atirando nos coiotes em uma fazenda de trigo, e poderia representar um exemplo austero de disciplina. Eu quero levantar uma frente corajosa, exercitar minha vontade, testar minha resistência e procurar vencer.

DISRUPÇÃO E INOVAÇÃO   199

Isso, porém, nunca funciona. Ganhei sabedoria nos últimos anos e aceitei que todas as minhas expectativas sobre a paternidade ou, diabos, o livre arbítrio criaram uma falsa dicotomia: ao tentar ganhar, sempre vou perder. Terei sucesso apenas quando eu aceitar que não haverá vitórias ou derrotas, mas apenas eventos que se desenrolam e a maneira que escolhi reagir a eles.

O que tudo isso teria a ver com o mundo dos negócios e a rápida mudança tecnológica? Muito, a meu ver. Eu cobri a música e a indústria de jornais para a revista *Wired* durante os muito disruptivos anos 2000. Resiliência não significa, necessariamente, antecipar o fracasso; significa antecipar que você não pode antecipar o que virá e, em vez disso, trabalhar em uma espécie de consciência situacional. Com Finn, isso significa entender que um gesto de pânico esfregando o punho contra a bochecha significa "Casa, agora!" e não "Vamos para casa depois que você acabar de pagar por seus novos fones de ouvido, pai!". Para a indústria da música significava reconhecer que a internet era uma oportunidade para explorar, não uma ameaça a ser neutralizada. Os meios de comunicação impressos cobriram de perto a carnificina que era a indústria da música em rápido declínio, então começaram, incrivelmente, a cometer erros semelhantes. Eles não conseguiram investir significativamente em produtos de notícias inovadores durante os longos anos de prosperidade e abundância, o que levou muitas grandes empresas a murchar e encolher quando os lucros diminuíram.

As indústrias musical e jornalística são consideradas um sinal alarmante de perturbações muito mais amplas; o que acontece quando uma mudança tecnológica radical ameaçar ser disruptiva o bastante para afetar dramaticamente a lei, a medicina e a energia — como já dá amostras de fazer? Se este livro for escrito para alguém, é para o indivíduo determinado a tomar uma difícil decisão e traçar uma nova estratégia baseada menos em ganhar e no poder do que em prosperar em um mundo imprevisível. Como Finn me ajudou a entender, a aceitação é a sua própria marca de coragem.

— Jeff Howe

Sistemas acima de Objetos

9

O Media Lab reúne alguns dos mais talentosos artistas, pensadores e engenheiros do mundo, mas isso também é verdade para o MIT em geral, ou, de fato, para a instituição acadêmica do outro lado da Avenida Massachusetts — Harvard. O que torna o Lab único é que, embora habilidade e talento sejam atributos respeitáveis, as características mais prezadas ali são o pensamento original, a experimentação ousada e a extrema ambição, qualidades que podem rapidamente levar a problemas na maioria dos departamentos acadêmicos. O Lab se orgulha de ser uma "ilha de brinquedos desajustados" (uma cintilante referência ao desenho animado de Natal *Rudolph, A Rena do Nariz Vermelho*). Na realidade, é algo mais próximo da Legião de Super-Heróis.

E até mesmo aqui, Ed Boyden, um neurocientista cujo trabalho abrange várias disciplinas, se destaca. Há uma história que as pessoas gostam de contar sobre o tempo em que Boyden foi ao Fórum Econômico Mundial, uma conferência anual para os CEOs, políticos e definidores de tendências mais poderosos do mundo. A ação real — fusões, tratados, acordos comerciais bilionários — ocorre fora dos eventos oficiais, nos jantares e festas particulares nos quais se pode encontrar Bono trocando dicas de jardinagem com o primeiro-ministro canadense, Justin Trudeau. Foi assim que Boyden se encontrou no lendário "Nerds Dinner" (Jantar dos Nerds) reservado para a noite final da conferência. No início da refeição, os convidados, que naquela noite incluíam Fareed Zakaria, da CNN, e Francis Collins, do National Institutes of Health, comentaram brevemente suas realizações e objetivos. Por fim, chegou a vez de Boyden. Franzino, barba por fazer, ligeiramente despenteado, levantou-se e correu os olhos pelas celebridades presentes antes de falar. "Meu nome é Ed Boyden" — disse ele. "Estou resolvendo o cérebro." E voltou a se sentar.[1]

A história seria menos impressionante se Boyden fosse dado a hipérboles ou autopromoção, mas ele não é nada disso. Boyden é um cientista clássico, com toda a cautela e ceticismo que ajudam a definir essa vocação. Ele diz que está explicando o cérebro porque o balanço das evidências aponta nessa direção. O cérebro, nosso órgão mais enigmático, tem se mostrado altamente resistente aos nossos melhores esforços para compreendê-lo. Mas demos passos largos nessa direção na década passada, em boa parte graças às importantes descobertas nas quais Boyden, 36 anos, desempenhou um papel proeminente.

Até muito recentemente, a ciência se aproximou do estudo do cérebro da mesma forma que abordou o estudo do rim. Em outras palavras, os pesquisadores trataram o órgão como um objeto de estudo, e dedicaram carreiras inteiras à especialização em sua anatomia, composição celular e função no corpo. Mas Boyden não é oriundo dessa tradição acadêmica. O grupo de neurobiologia sintética, como seu laboratório dentro do Media Lab é conhecido, tende a considerar o cérebro mais como verbo do que substantivo, órgão menos distinto do que *locus* de sistemas sobrepostos que só podem ser entendidos no contexto dos estímulos em constante mudança que determinam sua função.

Causa pouca surpresa, então, que o grupo de Boyden seja um grupo pragmático, que tende a premiar a prática acima da teoria. "A premissa que coloquei para as pessoas que ingressam em meu grupo é: suponha que o cérebro deva ser explicado em 50 anos e que precisemos inventar muitas ferramentas novas para chegar lá. Quais são essas ferramentas, e em qual delas devemos trabalhar agora?", diz ele.[2] Em seu laboratório, ferramentas elétricas e placas de solda compartilham espaço com pipetas e béqueres. E como sistemas não respeitam fronteiras disciplinares puras, Boyden conscientemente recruta pessoal com experiências diversas — e altamente valiosas; sua equipe de mais de 40 ótimos pesquisadores, afiliados, pós-doutorados e estudantes de pós-graduação inclui um ex-violinista solo, um capitalista de risco, um estudioso de literatura comparada e vários indivíduos que deixaram a faculdade pela metade.

Explicar o cérebro não é um "problema difícil". Um problema difícil envolveria a tentativa de simplesmente expressar a quantidade e qualidade de

DISRUPÇÃO E INOVAÇÃO 205

desafios inter-relacionados que frustraram nossas tentativas de entender o órgão que usamos para a compreensão. Por um lado, a escala é esmagadora; há 100 bilhões de neurônios no cérebro humano médio. Se os neurônios fossem pessoas, um milímetro quadrado — pense em uma semente de papoula — de tecido cerebral poderia conter a cidade de Burbank, na Califórnia. E isso sem contar o trilhão de células da glia — as células que envolvem e cuidam dos neurônios, algo como o modo como uma equipe de mecânicos em um pit stop cuida de um motorista de Fórmula 1.[3]

Mas o que espanta — e confunde — o neurocientista não é o número de células no cérebro, mas o que as permeia. O amor não pode ser atribuído a um conjunto de neurônios; não existe um distrito cerebral bem definido responsável por várias formas de raiva. A consciência é o exemplo definitivo da emergência; ela emana, o melhor que podemos dizer, dos incontáveis sinais químicos, deslocando-se pelo nosso cérebro a cada segundo que inspiramos. Um único neurônio pode ter milhares de conexões, também conhecidas por sinapses, com outros neurônios. Essas centenas de trilhões de conexões equivalem ao número de estrelas em mil galáxias como a Via Láctea e mostram por que o cérebro rivaliza com o cosmos na condição de uma fronteira vasta e desconhecida da compreensão humana.

O poder de computação produzido por essas conexões deveria ser suficiente para restaurar a autoestima de qualquer um. Seu cérebro pode conter 2,5 petabytes de dados,[4] o que significa que seriam necessárias apenas dez pessoas — e sua matéria cinzenta — para exceder o espaço de armazenamento de todos os discos rígidos fabricados em 1995.[5] E embora seja verdade que a humanidade conseguiu construir um supercomputador capaz da velocidade de processamento do cérebro de 2,2 bilhões de megaflop, existem apenas quatro deles, que ocupam armazéns inteiros, e cada um usa energia suficiente para alimentar dez mil casas. O cérebro, consideravelmente mais compacto, usa a mesma quantidade de energia que uma lâmpada fraca.[6] Então, não, explicar o cérebro não é um problema difícil; é um dilema histórico sem precedentes nem comparação.

206 Sistemas acima de Objetos

E não é apenas a compreensão do cérebro que desafia as abordagens tradicionais. Assim são muitos dos problemas espinhosos discutidos nas páginas anteriores. Efetuar previsões meteorológicas para um clima radicalmente alterado? Construir mercados financeiros globais, robustos, mas resilientes o suficiente para se recuperar do fracasso inevitável? Ambos, diz Boyden, recaem em uma classe de problemas exclusivos do século XXI. "As pessoas falam bastante sobre objetivos muito elevados", diz ele. "Mas o objetivo original de ir à lua foi atingido usando princípios bem estabelecidos de uma disciplina científica — a física. A ciência fundamental, os blocos de construção, já eram conhecidos."

Esses novos problemas, quer se trate de curar o Alzheimer ou de prever sistemas climáticos voláteis, parecem ser fundamentalmente diferentes, na medida em que parecem exigir a descoberta de todos os elementos constitutivos de um sistema complexo. "Teremos que entrar em reinos que o cérebro humano tem dificuldade em compreender", diz Boyden. "Mas isso não significa que devemos parar de tentar confrontar a realidade em seus próprios termos." Esses reinos, em resumo, são aqueles que, por sua natureza, envolvem sistemas complexos.

Resolver um problema envolvendo sistemas complexos destaca a distinção sutil, mas incrivelmente importante, entre uma abordagem *interdisciplinar* e uma abordagem *antidisciplinar*. A primeira poderia significar reunir físicos e biólogos celulares em uma área interdisciplinar comumente conhecido como fisiologia celular. Mas Boyden levanta uma pergunta muito mais profunda: e se resolver esses problemas "intratáveis" exigir que as ciências sejam completamente reconstruídas — a criação de disciplinas inteiramente novas ou mesmo o pioneirismo de uma abordagem que evita totalmente as disciplinas? Ele veio a preferir o termo "onidisciplinar".

Aos 15 anos de idade, Boyden saiu do ensino médio para o MIT — as aulas começaram duas semanas após seu aniversário de 16 anos. Quatro anos mais tarde, ele tinha dois bacharelados e um mestrado. Suas preocupações intelectuais variaram de lasers a computação quântica, mas ele combinou dois atributos antes vistos como mutuamente exclusivos: ele era motivado, mas também — como E.B. White descreveu uma vez aqueles com mentes insaciáveis e abertas — "disposto a ter sorte".[7] Ou, de outra forma, Boyden não traçou limites estritos em torno de um objeto de estudo — ele não tinha *objetos* de estudo. Em vez disso, estava fascinado pela própria vida, em toda sua vibrante complexidade — o processo pelo qual diferentes compostos criam uma reação química, digamos, ou como as células se reproduzem ou se tornam cancerosas.

Em seu último ano no MIT, Boyden passou algumas semanas no Bell Labs, em Nova Jersey. Lá descobriu uma equipe de cientistas de diferentes origens perseguindo um objetivo comum: hackear o cérebro. Especificamente, eles estavam tentando entender como os circuitos neurais de um pássaro geravam seu canto. Hackear o cérebro, Boyden descobriu, era algo particularmente adequado para um jovem cientista interessado tanto em soldar placas de circuito quanto em compreender os complexos algoritmos que acabaria por empregar, e antes do ano terminar ele estava em Stanford atrás de um PhD em neurociência.

Stanford foi o anfitrião de sua própria equipe de hackers, e Boyden logo conheceu um estudante de medicina chamado Karl Deisseroth. Os dois passaram longas horas debatendo maneiras capazes de desencadear neurônios específicos que, ao contrário do estado atual da ciência do cérebro, estavam de fato incorporados em cérebros vivos. Eles consideraram uma abordagem que usaria contas magnéticas para abrir canais iônicos dentro de neurônios individuais. Logo, porém, Boyden descobriu pesquisas que o levariam para o mesmo objetivo por um caminho muito diferente — usar proteínas sensíveis à luz chamadas opsinas para "bombear íons para dentro ou para fora de neurônios em resposta à luz".[8]

Projetos secundários são o que são, e alguns anos se passaram antes que Deisseroth e Boyden revisitassem sua ideia original de ativar neurônios individuais. Em 2004, Deisseroth era um pós-doutorado, e ele e Boyden decidiram obter uma amostra de uma opsina e começar a pesquisa. Em agosto, Boyden entrou no laboratório, colocou uma plaqueta de neurônios cultivados sob o microscópio e disparou o programa que havia escrito para incidir luz azul nos neurônios. "Para minha surpresa, o primeiro neurônio em que apliquei disparou potenciais de ação precisos em resposta à luz azul. Naquela noite coletei dados que demonstraram todos os princípios fundamentais que publicaríamos

208 Sistemas acima de Objetos

um ano mais tarde na *Nature Neuroscience* anunciando que ChR2 poderia ser usado para despolarizar neurônios."[9]

Isso foi um avanço significativo — e em 2015 seria reconhecido como tal quando Deisseroth e Boyden receberam US$3 milhões cada um, como parte dos prêmios Breakthrough Prize, organizado por Mark Zuckerberg e outros filantropos da indústria tecnológica.[10] Anteriormente, os neurocientistas eram simplesmente espectadores dos eventos cerebrais, observando vastas faixas de neurônios reagirem a esse ou aquele estímulo e tentando inferir a causalidade. Mas com a "optogenética", como Deisseroth e outro colega chamaram a nova técnica, os pesquisadores poderiam estimular circuitos neurais individuais e verificar como eles se comportavam.

Boyden logo compartilhou o crédito da optogenética — com seus colaboradores, mas também com outros cientistas que trilhavam a pista certa em 2005, quando ele e Deisseroth primeiro publicaram seu método. Mas parece longe de ser acidental que os dois indivíduos que "pensaram no que ninguém pensou antes",[11] nas palavras de um proeminente neurocientista, eram ambos forasteiros que tendiam a ver o cérebro como uma entidade dentro de um sistema maior. Como observou Boyden, a criação de um "interruptor de luz para o cérebro" exigia o emprego de biologia molecular, engenharia genética, cirurgia, fibra ótica e lasers.[12] Apenas um desses seria inserido no currículo padrão de neurologia.

A optogenética revolucionou o estudo do cérebro, e desde a descoberta original, Boyden e outros pesquisadores têm refinado a técnica para que os neurônios possam ser geneticamente modificados para reconhecer diferentes cores de luz. As aplicações clínicas estão anos no futuro, embora o primeiro teste em um paciente humano tenha sido aprovado em 2016.[13] Alguns anos atrás, Boyden e uma equipe de outros pesquisadores usaram-na para curar a cegueira em camundongos. Apesar da impossibilidade de dizer exatamente o que os ratos cegos com as células sensíveis à luz "enxergaram", os pesquisadores verificaram que eles eram capazes de circular em um labirinto de seis braços no qual a saída era marcada por uma luz brilhante, ajustada para aquela que os ratos que enxergavam, e muito mais facilmente do que seus primos cegos não tratados. O efeito perdurou pelos dez meses completos do estudo.[14]

A promessa da optogenética não se limita à neurologia, nem ao tratamento de certas formas de cegueira.[15] Na década em que Boyden, Deisseroth e Feng Zhang desenvolveram a técnica, ela foi usada para estudar a função cerebral, controlar os neurônios envolvidos na narcolepsia,[16] Parkinson e outros distúrbios neurológicos;[17] e foi investigada para aplicações como a estimulação cardíaca[18] — imagine um marcapasso que é verdadeiramente parte do coração cujos batimentos ele regula, ou uma cura para a epilepsia. À medida que são descobertas novas opsinas — em micróbios e algas —, as possibilidades se multiplicam, pois elas reagem a diferentes tipos de luz e funcionam diferentemente em células de mamíferos, permitindo o controle multicanal de grupos mistos de células ou o uso de luz vermelha, em vez de azul, por exemplo. Além disso, a pesquisa optogenética está ajudando a estimular o desenvolvimento de ferramentas complementares, como a gravação neural e as tecnologias de imagem.[19]

"Há mais de um bilhão de pessoas neste planeta que sofrem de algum tipo de distúrbio cerebral", diz Boyden. "Muitas dessas doenças — do Parkinson, à epilepsia e ao TEPT — poderão finalmente ser tratadas a partir de *insights* provenientes da optogenética."

Pouco depois de ter ingressado no Media Lab, Joi organizou uma viagem a Detroit. Ele havia lançado recentemente um programa chamado Innovator's Guild, que tinha a intenção de trazer novas ideias para o ambiente muitas vezes rarefeito de uma prestigiada instituição acadêmica, bem como para ajudar o Lab a se conectar com o resto do mundo. Lançado em conjunto com a Fundação Knight e com a consultoria de design IDEO, o trio teve como objetivo trazer a engenhosidade do Media Lab para lidar com alguns dos problemas mais urgentes de Detroit, como o acesso a produtos frescos.

Entretanto, como a equipe descobriu quando chegou, a comunidade tinha sua própria noção do que era um problema difícil. Porque a fiação em muitos postes tinha sido roubada e vendida por vândalos, muitas das ruas de Detroit ficavam perigosamente escuras após o pôr do sol. Alguns dos designers do Lab começaram a trabalhar em uma potencial solução usando sistemas fotovoltaicos com componentes plásticos. Porém, depois de conversar com mais pessoas na comunidade, deram-se conta, novamente, de que sua teoria inicial estava errada. O verdadeiro problema não estava na falta de iluminação. Estava no fato de que, sem ruas iluminadas, as pessoas não tinham certeza de onde estavam os outros membros de sua comunidade e era isso que as fazia se sentirem inseguras. Trabalhando com elas e ouvindo as pessoas de uma forma que eles não conseguiriam fazer se não estivessem dispostos a descartar sua teoria original, os estudantes de engenharia e design ajudaram seus colegas de Detroit a desenvolver uma solução que aproveitou os recursos da comunidade e os capacitou a criar sua própria iluminação das ruas.

Quando os estudantes e designers se sentaram com os membros da comunidade, verificaram que os únicos varejistas ali eram lojas de bebidas, que não pareciam um negócio promissor até perceberem que nelas eram vendidas lanternas, que podem ser desmontadas. Eles passaram vários dias ensinando as crianças a soldar, e elas construíram "wearables" (dispositivos tecnológicos utilizados como peças de vestuário) que não só forneciam luz, mas também lhes permitiam encontrar uns aos outros no escuro. Eles não teorizaram sobre isso; apenas ajudaram as crianças na construção. E a maioria das ideias veio das próprias crianças, algo tremendamente emocionante. Veio também uma lição para a equipe do Media Lab: intervir com responsabilidade significa entender o papel que qualquer inovação poderia desempenhar em um sistema muito maior. Qualquer coisa que o Lab projetasse por conta própria teria sido, em contraste, um objeto. A luz fotovoltaica poderia ter sido integrada às necessidades particulares e às circunstâncias e complexidade das comunidades sobrepostas de Detroit? Possivelmente, mas teria sido mais por acidente do que por intenção.

A abordagem de sistemas acima de objetos reconhece que a inovação responsável requer mais do que velocidade e eficiência. Também requer um foco constante no impacto global das novas tecnologias e uma compreensão das conexões entre as pessoas, suas comunidades e seus ambientes.

As gerações anteriores da inovação foram, em grande parte, impulsionadas por questões de lucro individual ou empresarial — perguntas como "O que essa coisa faz por mim? Como posso usá-la para ganhar dinheiro?". Contudo, a era em que os inovadores podiam desenvolver novos produtos e intervenções tecnológicas sem considerar os aspectos ecológicos, sociais e de rede envolvidos ficou pra trás. No futuro, o impulso para a inovação deve ser temperado com uma consideração profunda de seus potenciais efeitos sistêmicos. Ao adotar plenamente esse princípio, podemos ajudar a garantir que as inovações futuras tenham um impacto positivo ou, no pior dos casos, neutro sobre os diversos sistemas naturais nos quais existimos.

Para alcançar esse objetivo devemos desenvolver uma compreensão mais completa das comunidades em que trabalhamos. No Media Lab isso significou mudar a ênfase de criar objetos para construir relacionamentos — para tornar o Media Lab um nó em uma rede. No passado, o Lab foi como um recipiente para pessoas, produtos e ideias inovadoras. Isso não quer dizer que o Media Lab não tenha sempre trabalhado no aprimoramento de interfaces, empoderamento de indivíduos e ampliação do potencial dos dispositivos digitais para capacitar as redes sociais e as comunicações. Alguns de seus projetos envolveram a construção da própria rede — como o DonkeyNet (sim, literalmente usando asnos para fornecer wi-fi "ambulante" para comunidades remotas), seguido pela DakNet, uma colaboração que serviu como um "carteiro eletrônico para a Índia". Outros esforços do passado se concentraram em diagnósticos móveis ou ferramentas para trabalhadores de saúde rurais ou em hardware, incluindo o projeto One Laptop per Child (Um Laptop por Criança) (OLPC), que projetou um laptop de baixo custo e, mais tarde, um tablet para fornecer computadores para crianças em todo o mundo. [20]

212 Sistemas acima de Objetos

Nos últimos anos, o Media Lab tentou se aproximar de um modelo que considera o Lab mais como uma plataforma que usa extensas redes — uma instituição que está conectada à comunidade global e dá boas-vindas a entradas cada vez mais diversificadas. O Lab está expandindo seu trabalho com fundações de caridade, filantropos individuais e comunidades locais ao redor do globo através de esforços como o programa Director's Fellows, que criou uma rede de bolsistas em países e atividades, da Líbia a Detroit, de grandes mestres do xadrez a monges budistas. Enquanto projetos anteriores como DakNet e OLPC forneceram pistas para a tão necessária conectividade, o Director's Fellows faz parte de uma rede em expansão de conhecimentos e iniciativas humanas.

Adotar uma abordagem de sistemas acima de objetos nos ajuda a codificar o princípio de que toda intervenção científica ou tecnológica deve considerar seus efeitos em toda a rede global.

Contraste isso com o design industrial tradicional, que foi configurado com base em questões de preço e engenharia. Uma história popular que ilustra essa abordagem é que Henry Ford impunha a utilização de tinta preta na carroceria do Modelo T porque secava mais rapidamente. Embora pesquisas recentes realizadas pelo professor Trent E. Boggess, no Plymouth State College, tenham questionado a verdade disso, sua explicação alternativa também sugere que Ford adotou uma visão baseada em objeto do Modelo T. Boggess diz: "O Modelo T era um carro mais prático. Sem dúvida, Henry Ford estava convencido de que o preto era simplesmente a cor mais prática para o trabalho. Os Modelos T não foram pintados de preto porque a tinta secava mais rapidamente. O preto foi escolhido porque era barato e muito durável."[21]

Ainda que trabalhos de pintura baratos e duráveis possam ter sido uma qualidade admirável em carros destinados à "grande multidão" e "de preço tão baixo que qualquer homem ganhando um bom salário será capaz de adquirir — e desfrutar com sua família a bênção de horas de prazer nos grandes espaços abertos de Deus"[22] —, eles não eram, como se viu, a única coisa que os compradores de carros queriam. Em 1927, o Modelo T barato e durável deu lugar ao Modelo A, que incorporou muitos dos elegantes elementos estéticos e tecnologias avançadas que a Ford havia rejeitado anteriormente.[23]

Enquanto essas mudanças foram feitas em resposta à demanda do público consumidor, somente na década de 1980 a pesquisa em ciências sociais foi aplicada ao design de forma sistemática. O resultado foi um design centrado no ser humano, que tenta responder às necessidades do usuário.[24] Como Steve Jobs disse certa vez, "Você tem que começar com a experiência do cliente e trabalhar para trás com a tecnologia".[25] No final dos anos 1990, isso evoluiu para um design participativo, no qual os usuários são solicitados a contribuir com suas ideias. O codesign leva esse passo adiante, convidando os usuários a se tornarem designers.[26]

Por sua própria natureza, o codesign capacita os usuários a desenvolverem soluções que são incorporadas e respondem aos sistemas em que vivem. Muitas dessas soluções serão altamente idiossincráticas — perfeitamente adequadas às pessoas que as criaram, mas não destinadas a um público massivo. Na era industrial de Henry Ford isso poderia ter sido fatal, mas a moderna tecnologia digital e de fabricação proporcionou acessibilidade cada vez maior para pequenos números de usuários personalizarem produtos e softwares.

Uma das vantagens dessa abordagem é que ela cria sistemas altamente resilientes, que podem responder rapidamente quando seus usuários precisam de mudança. Em vez de renovar completamente os equipamentos e as ferramentas, como Ford precisou fazer quando substituiu o Modelo T pelo Modelo A, uma comunidade envolvida pode redesenhar suas soluções em tempo real, ou algo próximo a isso.

Naturalmente, o codesign não é a única maneira de criar soluções orientadas a sistemas, nem o Media Lab é a única organização trabalhando para incorporar esse princípio em suas atividades. Ao descrever seu carro autônomo, a Google enfatizou que o carro em si é apenas um objeto — a inteligência artificial que o impulsiona é o sistema e deve se encaixar perfeitamente nos outros sistemas com que tem contato. Como tal, seus sensores e softwares estão sendo concebidos para operar com a infraestrutura rodoviária existente e para resolver problemas comuns, como condução por alguém embriagado e transporte para pessoas com desafios de mobilidade. Uma abordagem para veículos sem motorista baseada em objetos pode ter resultado em nada mais que brinquedos caros ou veículos de carga concebidos para maximizar os lucros das empresas. Ao utilizar uma abordagem baseada em sistemas, no entanto, a Google se posiciona para fazer uma diferença real na vida das pessoas.

PS: Trabalhando no Espaço em Branco

Em março de 2016, o Media Lab, junto à MIT Press, lançou o *Journal of Design and Science* (JoDS), em uma tentativa de aproximar design e ciência.

Essa conexão inclui tanto o exame da ciência do design e do design da ciência, como também a relação dinâmica entre ambos. A ideia é fomentar uma abordagem rigorosa, mas flexível, na maneira antidisciplinar de ser do Media Lab.

Quando penso no "espaço" que criamos, gosto de imaginar um enorme pedaço de papel que representa "toda a ciência". As disciplinas são representadas por uma linha de pequenos pontos pretos amplamente distantes entre si. A maciça quantidade de espaços em branco entre os pontos representa o espaço antidisciplinar. Muitas pessoas gostariam de atuar nesse espaço em branco, mas há pouquíssimo financiamento para isso, e é ainda mais difícil obter uma posição permanente sem algum tipo de âncora disciplinar em um dos pontos pretos.

Além disso, parece cada vez mais difícil lidar com muitos dos problemas interessantes — assim como os problemas ruins ou intratáveis — por meio de uma abordagem disciplinar tradicional. Desvendar as complexidades do corpo humano é o exemplo perfeito. Nossa melhor chance para avanços rápidos deve vir de uma "ciência única" colaborativa. Mas, em vez disso, parecemos incapazes de ir além de "várias ciências" — um mosaico complexo de tantas disciplinas diferentes que, muitas vezes, não reconhecemos quando estamos olhando para o mesmo problema, porque nossa linguagem é especializada demais e nossos microscópios são configurados de forma muito distinta.

Com os fundos financeiros e o prestígio acadêmico tão centrados nas disciplinas, é preciso um esforço cada vez maior e muito mais recursos para fazer uma contribuição ímpar. Se por um lado o espaço entre e além das disciplinas pode ser academicamente arriscado, de outro tem, muitas vezes, menos concorrência; requer menos recursos para tentar abordagens promissoras e não ortodoxas; e fornece o potencial de ter tremendo impacto ao desbloquear conexões entre disciplinas existentes que não estão bem conectadas. A internet e a diminuição dos custos de computação, prototipagem e fabricação também reduziram muitos dos custos para fazer pesquisas.

O design se tornou o que muitos de nós chamam de uma "palavra mala". Ela significa tantas coisas diferentes que quase não significa nada. Por outro lado, o design engloba muitas ideias e práticas importantes, e pensar sobre o futuro da ciência no contexto do design — assim como o design no contexto da ciência — é um empreendimento interessante e frutífero.

O design também evoluiu do design de objetos, tanto físicos como imateriais, passando pelo design de sistemas e chegando ao design de sistemas adaptativos complexos. Essa evolução está mudando o papel dos designers; eles não são mais os planejadores centrais, mas sim os participantes dentro dos sistemas em que trabalham. Trata-se de uma mudança fundamental — que exige um novo conjunto de valores.

Atualmente, muitos designers trabalham para empresas ou governos desenvolvendo produtos e sistemas centrados principalmente em garantir que a sociedade funcione eficientemente. No entanto, o alcance desses esforços não é projetado para incluir — nem se preocupar com — sistemas além de nossas necessidades corporativas ou governamentais. Esses sistemas sub-representados, tal como o sistema microbiano, sofreram bastante e ainda apresentam desafios significativos para os designers.

Neri Oxman e Meejin Yoon, membros do corpo docente do MIT, lecionam um curso popular chamado Design Across Scales, no qual discutem o projeto em escalas que variam do microbiano ao astrofísico. Embora seja impossível para os designers e cientistas prever o resultado de sistemas autoadaptativos complexos, especialmente em todas as escalas, é possível para nós perceber, compreender e assumir a responsabilidade pela nossa intervenção dentro de cada um desses sistemas. Isso seria muito mais um design cujo resultado não podemos controlar totalmente — mais como dar à luz uma criança e influenciar seu desenvolvimento do que projetar um robô ou um carro.

Um exemplo desse tipo de design é o trabalho de Kevin Esvelt, professor--assistente do Media Lab, que se descreve como um escultor evolucionário. Ele está trabalhando em maneiras de editar os genes de populações de organismos como o roedor transmissor da doença de Lyme e o mosquito portador do vírus da malária para torná-los resistentes aos patógenos. A tecnologia específica — o sistema CRISPR — é um tipo de edição de gene que, quando os organismos portadores são liberados na natureza, todos os seus descendentes, e as descendências deles, herdarão a mesma alteração, permitindo-nos potencialmente erradicar a malária, a doença de Lyme e outras doenças transmitidas por vetores e parasitas. Seu foco não está na edição de genes ou no organismo em particular, mas em todo o ecossistema — incluindo nosso sistema de saúde, a biosfera, nossa sociedade e a capacidade dela de pensar sobre esse tipo de intervenções.

Na condição de designers participantes, nos concentramos em mudar a nós mesmos e na maneira como fazemos as coisas para mudar o mundo. Com essa nova perspectiva, seremos capazes de enfrentar, de forma mais eficaz, problemas extremamente importantes que não se encaixam perfeitamente no atual sistema acadêmico: em essência, estamos buscando redesenhar nossa própria maneira de pensar para impactar o mundo impactando a nós mesmos.

— Joi Ito

Conclusão

Depois de aprender a ver um determinado padrão, você começa a reconhecê-lo em todos os lugares para os quais olha. Se todos os seres vivos, por exemplo, evoluíram em adaptações e começos — o padrão de longos períodos de estabilidade, interrompidos por breves intervalos de mudança explosiva geralmente chamados "equilíbrios pontuais" —, é de se admirar que os jogos que os humanos jogam fariam o mesmo? Os fãs de basquetebol, por exemplo, podem apontar para o "layup reverso" de Julius Irving durante os *playoffs* da NBA de 1980 como um momento decisivo na evolução do jogo. Os fãs de hóquei podem argumentar que, ao demonstrar que os maiores atos atléticos estão no que você faz quando *não* está com o disco, Wayne Gretsky transformou o hóquei em um verdadeiro esporte de equipe.

Estudantes sérios do jogo de tabuleiro Go podem apontar para exemplos semelhantes quando um único jogador redefine a mesa; eles apenas se baseiam em consideravelmente mais história ao fazê-lo. Houve o famoso "dual ladder breaker", utilizado pela primeira vez durante a dinastia Tang, quando um mestre chinês marcou uma virada contra um príncipe que o visitava do Japão, ou o lendário "ear reddening" de 1846, no qual um único e arriscado movimento mudou a forma como as pessoas o jogaram nas gerações vindouras.[1] Décadas podem se passar entre os aparecimentos desses "myoshu" — movimentos tão "surpreendentes e sensacionais em [seus] *insights*" que alcançam uma espécie de status lendário.[2] Então, é um tanto mais notável que não um, mas dois movimentos que possam vir a ser vistos como myoshu foram realizados em um jogo de grande repercussão realizado no início de março de 2016.

Muitas vezes, o Go é tão mencionado quanto o xadrez, mas apesar de ser um jogo de estratégia em que duas pessoas se enfrentam em uma mesa, o Go é ao mesmo tempo mais simples, pois só tem duas regras, e muito mais complexo, pois nele há a possibilidade de muito mais movimentos, por ordem de grandeza, do que átomos no universo.[3] Jogadores de alto nível de Go colocam pedras pequenas, pretas e brancas, em uma grade composta de 19 linhas em ambas as direções, enquanto os novatos podem optar por um jogo mais simples — 9 por 9 ou 13 por 13. Seja qual for o tamanho do tabuleiro, o objetivo é capturar o máximo possível do território, bem como várias das pedras do oponente.

222   CONCLUSÃO

"Xadrez", disse uma vez o mestre alemão Richard Teichmann, "é 99% tática", e o sucesso requer ver as consequências em longo prazo de qualquer movimento dado. Mas nenhuma inteligência terrestre poderia calcular os resultados possíveis dos 361 movimentos que saúdam um competidor quando enfrenta um tabuleiro vazio de Go. Os prodígios em Go tendem a possuir estranhas habilidades de reconhecimento de padrões e confiar em sua intuição. Nos estudos de fMRI (sigla em inglês para Imagem por Ressonância Magnética Funcional), o hemisfério direito do cérebro — o lado que governa a consciência visual e a consciência holística — se ilumina mais fortemente nos jogadores de Go do que o esquerdo.[4] Na verdade, com suas possibilidades quase infinitas, um tabuleiro de Go tem mais em comum com a tela em branco de um pintor do que com o xadrez. Os chineses, que provavelmente inventaram o jogo no período em que o Antigo Testamento estava sendo escrito, devem ter pensado assim. O Go foi considerado, ao lado da pintura, da caligrafia e de tocar alaúde, uma das "quatro artes" que se esperava que um verdadeiro cavalheiro dominasse.

Até recentemente essas características — possibilidades quase infinitas, mais intuitivas do que lógicas — tornavam a programação de um computador para jogar o Go no que é conhecido, na matemática, como um "problema difícil", um eufemismo para impossível. Nem era uma questão que pudesse ser resolvida da mesma forma que o problema superficialmente semelhante do xadrez havia sido. Uma equipe de cientistas da IBM passou 12 anos construindo o Deep Blue, um computador capaz de derrotar um grande mestre de xadrez. Aconteceu em 1997, ao derrotar Garry Kasparov em uma série de seis jogos. Capaz de analisar 200 milhões de posições por segundo, o Deep Blue se baseou em um algoritmo de "força bruta", avaliando simplesmente todas as consequências possíveis de um movimento com uma antecipação de até 20 passos.

Duzentos milhões de cálculos por segundo soam como um grande número, mas o Deep Blue não poderia ter desafiado um jogador de Go moderadamente talentoso do 9º ano. A enorme escala de possibilidades contidas nessas 361 pedras pretas e brancas é estonteante. Novos campos inteiros da teoria dos jogos e da matemática foram criados para que nosso humilde cérebro pudesse ponderar essas questões. Para que um tipo de força bruta de inteligência de

DISRUPÇÃO E INOVAÇÃO   223

máquina como o Deep Blue jogasse Go, seria exigido mais tempo de processamento do que a expectativa de vida de mil trilhões de anos do nosso universo.

Então, em 2006, um cientista da computação chamado Rémi Coulom publicou um artigo[5] que sugeria uma nova linha de ataque. Na década de 1950, pesquisadores desenvolveram um algoritmo de busca, que recebeu o nome de um grande cassino em Monte Carlo, para descrever os efeitos de uma explosão nuclear. Incapaz de explorar todos os resultados possíveis, o Monte Carlo pesquisou uma amostragem estatística do todo. Por si só, o algoritmo não funcionou para o Go, mas Coulom o ajustou para que o software reconhecesse que alguns movimentos mereciam mais escrutínio do que outros. Alguns eram nós que se ramificavam em muitas outras possibilidades. Coulom programou seu algoritmo Monte Carlo Tree Search para identificar qual movimento em qualquer dada sequência era o mais promissor e, depois, focar nos resultados provenientes desse nó em particular. Isso permitiu que o software "aprendesse" padrões bem-sucedidos de jogo que os competidores humanos internalizavam subconscientemente em virtude de incontáveis horas de jogo.

Nos cinco anos que se seguiram, o programa de Coulom, o Crazy Stone, começou a acumular vitórias impressionantes contra outros produtos de software, e em 2013 superou um dos principais profissionais do mundo, mas só depois de receber uma vantagem de quatro movimentos — o tipo de vantagem que um profissional pode oferecer a um amador talentoso. Na verdade, na época, o consenso entre as comunidades Go e as comunidades que trabalhavam na aprendizagem das máquinas era de que se passariam muitos anos antes que uma inteligência artificial chegasse ao ponto de poder competir contra os melhores jogadores humanos sem usufruir de uma vantagem. Uma máquina simplesmente não conseguia reproduzir a espécie de gênio improvisado e criativo que animava o nível mais alto de jogo.

Isso foi antes de a revista científica *Nature* publicar, em janeiro de 2016, um artigo bombástico relatando que o projeto de inteligência artificial da Google, DeepMind, havia entrado na corrida.[6] Seu programa, chamado AlphaGo, inicialmente aprendeu com uma enorme história de jogos anteriores de Go, e

224   CONCLUSÃO

depois, através de uma forma inovadora de reforço de aprendizagem, jogou repetidamente contra si mesmo, melhorando cada vez mais. No mês de novembro anterior, o artigo revelou, a Google organizara um torneio de cinco jogos entre Fan Hui, o campeão do Campeonato Europeu, e o AlphaGo. O placar final? Máquina 5 x 0 Humano. Foi um momento decisivo no campo da aprendizagem das máquinas — a primeira vez em que um computador havia derrotado um jogador profissional de Go sem uma vantagem. O artigo cita Rémi Coulom dizendo que ele esperava que levaria mais de dez anos para que uma máquina mostrasse real domínio do jogo. Outro pesquisador de IA, Jonathan Schaeffer, observou que o Deep Blue derrotava grandes mestres do xadrez regularmente em 1989, mas que demorou mais oito anos para que ele fosse bom o suficiente para derrotar Garry Kasparov.

O AlphaGo estava prestes a ter seu momento Kasparov. Em março, revelou a *Nature*, o software enfrentaria Lee Sedol, comumente considerado o maior mestre vivo, ou sensei, do jogo. "Sem ofender a equipe do AlphaGo, mas eu apostaria meu dinheiro no humano", disse Schaeffer à *Nature News*. "Pense no AlphaGo como uma criança prodígio. De repente ele aprendeu a jogar muito bem o Go, muito rapidamente. Mas não tem muita experiência. O que vimos em xadrez e damas é que a experiência conta muito."[7]

Nem todos têm aplaudido a invasão inexorável da máquina em todos os aspectos de nossa vida. No dia em que o artigo da *Nature* foi publicado, Mark Zuckerberg postou que o Facebook tinha sua própria IA capaz de derrotar humanos no Go. "Por que vocês não deixam aquele antigo jogo em paz, sem nenhum jogador artificial? Nós realmente precisamos de uma IA em tudo?"[8] Em junho, o comentário já havia recebido mais de 85 mil reações e 4 mil comentários.

DISRUPÇÃO E INOVAÇÃO   225

Fan Hui, o campeão europeu, tinha jogado seus cinco jogos contra o AlphaGo na frente de uma audiência composta de duas pessoas: um árbitro e um editor da *Nature*. Lee Sedol abriu o primeiro jogo no hotel Seul Four Seasons tendo como pano de fundo câmeras de televisão que vieram do mundo todo para assistir nossa última e grande esperança de tentar resgatar nossa humanidade imperfeita e imprevisível. Sedol fez uma série de movimentos arriscados, pouco ortodoxos, que poderiam ter sido esperados para pegar uma máquina — com seu vasto catálogo de livros didáticos — desprevenida. Mas o AlphaGo nem piscou e puniu a agressão de Sedol gradualmente, tomando o comando do tabuleiro até que tivesse garantida a vitória. De imediato, o que ficou evidente, de acordo com outros jogadores profissionais, foi que o AlphaGo havia se tornado um jogador muito mais forte nos poucos meses desde que tinha vencido Fan Hui em Londres.

Ao sobrepujar Sedol uma vez, a equipe do DeepMind já tinha resolvido o difícil problema de dominar um jogo há muito considerado como um espelho do processo de pensamento humano. De repente, a perspectiva de vencer toda a série parecia ser possível.

Na segunda partida, Sedol demonstrou seu novo respeito pelo AlphaGo jogando Go com cautela e impecavelmente. Sedol, que elaborou um jogo quase imbatível, não para provocar a admiração das 280 milhões de pessoas que assistiram a série, mas de alguém de seu nível, transmitia uma confiança tranquila, mas inequívoca. Então, quando o jogo começou a entrar em sua fase intermediária, AlphaGo fez algo incomum: instruiu seu assistente humano a colocar uma pedra preta em uma área amplamente desocupada à direita do tabuleiro. Isso poderia fazer sentido em outro contexto, mas naquele tabuleiro e naquele momento parecia que o AlphaGo estava abandonando o jogo em desenvolvimento na metade inferior do tabuleiro. Esse movimento histórico era algo que nenhum ser humano teria praticado — AlphaGo calculou a probabilidade de que um ser humano fizesse aquele movimento em 1 entre 10 mil.[9] Isso produziu instantaneamente choque e perplexidade entre os espectadores. Lee Sedol empalideceu, se desculpou e deixou a sala por 15 minutos antes de voltar.

226 CONCLUSÃO

Os comentaristas de língua inglesa ficaram em silêncio antes de alguém dizer, com grande eufemismo: "Essa é uma jogada muito surpreendente".

A princípio, Fan Hui, que estava assistindo ao jogo com Cade Metz, um escritor da revista *Wired*, ficou tão perplexo quanto qualquer um. "Não é um movimento humano", disse ele a Metz. "Nunca vi um humano fazer essa jogada." Como Metz observaria mais tarde,[10] nada nos 2.500 anos de compreensão e conhecimento coletado sobre o Go havia preparado alguém para o movimento 37 do segundo jogo da série. Exceto Hui. Desde que perdera o jogo anterior para o AlphaGo, Hui passou horas ajudando a equipe da Google DeepMind a treinar o software para o jogo com Sedol, uma experiência que lhe permitiu entender como aquela jogada conectou as pedras pretas na parte inferior do tabuleiro com a estratégia que o AlphaGo estava prestes a seguir. "Maravilhoso", ele disse, e então, repetiu a palavra várias vezes mais. Isso não era um mero "tesuji" — uma jogada inteligente que pode pegar o adversário desprevenido. Fora um esplendor tanto estético quanto estratégico, possivelmente até mesmo um myoshu. Sedol continuou a jogar Go de maneira quase impecável, mas não o suficiente para combater a criatividade impressionante que o software DeepMind exibiu, mesmo depois da jogada 37. Ao final do dia, a grande notícia não era que o AlphaGo havia vencido um segundo jogo, mas que exibia qualidades profundamente humanas — improvisação, criatividade, até mesmo certa graça — ao fazê-lo. A máquina, aprendemos, tinha uma alma.

Poucas semanas após a conclusão do confronto Homem *vs*. Máquina, Demis Hassabis — um dos pesquisadores de inteligência artificial por trás da Google DeepMind — deu uma palestra no MIT para discutir o jogo e descrever como sua equipe havia desenvolvido o AlphaGo. Realizado em uma das maiores salas de conferências da universidade, o evento DeepMind atraiu uma multidão — os alunos estavam todos pendurados nas paredes para ouvir Hassabis descrever como sua abordagem para a aprendizagem de máquinas permitiu que sua equi-

DISRUPÇÃO E INOVAÇÃO   227

pe provasse aos especialistas, que tinham previsto que levaria dez anos para um computador derrotar um virtuoso como Sedol, que eles estavam errados.

O segredo foi uma combinação inteligente de aprendizagem profunda — um tipo de reconhecimento de padrões, semelhante a como um cérebro humano (ou o Google) pode reconhecer um gato ou um caminhão de bombeiros depois de ver muitas imagens — e "aprender" que ele poderia adivinhar estatisticamente o que algo tendia a ser ou, no caso do Go, o que um jogador humano, considerando todos os jogos do passado, provavelmente faria em uma situação em particular. Isso criou um modelo muito rudimentar de um jogador de Go que adivinhava movimentos baseados nos padrões que aprendeu de partidas históricas. Então eles adicionaram uma espécie de reforço de aprendizado, que permite ao computador tentar coisas novas. Assim como o cérebro aprende sendo recompensado com dopamina quando faz algo com sucesso, o que reforça o caminho neural do "acerto", o reforço de aprendizado possibilita a um computador experimentar coisas e premia a experimentação bem-sucedida, reforçando assim essas estratégias. O AlphaGo começou com uma versão básica de si mesmo, em seguida criou versões ligeiramente diferentes para tentar múltiplas estratégias milhões de vezes, recompensando as estratégias vencedoras, até que ficou cada vez mais forte, jogando sucessivamente contra melhores versões de si mesmo. Então, mais tarde, depois de enfrentar um especialista humano, deixou ambos, o humano e ele próprio, mais fortes enquanto continuava a aprender.

Em sua palestra, Hassabis revelou descoberta após descoberta — algumas das quais pesquisadores na sala haviam dito anteriormente que pensavam ser impossíveis. A excitação era palpável. Ele também mostrou imagens e vídeos do restante do jogo entre AlphaGo e Lee Sedol. Como se verificou, o movimento 37 não foi o último momento dramático da partida. Após a segunda partida, Sedol fez sua lição de casa desenvolvendo uma estratégia baseada em conhecidas fraquezas do algoritmo Monte Carlo Tree Search. Sedol abriu o terceiro jogo forçando uma "luta ko", em que um lado remove a pedra do adversário, forçando-o a retaliar ou renunciar à iniciativa. Uma abertura tão agressiva nas mãos de alguém do nível de Sedol teria aniquilado a maioria dos oponentes.

228 CONCLUSÃO

AlphaGo, no entanto, parecia combater sem esforço todos os golpes brilhantes. Um comentarista se perguntou se o público não estava assistindo a uma "terceira revolução" no modo como o Go é jogado. Depois do movimento 176, Sedol abandonou o jogo, o torneio e o prêmio de \$1 milhão. Durante uma conferência de imprensa pós-jogo, Sedol, olhando como se carregasse nos ombros o pesado fardo de representar uma espécie inteira, pediu desculpas ao público global. Os seres humanos, ele observou, têm que competir com o jogo psicológico tanto como o jogado na madeira e na pedra. "Eu fui", disse ele tristemente, "incapaz de superar a pressão".

Não é de admirar que o jogo quatro se abriu contra um pano de fundo sombrio. Tendo derrotado tão categoricamente Sedol quando este exibiu seu melhor desempenho, o AlphaGo parecia fadado a executar uma varredura limpa nos dois últimos jogos. E nada durante a primeira metade do quarto jogo parecia indicar o contrário. Mas, então, Sedol fez algo radical e inesperado — jogou um movimento em "cunha" no meio do tabuleiro. De repente ficou claro para milhões de pessoas ao redor do mundo que o AlphaGo não tinha ideia de como responder. Fez várias jogadas desajeitadas e depois entregou o jogo. Sedol, os observadores notaram, havia criado uma obra-prima — um myoshu potencial todo seu.

O AlphaGo acabou ganhando quatro dos cinco jogos. Pode-se imaginar que um computador vencendo um campeão historicamente lendário de Go pode diminuir o interesse dos seres humanos no jogo ou torná-lo menos interessante de jogar. Na verdade, mais pessoas assistiram ao vídeo online do Go do que ao Super Bowl,[11] as vendas dos tabuleiros de Go aumentaram dramaticamente,[12] e um estudante do clube de Go do MIT anunciou que o tamanho do clube havia dobrado. Em sua palestra no MIT, Hassabis disse que a interação com o AlphaGo tinha renovado a excitação de Sedol com o Go.

Claramente, o AlphaGo não fez com que o Go ficasse menos interessante, mas injetou uma explosão de criatividade e energia no jogo e na comunidade de jogadores e estudiosos. A resposta positiva e a forte e recorrente relação entre a máquina e a comunidade Go — que outorgou ao AlphaGo a classificação honorária de 9º dan (a mais alta para o Go) — reforçaram a crença de Joi de que o futuro não precisa ter inteligências semelhantes ao Exterminador, que decidirão que os seres humanos são uma má ideia e devem ser eliminados. Poderia, sim, caracterizar-se por uma sociedade na qual seres humanos e máquinas trabalham em conjunto, inspirando-se mutuamente e aumentando a crescente inteligência coletiva.

Ray Kurzweil, uma presença futurista e familiar no circuito de palestras, popularizou a ideia de mudança exponencial em seu livro de 2005, *The Singularity Is Near*. Kurzweil prevê que, até 2029 um computador lerá tão bem quanto um ser humano, e que a singularidade — o ponto em que as máquinas se tornam mais inteligentes do que os seres humanos — chegará em 2045. Nesse ponto, segundo a teoria da singularidade, testemunharemos uma "explosão de inteligência" em que as máquinas rapidamente projetarão versões cada vez mais inteligentes de si mesmas, não muito diferente do cenário descrito em *Ela*, um filme de 2013.

A maioria dos especialistas em aprendizado de máquinas acredita que a IA progredirá até esse ponto um dia, embora seja mais provável discursarem só de cuecas no comitê do Prêmio Nobel do que oferecerem uma data tão específica como Kurzweil. Uma singularidade, tecnicamente falando, é o ponto em que uma função assume um valor infinito, como o que acontece ao espaço e ao tempo no centro de um buraco negro. O que acontece após uma singularidade tecnológica? De acordo com Kurzweil, entramos num período de feliz trans- -humanismo, no qual a linha divisória entre o homem e a máquina se torna indistinguível, e as superinteligências que percorrem o planeta resolvem todos os problemas da humanidade. Outros — Elon Musk, do PayPal e inventor por trás da Tesla Motors, para citar um — acreditam que as máquinas certamente verão os seres humanos como uma espécie de câncer infectando o planeta e, zás, acabarão com a presença do *Homo sapiens*.

Nós incentivamos uma visão mais ampla: talvez a IA seja boa, talvez seja ruim. Ou apenas, quem sabe, essa seja uma questão defasada quando comparada

230 Conclusão

com as outras ameaças cuja efetivação pode ocorrer no próximo século. Um processo climático no Ártico indica que o derretimento do gelo marinho lá está se acelerando — se ele for mais rápido do que o previsto, poderíamos enfrentar uma calamidade global que nos remeteria de volta a uma era de escuridão. Ou um grupo niilista de hackers poderia acabar com nossos mercados financeiros globais de uma só vez, causando pânico, e em seguida, um conflito generalizado. Ou pode haver uma pandemia na escala da peste bubônica do século XIV.

Um evento capaz de provocar uma extinção não é tão improvável quanto parece. Enfim, quase aconteceu antes. Estima-se que uma erupção vulcânica há 70 mil anos tenha reduzido a população global de seres humanos à de uma cidade com apenas um táxi. E ainda assim encorajamos uma visão menos pessimista: em última análise, não compreendemos para que servirão nossas novas tecnologias mais do que o público de "fotos animadas" de 1896 poderia ter previsto *Cidadão Kane*. O objetivo deste livro não é assustá-lo com visões pavorosas do futuro. Isso é tão útil quanto especular com visões de vida em Kepler-62e (um exoplaneta com características similares às da Terra).

Porque "Inteligência Artificial" é usado como um rótulo para tudo, desde Siri até os automóveis Tesla, agora descrevemos tal tipo de IA "solucionadora de problemas" como IA "estreita" ou "especializada", para diferenciá-la da IGA — inteligência geral artificial. O especialista em inteligência artificial, Ben Goertzel, sugere que uma IGA seria uma máquina que poderia se inscrever na faculdade, ser aceita e, em seguida, obter um diploma.

Existem muitas diferenças entre uma IA especializada e uma IGA, mas nenhuma delas é programada. Elas são "treinadas" ou "aprendem". As IAs especializadas são cuidadosamente treinadas por engenheiros que modificam dados e algoritmos e continuam testando-as até que façam as coisas específicas que são exigidas delas. Tais IAs não são criativas — elas são, em vez disso, estreitamente supervisionadas, e suas aplicações são restritas.

Há dezenas de avanços na aprendizagem de máquinas e outros campos ainda por vir entre nós e uma IGA, mas o AlphaGo já providenciou vários deles. Parece ser criativo; parece ser capaz de derivar algum tipo de lógica simbólica através de um sistema estatístico. É difícil exagerar o significado dessa realização — muitas pessoas não acreditavam que seria possível chegar ao raciocínio simbólico a partir da aprendizagem profunda.

No entanto, ainda que seja muito inteligente e muito criativo, o AlphaGo só pode vencer no Go — não em damas. Todo o seu universo de expressão e visão se constitui de uma grade de 19 linhas e pedras pretas e brancas. Serão necessários muito mais avanços tecnológicos antes que o AlphaGo se interesse em ir a boates ou em concorrer a um cargo político. Na verdade, provavelmente *nunca* teremos uma máquina que vá a boates ou concorra a um cargo político. Porém, pode não levar muito tempo para que algo como o AlphaGo determine uma liberdade condicional, fixe uma fiança, pilote aviões ou ensine nossos filhos.

À medida que a inteligência artificial progride, as máquinas podem muito bem se tornar uma parte integrante de nosso corpo, casas ou veículos, nossos mercados, sistemas judiciais, nossos esforços criativos e nossa política. Como sociedade, já somos mais inteligentes do que como indivíduos. Somos parte de uma inteligência coletiva. Conforme nossas máquinas continuam a se integrar em nossas redes e nossa sociedade, elas se tornam uma extensão de nossa inteligência — trazendo-nos para uma inteligência estendida.

Alguns dos adeptos do Singularitarianismo (Pior. Nome. De. Culto. Do. Mundo.) acreditam que não demorará muito para que a IA seja suficientemente boa para deixar muitos humanos sem trabalho. Isso pode ser verdade, especialmente no curto prazo. Outros argumentam, contudo, que o aumento da produtividade nos permitirá criar uma renda básica universal para apoiar as pessoas que se tornarem redundantes devido às máquinas. Ao mesmo tempo, muitos se preocupam que nossos empregos nos dão dignidade, status social e estrutura — que precisamos nos preocupar mais com a maneira como nos divertiremos e o que criaremos, possivelmente através de esforços acadêmicos ou criativos, do que meramente com fornecer renda.

Devemos também nos perguntar como os seres humanos e as máquinas trabalharão em conjunto e como garantiremos que as pessoas sintam que as inteligências artificiais com quais vivem compartilham seus valores e refletem sua ética, mesmo enquanto as IA evoluem. Uma abordagem promissora é o que Iyad Rahwan, chefe do grupo Scalable Cooperation no Media Lab, chama

232   CONCLUSÃO

de aprendizagem de máquina de "sociedade no mesmo circuito", que usa as normas sociais para treinar e controlar AIs, conduzindo possivelmente a um sistema da coevolução entre seres humanos e máquinas.[13]

Um orçamento recente do Departamento de Defesa dos Estados Unidos destinou US$3,6 bilhões para a inteligência artificial. E, no entanto, os pesquisadores de IA, tanto na academia quanto na indústria, têm se voltado para um mundo onde máquinas e pessoas que as treinam fazem parte de uma discussão aberta com o público. A questão é: estamos vendo uma corrida entre a tentativa da sociedade aberta de criar uma IGA e um esforço mais secreto controlado por militares para desenvolver uma, ou esta época de ouro da pesquisa aberta em IA lentamente se fechará na medida em que empresas privadas se tornam mais competitivas e se aproximam "da resposta"?

Esses eventos se desenrolarão, mais ou menos, durante a próxima década e podem muito bem afetar o planeta mais do que qualquer outra coisa discutida neste livro. Seja lá o que aconteça, porém, os Singularitários estão certos sobre uma coisa. Não é apenas a tecnologia que está se movendo em um ritmo exponencial, mas a mudança em si. Isso é um produto da tecnologia, mas também de outros desenvolvimentos. Nos últimos 25 anos passamos de um mundo dominado por sistemas simples para um mundo cercado e desconcertado por sistemas complexos. Na introdução explicamos os fatores por trás dessa mudança. São eles a complexidade, a assimetria e, por fim, a imprevisibilidade. Vamos resumir nossa meta, que não é menos ambiciosa do que fornecer um manual do usuário para o século XXI: criar organizações construídas em torno da resiliência, agilidade e fracasso educacional.

Nós nos reunimos pela primeira vez para trabalhar neste livro em um dia ventoso da primavera de 2012. Era um domingo à tarde, e as ruas ao redor do Media Lab, no MIT, estavam praticamente vazias. No outono anterior, Joi havia sido nomeado diretor do Media Lab, que ostenta a célebre condição de marco zero de muitas das inovações tecnológicas que conduzem a economia da informação. Joi pedalou de seu apartamento temporário no South End de Boston. (Ele finalmente comprou uma casa em Cambridge, mas raramente fica em qualquer lugar por mais de dois ou três dias). Nosso agente literário, John Brockman, tinha recomendado que nos encontrássemos. Apertamos as mãos um pouco desajeitadamente, depois subimos para uma das salas de conferência envidraçadas do Media Lab para ver se queríamos escrever um livro juntos.

No final do dia, alguns temas haviam surgido. Ambos éramos amplamente curiosos sobre o mundo, e nenhum de nós tinha chegado ao meio acadêmico pelo caminho usual, o que significava que fomos poupados do tipo de visão disciplinar limitadora que pode afligir o acadêmico ao longo da vida. Joi desistira da faculdade e havia estabelecido sua boa-fé intelectual como empreendedor e blogueiro. Jeff havia escrito por muito tempo para a revista *Wired* antes que uma bolsa de estudos em Harvard o levasse a uma posição permanente na Northeastern University.

Nós dois passamos os últimos anos conversando com numerosos tomadores de decisão, desde gerentes da Fortune 500 até agentes do FBI e líderes estrangeiros. E ambos saímos da experiência profundamente preocupados com a capacidade das grandes instituições de sobreviver a uma conjuntura crucial na história humana, ou seja, nosso próprio momento histórico, uma preocupação exacerbada pela crença compartilhada de que o futuro denota mudanças muito mais radicais e perturbadoras do que entende o executivo médio.

O que também veio à tona naquele primeiro dia foi um ceticismo mútuo quanto ao campo da futurologia. Os seres humanos têm uma reputação terrível no que se refere à previsão de eventos futuros, e o esporte das profecias só ficará mais difícil nos próximos anos.

E, talvez o mais importante, descobrimos que nós realmente nos *importamos*. Com frequência parece que livros lutando com novas ideias ficam entre tratamentos clínicos imparciais, por um lado, e veículos bastante duvidosos para tais posições, por outro. Queríamos escrever algo novo que combinasse rigor acadêmico com a paixão por um trabalho muito mais pessoal.

234 CONCLUSÃO

Em virtude das ideias que discutimos naquele primeiro dia, e que vieram a ser os princípios organizadores deste livro, as questões mostraram ser bem concretas. Os meios de subsistência das pessoas estão em jogo. Indústrias inteiras estão em perigo. Observar instituições de imenso valor econômico e social pisando em falso despreocupadamente em meio a uma zoeira só nos impressionou, menos como um jantar social e mais como o soar de vários alarmes.

Nós não estamos tentando vender uma maneira de organizar seus dias de trabalho ou um regime de exercícios, e muito menos, definitivamente, fazê-lo acreditar em nossa visão do futuro, mesmo porque não temos uma, mas temos uma crença firme de que ele será muito, muito diferente do mundo que habitamos hoje. Há um argumento que queremos colocar: inovação não tem a ver com aprender a usar a mídia social para impulsionar vendas. E modificar um negócio em uma rede global exigirá mais do que adquirir equipamentos de teleconferência de última geração para sua equipe de gestão. Em vez disso, achamos que há necessidade de uma mudança mais profunda e mais fundamental: um modo inteiramente novo de pensar — uma evolução cognitiva na escala de um quadrúpede aprendendo a ficar de pé nas patas traseiras.

Uma maneira de pensar esses princípios é a de que eles são observações de como dois desenvolvimentos simples, mas profundos, iniciaram uma poderosa mudança na forma como os seres humanos interagem com o mundo. O primeiro, obviamente, é o desenvolvimento da internet, que, ao contrário de qualquer tecnologia de comunicação anterior, forneceu conexões de "muitos para muitos", bem como de "um para muitos". O famoso economista britânico Ronald Coase descreveu como a empresa poderia alocar e gerenciar recursos melhor do que agentes independentes em um mercado aberto — em "Coase's Penguin, or Linux and the Nature of the Firm", Yochai Benkler mostra que quando os custos de colaboração são reduzidos, como em projetos como Linux e Wikipédia, permitindo que as pessoas possam se alocar em projetos, pode-se criar ativos e organizações de forma mais eficaz do que empresas estruturadas

DISRUPÇÃO E INOVAÇÃO   235

de cima para baixo. A isso ele dá o nome de "produção de parceiros com base em bens comuns".[14] Essa explosão de criatividade extrapatrimonial, abaixo do radar e que não integra nosso PIB, está ocupando cada vez mais nosso mundo. Todos os envolvidos nela são, ao mesmo tempo, produtor e consumidor, trabalhador e gerente. O dinheiro é apenas uma das muitas moedas que você precisa para prosperar e ser feliz em um mundo que exige e recompensa atenção, reputação, contatos, aprendizagem, criatividade e tenacidade. De repente, somos todos radiodifusores, editores ou demagogos em potencial.

O progresso na maioria das disciplinas acadêmicas parece agora se mover a um ritmo "instantâneo", com as descobertas se acumulando umas sobre as outras em uma velocidade vertiginosa. Entretanto, isso não é nada comparado ao setor privado; a *startup* mais valiosa dos últimos dez anos começou como o equivalente a uma aposta de bar do Vale do Silício. Seis anos mais tarde, o Uber é avaliado em US$62,5 bilhões — mais do que a Hertz e todas as outras principais locadoras de automóveis juntas. Ao contrário da maioria das empresas com avaliações de mercado superiores a grande parte das nações insulares, contudo, o Uber opera com uma equipe que se poderia definir como esquelética, com apenas mil funcionários. Esse é o mesmo número que o Walmart emprega — em seu centro de distribuição em Lehigh Valley, Pensilvânia.

Tudo isso é um testemunho do que aconteceu quando a internet e a Lei de Moore se uniram. Transformaram algumas medidas (velocidade, custo, tamanho) em fatos qualitativos. Quando alguns engenheiros em Shenzhen, digamos, são capazes de produzir um protótipo, fazer um grupo focal e distribuir um novo produto em grande escala e pouco custo, isso não é mera mudança de grau. Isso não representa um "novo modelo de receita" para o banco que pode lhes ter fornecido um empréstimo para pequenas empresas alguns anos antes. Eles também conseguiram evitar os regulamentos colaterais que causariam enormes embaraços a uma empresa maior. Hoje os bancos e o governo foram totalmente retirados do circuito. Trata-se de uma mudança qualitativa, não quantitativa.

O que vem por aí? Você não sabe? Adivinhe só: nem você nem ninguém mais. Ninguém pode prever o futuro. Na verdade, especialistas e os chamados futurólogos têm alguns dos piores registros de todos — abaixo, inclusive, de seu eterno adversário, o dr. Alê Atório.

E isso é bom, porque manter um relacionamento saudável com a incerteza é um dos grandes temas que permeiam os princípios. A humanidade tem sido humilhada no decorrer dos últimos anos, mas isso não é nada em comparação com o que vem por aí. Organizações bem-sucedidas, por exemplo, não apostarão todas as suas fichas nas previsões de vendas trimestrais, pois sabem que um cisne negro pode estar logo ali, na próxima esquina. Em vez disso, elas podem, em absoluto, não apostar muito, optando por adotar uma estratégia de portfólio, pela qual são feitas pequenas apostas em uma variedade de produtos, mercados ou ideias.

Se a era industrial se caracterizava por sistemas de gestão de comando e controle, hierarquias e fatos, a lógica da Era da Rede reflete décadas nas quais nós — todos os humanos — reavaliamos nosso lugar no mundo. Aprendemos que não podemos comandar ou controlar o clima e, na verdade, tivemos um sucesso limitado controlando sistemas complexos de nossa própria fabricação, seja protegendo redes sensíveis de ataques cibernéticos ou usando a política monetária para influenciar os mercados. Se houver uma coisa em todo este livro na qual os pesquisadores, cientistas e pensadores, de outra forma díspares, possam concordar, é que somente agora estamos aprendendo o suficiente para descobrir que sabemos tão pouco. É difícil acreditar que em 1894 o vencedor do Prêmio Nobel — o físico Albert Michelson — pudesse dizer que "parece provável que a maior parte dos grandes princípios [científicos] subjacentes tenha sido firmemente estabelecida".[15] Tudo o que restava, ele parecia acreditar, seria amarrar algumas pontas soltas. Após 30 anos, a Teoria da Relatividade tornaria todas essas declarações absurdas exibições de arrogância.

O mundo está no meio de uma mudança estrutural fundamental. Temos de ser capazes de costurar a capacidade de adaptação com a habilidade de ver as coisas que, de outra forma, ignoraríamos porque não se encaixam em nosso velho condicionamento. Estamos passando por uma fase em que o mundo já não é o mesmo, e nossas vidas podem mudar completamente, de novo, com a IA.

Os seres humanos são fundamentalmente adaptáveis. Criamos uma sociedade mais centrada em nossa produtividade do que em nossa adaptabilidade. Os princípios que desenvolvemos neste livro irão ajudá-lo a se preparar para ser flexível e capaz de aprender os novos papéis e descartá-los quando não funcionarem mais. Se a sociedade puder sobreviver ao chacoalhão emocional inicial de quando trocamos nosso tênis de corrida por um jato supersônico, poderemos ainda descobrir que a vista do jato era exatamente o que estávamos procurando.

Agradecimentos

De Joi:

Este livro é o resultado de incansáveis anos de trabalho de Jeff Howe, meu coautor, e de nossa pesquisadora, Chia Evers, sem a qual nada disso existiria. Ele foi elaborado a partir de uma incrível colaboração de três pessoas contribuindo com diferentes habilidades, experiências e pontos de vista. Acredito que a cooperação produziu um manuscrito final que é muito maior do que a soma de suas partes.

Conheci John Brockman e sua esposa, Katinka Matson, em um café em Tóquio em 1997. Eles me disseram que eu deveria escrever um livro e que eles me representariam. Desde então John é meu agente. Quinze anos depois, Max Brockman, filho de John, me apresentou a Jeff Howe, com quem trabalhava, e sugeriu que nos encontrássemos e discutíssemos uma coautoria. Agradeço aos Brockmans pela confiança, e ao Max pelo brilhante *insight* de me conectar com Jeff. Muito obrigado também à nossa editora, Gretchen Young, na Grand Central Publishing, por sua inestimável contribuição editorial, e a Gretchen e Katherine Stopa, por seu profundo comprometimento em lançar o melhor livro possível.

Meu obrigado a Megan Smith, que se virou para mim em um ônibus saindo de Oxford para Cambridge e perguntou se eu estaria interessado em me tornar o diretor do Media Lab.

Obrigado a Nicholas Negroponte por ser um incrível mentor, sempre me incentivando a pensar grande. A adesão de Nicholas a seus princípios e sua implacável luta contra o incrementalismo e a mediocridade tornou o Media Lab o que é, e estabelece o padrão pelo qual me esforço.

Meu obrigado à faculdade do Media Lab, que expandiu minha curiosidade e compreensão de tudo, bem como meu interesse na academia. A faculdade também desempenhou um papel crucial no desenvolvimento desses princípios, argumentando e discutindo-os em seus retiros e através de intermináveis e-mails.

242 AGRADECIMENTOS

Em muitos aspectos, o Media Lab — seus alunos, funcionários e professores — se tornou minha segunda família nos últimos cinco anos. E embora existam muitas pessoas para citar individualmente, eu gostaria de dar meu reconhecimento a todas elas por sua criatividade, energia e entusiasmo sem limites; intermináveis horas de ajuda; e pela maneira como elas constantemente desafiam meu pensamento. Da mesma forma, a administração central do MIT tem sido incrivelmente receptiva aos meus antecedentes não convencionais e à abordagem não convencional do Media Lab. Em particular, gostaria de agradecer a Rafael Reif, agora presidente do MIT, que era o reitor na ocasião da entrevista final e aprovou alguém que desistiu da faculdade para se tornar o diretor do Lab. Obrigado também ao professor Bob Langer, que tem sido um incrível mentor, ajudando-me a navegar no amoroso, mas por vezes complexo, ecossistema que é o MIT; a Provost Marty Schmidt; ao vice-presidente de Finanças Israel Ruiz; a Dean Hashim Sarkis; e à vice-presidente de Pesquisas, Maria Zuber.

Nenhum livro pode ser escrito sobre o Media Lab sem que se preste o devido reconhecimento ao falecido Jerry Wiesner, que convenceu o MIT de que fazia sentido criar um "departamento de nenhum dos acima mencionados", e também aos falecidos Marvin Minsky e Seymour Papert (ambos morreram recentemente) e Muriel Cooper — os "três pioneiros" do laboratório —, que ao lado de Jerry e Nicholas criaram o DNA original do Lab.

George Church, de Harvard, ofereceu conselhos, inspiração e pensamentos espirituosos, continuando a nos lembrar que "se o que você está fazendo tem concorrência, você está fazendo algo desinteressante". Reid Hoffman tem sido meu "parceiro de pensamento" acerca de tudo, e fonte contínua de encorajamento e apoio na visão sobre o Media Lab e os princípios. Agradeço a John Seely Brown e John Hagel por *The Power of Pull*, e ao meu padrinho adotivo, já falecido, Timothy Leary, por ser um "filósofo performático", mostrando-me como ser desobediente com estilo e a "questionar a autoridade e pensar por si mesmo". E também a Barack Obama, por me ajudar com minha mensagem em torno de "deploy" (implantar).

Meus agradecimentos a Seth Godin, J. J. Abrams, Walter Isaacson, Paola Antonelli, Vincenzo Iozzo, Jeremy Rubin, Ron Rivest, Scott E. Page, Mitch Resnick, Demis Hassabis, Sean Bonner, Colin Raney, Scott Hamilton, Ellen Hoffman, Natalie Saltiel e a muitos outros, por ajudar a rever e revisar o texto.

Obrigado à minha assistente executiva, Mika Tanaka, e à ex-assistente Heather deManbey, que tiveram a ingrata tarefa de organizar meu cronograma e fluxo de trabalho ao longo de todo o processo. A Chiaki Hayashi, por organizar, em Tóquio, tudo aquilo que precisa ser organizado e por ser uma força incansável e positiva. A Wes Neff, por se encarregar de todos os meus compromissos. A Mark Stoelting e sua equipe, por serem os melhores agentes de viagens do mundo; eu certamente testo suas habilidades.

À minha irmã, Mimi, que é a verdadeira acadêmica em nossa família, e a seu marido, Scott Fisher, que foi minha conexão original com o Media Lab. A meu pai, o primeiro cientista da minha vida. À minha falecida mãe, por me trazer para este mundo e me dar o apoio e confiança para ser eu mesmo e perseguir meu próprio caminho. Por último, e mais importante, à minha esposa, Mizuka, por seu amor e apoio durante toda a escrita deste livro, e por suportar minha vida louca.

De Jeff:

Um dia, na primavera de 2012, meu agente ligou para perguntar se eu estaria interessado em coescrever um livro. A primeira coisa que eu disse foi: "Não". Quando os escritores se reúnem para contar histórias de guerra, algumas das mais angustiantes envolvem parcerias criativas dando errado. "Quem é o outro escritor?", perguntei, apenas por curiosidade. "Joi Ito", disse ele. "Ah!", eu disse. "Nesse caso, sim". Escrevi um perfil curto de Joi para a revista *Wired* em 2003. Ele foi um dos poucos que ajudaram a orientar a internet através de sua infância, levando-a para a transparência e democracia, e que tem um enorme respeito para com o maravilhoso e o estranho. Mais impressionante foi a devoção que ele inspirou entre colegas e amigos. Se a *Forbes* medisse o capital social, em vez do capital financeiro, Joi estaria no topo da lista. Quatro anos depois, posso entender facilmente o por quê. Joi possui todo o brilho que você esperaria do líder de um dos principais laboratórios de pesquisa do mundo, mas isso não é nada comparado à alegria e admiração contagiante com que ele preza o mundo. Este foi um livro frequentemente desafiador; graças a Joi, foi *sempre* divertido.

Se os seres humanos de fato descobrirem uma cura para a mortalidade, como sugerimos ser possível, eu ainda não teria tempo de reembolsar a imensa dívida que tenho com Chia Evers. Ela traz sua diligência, inteligência e serenidade para apoiar tudo o que toca. Suas contribuições para este livro são tão imensas quanto sua curiosidade ilimitada, e é verdadeiramente um produto da colaboração entre três pessoas diferentes, mas que se complementam.

Devo também muitos agradecimentos a John Brockman por sugerir que Joi e eu escrevêssemos um livro juntos, e a Max Brockman, por seus valiosos conselhos e recomendações em meio às muitas voltas e reviravoltas que acompanharam o trabalho neste livro.

É convencional agradecer a seus editores nesta seção de um livro, mas como nossa equipe em Grand Central pode atestar, o processo editorial deste livro foi qualquer coisa, menos convencional. Obrigado a Rick Wolf por adquirir

DISRUPÇÃO E INOVAÇÃO   245

nosso livro, a Mitch Hoffman por seu encorajamento entusiasmado, e, acima de tudo, a Gretchen Young, por seu ato de fé vendo este livro até sua conclusão. Muito, muito obrigado também a Kyle Pope, cuja sabedoria, editorial e em geral, tem iluminado meus piores momentos por muitos anos, e a Katherine Stopa, Jeff Holt, Jimmy Franco, Andrew Duncan e o restante da fantástica equipe do Grand Central.

O MIT Media Lab faz por merecer sua reputação de atrair algumas das mentes mais originais de nosso tempo, mas este livro, em última instância, beneficiou-se mais do profundo humanismo que tem caracterizado o Media Lab desde sua criação. Os funcionários, professores e alunos do Media Lab demonstram continuamente que o valor da tecnologia deve ser avaliado por sua capacidade de melhorar a vida de quem a utiliza. Mitch Resnick exerceu uma influência sobre este livro que se estende muito além do campo da educação, assim como David Kong, cuja compaixão e compromisso com a justiça social rivalizam com sua inteligência polimática. Uma e outra vez, a equipe, os professores e os alunos do Media Lab me ofereceram espontaneamente o recurso mais precioso: seu tempo. Inúmeros agradecimentos a Ellen Hoffman, Neri Oxman, Nadya Peek, Deb Roy, Jeremy Rubin, Stacie Slotnick, Philipp Schmidt, Jessica Sousa, e muitos outros cujas impressões digitais, de uma forma ou de outra, estão impregnadas nestas páginas. Muito obrigado também às muitas fontes — Tom Knight, Scott Page e muitos outros — fora do Media Lab, que levaram bastante tempo para traduzir ideias de grande complexidade para a linguagem que até mesmo o mais obtuso dos jornalistas pudesse entender.

Livros podem ser coisas bestiais, egoístas e inclementes. Criaturas assim nunca são vencidas sem o apoio de amigos, familiares e colegas. Tenho uma enorme dívida com a Northeastern University por apoiar meu trabalho neste livro, e estou inexprimivelmente orgulhoso de chamar muitos indivíduos de lá de meus colegas. Muito da vida acontece em quatro anos, e não é exagero dizer que este livro nunca teria chegado a existir sem Steve Burgard, que me contratou para ensinar jornalismo na Northeastern antes de morrer em meio à conclusão deste livro. Tenho uma dívida de gratidão com nosso atual dire-

246 AGRADECIMENTOS

tor, Jonathan Kaufman, e meus colegas do programa Media Innovation, Dina Kraft e Aleszu Bajak. A cada passo que eu dava, tornava-me beneficiário dos conselhos sábios e incentivos irrestritos de meu mentor oficial, Alan Schroeder, assim como de meus generosos mentores não oficiais, Mike Beaudet, Susan Conover, Chuck Fountain, Carlene Hempel, Dan Kennedy, Laurel Leff, Gladys e Link McKie e John Wihbey.

Da mesma forma, quando revejo os últimos anos, noto muitas pegadas, mas raramente as minhas. Deixo minha inexprimível apreciação e amor à nossa comunidade de amigos, tão cheios de graça como de talento, que me ajudaram quando a luz esmaeceu e meus músculos fraquejaram. Sem Martha Bebinger, Harlan Bosmajian, Gary Knight, Andrea Meyer, Valerie Stivers, Fiona Turner e Pat Whalen eu poderia ter cedido ao peso deste livro em algum lugar bem longe da linha de chegada. O mesmo poderia ser dito facilmente de Dircelene Rodriguez, cujo amor incansável por nossa família nos últimos seis anos foi o sustentáculo de tudo o mais que foi construído.

Se este livro demonstra o amor por aprender e de passar esse amor aos outros, isso se deve ao meu pai, Robert Howe, cuja longa carreira tem sido dedicada a esse projeto. Se demonstra uma fé fundamental na natureza humana, isso se deve à minha mãe, Alma, que morreu antes que este livro fosse concluído, mas não antes de influenciar profundamente um de seus autores. E se demonstra qualquer arte em sua construção, deve-se à minha irmã, Jeanine Howe, que dedicou sua vida a seus alunos, ajudando-os a dar vida ao faz de conta.

Como sempre, a maior dívida de todas é com minha filha de coração enorme, Annabel, meu filho travesso, Finn, e minha linda e talentosa esposa, Alysia Abbott. Ninguém merece compartilhar uma casa com um escritor escrevendo um livro, ainda mais trabalhando com outro escritor. Não é fácil sacrificar o bem-estar de alguém por um projeto importante. É algo quase próximo do chocantemente injusto infligir sacrifício às pessoas que você mais ama. As palavras não fornecem as ferramentas para expressar a gratidão que sinto por minha família paciente, adepta do perdão e milagrosamente bem-humorada.

Este livro foi escrito, pelo menos em parte, para honrar a memória de John Melfi. Vejo você em Nymphana, amigo, onde as linhas estão sempre firmes.

Notas

Introdução

1. Emmanuelle Toulet, *Birth of the Motion Picture*, (Nova York: Harry N. Abrams, 1995), 21.

2. Os irmãos contrataram um pintor famoso, Henri Brispot, para ilustrar a cena, transformando-a no primeiro cartaz cinematográfico do mundo.

3. Martin Loiperdinger e Bernd Elzer, "Lumière's Arrival of the Train: Cinema's Founding Myth". *The Moving Image* 4, n° 1 (2004): 89–118, doi:10.1353/mov.2004.0014.

4. Daniel Walker Howe, *What Hath God Wrought* (Oxford: Oxford University Press, 2007), 7.

5. David L. Morton, Jr. *Sound Recording: The Life Story of a Technology* (Baltimore: Johns Hopkins University Press, 2006), 38–39.

6. Paul A. David, "The Dynamo and the Computer, an Historical Perspective on the Modern Productivity Paradox." *American Economic Review*, 80, n° 2 (1990): 355–361.

7. Ashley Lutz, "20 Predictions from Smart People That Were Completely Wrong," *Business Insider*, 2 de maio de 2012, <http://www.businessinsider.com/false-predictons-2012-5?op=1#ixzz3QikI1PWu>.

8. David Lieberman, "CEO Forum: Microsoft's Ballmer Having a 'Great Time,'" *USA Today*, 30 de abril de 2007, <http://usatoday30.usatoday.com/money/companies/management/2007-04-29-ballmer-ceo-forum-usat_N.htm>.

9. Michel Foucault, *The Archaeology of Knowledge* (Nova York: Pantheon, 1972).

252 NOTAS

10. Thomas S. Kuhn, *The Structure of Scientific Revolutions: 50th Anniversary Edition* (University of Chicago Press, 2012).

11. Ibid.

12. Daniel Šmihula, "The Waves of the Technological Innovations", *Studia Politica Slovaca*, issue 1 (2009): 32–47; Carlota Perez, *Technological Revolutions and Financial Capital: The Dynamics of Bubbles and Golden Ages* (Northampton, MA: Edward Elgar Publishing, 2002).

13. Frank J. Sonleitner, "The Origin of Species by Punctuated Equilibria", *Creation/Evolution Journal* 7, n° 1 (1987): 25–30.

14. Chris Mack, "The Multiple Lives of Moore's Law", *IEEE Spectrum* 52, n° 4 (1° de abril de 2015): 31–31, doi:10.1109 / MSPEC.2015.7065415.

15. Janet Browne, Charles *Darwin: Voyaging* (Nova York: Knopf, 1995).

16. Ibid.; Janet Browne, *Charles Darwin: The Power of Place* (Nova York: Knopf, 1995); Adrian Desmond and James Moore, *Darwin* (Londres: Michael Joseph, 1991).

17. Dietrich Stoltzenberg, *Fritz Haber: Chemist, Nobel Laureate, German, Jew; A Biography* (Filadélfia: Chemical Heritage Foundation, 2004).

18. Marc Goodman, *Future Crimes: Everything Is Connected, Everyone Is Vulnerable and What We Can Do About It* (Nova York: Doubleday, 2015).

19. Peter Hayes, From *Cooperation to Complicity: Degussa in the Third Reich* (Nova York: Cambridge University Press, 2007).

20. "Through Deaf Eyes", PBS, <http://www.pbs.org/weta/throughdeafeyes/deaflife/bell_nad.html>.

21. Convém notar que esta pode ser uma citação apócrifa.

22. Mark Cousins, *The Story of Film* (Londres: Pavilion, 2012), Kindle Edition, capítulo 1: "Technical Thrill (1895–1903), The sensations of the first movies".

23. Richard Brody, "The Worst Thing About 'Birth of a Nation' Is How Good It Is", *New Yorker*, 1º de fevereiro de 2013, <http://www.newyorker.com/culture/richard-brody/the-worst-thing-about-birth-of-a-nation-is-how-good-it-is>.

24. Este "calendário cósmico" é originário do falecido Carl Sagan, em *The Dragons of Eden* (Nova York: Ballantine, 1977). Foi depois ampliado e revisitado na série da PBS, *Cosmos: A Personal Voyage* (1980), bem como na série de 2014 da National Geographic, *Cosmos: A Spacetime Odyssey*, estrelada por Neil DeGrasse Tyson.

25. John Hagel III, John Seely Brown e Lang Davison, "The Big Shift: Measuring the Forces of Change", *Harvard Business Review*, julho/agosto de 2009, <https://hbr.org/2009/07/the-big-shift-measuring-the-forces-of-change>.

26. Šmihula, "The Waves of the Technological Innovations"; Perez, *Technological Revolutions and Financial Capital*.

27. John Hagel III, John Seely Brown e Lang Davison, "The New Reality: Constant Disruption", *Harvard Business Review*, 17 de janeiro de 2009, <https://hbr.org/2009/01/the-new-reality-constant-disru.html>.

28. Para um exemplo recente, veja Devlin Barrett, Danny Yadron, e Damian Paletta, "U.S. Suspects Hackers in China Breached About 4 Million People's Records, Officials Say", *Wall Street Journal*, 5 de junho de 2015, <http://www.wsj.com/articles/u-s-suspects-hackers-in-china-behind-government-data-breach-sources-say-1433451888>.

254 NOTAS

29. James O'Shea, *The Deal from Hell: How Moguls and Wall Street Plundered Great American Newspapers* (Nova York: PublicAffairs, 2012).

30. Matt Levine, "Guy Trading at Home Caused the Flash Crash", *Bloomberg View*, 21 de abril de 2015, <http://www.bloombergview.com/articles/2015-04-21/guy-trading-at-home-caused-the-flash-crash>.

31. Melanie Mitchell, *Complexity: A Guided Tour* (Nova York: Oxford University Press, 2009), 10.

32. Ibid., 176

33. Ibid., 13

34. A página se refere à famosa cena do documentário satírico *This Is Spinal Tap*, no qual o guitarrista Nigel Tufnel tenta explicar a relevância de um amplificador com a capacidade de exceder os convencionais dez níveis do botão do volume. "Bem, fica mais alto, né?"

35. Citado em Joichi Ito e Jeff Howe, "The Future: An Instruction Manual", *LinkedIn Pulse*, 2 de outubro de 2012, <https://www.linkedin.com/pulse/20121002120301-1391 -the-future-an-instruction-manual>.

36. Nate Silver, *The Signal and the Noise: Why So Many Predictions Fail* (Nova York: Penguin, 2012); Louis Menand, "Everybody's an Expert", *New Yorker*, 5 de dezembro de 2005, <http://www.newyorker.com/magazine/2005/12/05/everybodys-an-expert>; Stephen J. Dubner, "The Folly of Prediction", *Freakonomics* podcast, 14 de setembro de 2011, <http://freakonomics.com/2011/09/14/new-freakonomics-radio-podcast-the-folly-of-prediction/>.

37. National Council for Science and the Environment, *The Climate Solutions Consensus: What We Know and What to Do About It*, editado por David Blockstein e Leo Wiegman (Washington, D.C.: Island Press, 2012), 3.

38. *Oxford Advanced Learner's Dictionary*, <http://www. oxforddictionaries.com/us/definition/learner/medium>.

39. O site do Media Lab inclui uma visão abrangente do modelo de financiamento do Lab, pesquisas atuais e histórico. <http:// media.mit.edu/about/about-the-lab>.

40. Olivia Vanni. "An Ex-Apple CEO on MIT, Marketing & Why We Can't Stop Talking About Steve Jobs", BostInno.com. 8 de abril de 2016. <http://bostinno.streetwise.co/2016/04/08/ apples-steve-jobs-and-john-sculley-fight-over-ceo/>.

41. Para selecionar apenas alguns projetos biologicamente inspirados no Media Lab, a partir de maio de 2016, o grupo Sculpting Evolution, de Kevin Esvelt, está estudando "gene drives" e engenharia ecológica; o grupo Mediated Matter, de Neri Oxman, está experimentando materiais microfluídicos e impressão 3D de materiais vivos; e o grupo Tangible Media, da Hiroshi Ishii, criou um tecido com "nanoatuadores vivos" que usam bactérias para abrir ou fechar aberturas no tecido em resposta à temperatura do corpo do usuário.

42. Malcolm Gladwell. "Creation Myth: Xerox PARC, Apple, and the Truth about Innovation." *New Yorker*, 16 de maio de 2011, <http://www.newyorker.com/magazine/2011/05/16 /creation-myth>.

256 NOTAS

CAPÍTULO 1:
EMERGÊNCIA ACIMA DA AUTORIDADE

1. Steven Johnson, *Emergence: The Connected Lives of Ants, Brains, Cities, and Software* (Nova York: Scribner, 2001), 64.

2. Balaji Prabhakar, Katherine N. Dektar e Deborah M. Gordon, "The Regulation of Ant Colony Foraging Activity without Spatial Information", Editado por Iain D. Couzin, *PLoS Computational Biology* 8, nº 8 (23 de agosto de 2012): e1002670. doi:10.1371/journal.pcbi.1002670. Veja também Bjorn Carey, "Stanford Biologist and Computer Scientist Discover the 'Anternet'", *Stanford Engineering: News and Updates*, 24 de agosto de 2012, <http://engineering.stanford.edu/news/stanford-biologist-computer-scientist-discover-anternet>.

3. F. A. Hayek, "The Use of Knowledge in Society," *American Economic Review* 35, nº 4 (1945): 519–30.

4. Em 15 de novembro de 2015, mais de 3,2 bilhões de pessoas (40% da população mundial) tinham acesso à internet, <http://www.internetlivestats.com/internet-users/>.

5. Jim Giles, "Internet encyclopaedias go head to head", *Nature* 438 (15 de dezembro de 2005), 900–901.

6. Prabhakar, Dektar e Gordon, "The Regulation of Ant Colony Foraging Activity without Spatial Information".

7. Organização Mundial da Saúde, "Tuberculosis: Fact Sheet No. 104", revisado em março de 2016, <http://www.who.int/mediacentre/factsheets/fs104/en/>.

8. Thomas M. Daniel, "The History of Tuberculosis," *Respiratory Medicine* 100, issue 11 (Novembro de 2006):

DISRUPÇÃO E INOVAÇÃO   257

1862–70, <http://www.sciencedirect.com/science/article/pii/
S095461110600401X>.

9. Mark Nicas, William W. Nazaroff e Alan Hubbard, "Toward
Understanding the Risk of Secondary Airborne Infection:
Emission of Respirable Pathogens", *Journal of Occupational
and Environmental Hygiene* 2, nº 3 (2005): 143–54,
doi:10.1080/15459620590918466, PMID 15764538.

10. Centers for Disease Control and Prevention (CDC),
"Tuberculosis Morbidity — United States, 1994", *Morbidity
and Mortality Weekly Report* 44, nº 20 (26 de maio de
1995): 387–89, 395, <http://www.ncbi.nlm.nih.gov/
pubmed/7746263>.

11. Organização Mundial da Saúde, "What Is Multidrug-Resistant
Tuberculosis (MDR-TB) and How Do We Control It?",
atualizado em outubro de 2015, <http://www.who.int/features/
qa/79/en/>.

12. Organização Mundial da Saúde, "WHO's First Global Report
on Antibiotic Resistance Reveals Serious, Worldwide Threat
to Public Health", press release, 30 de abril de 2014, <http://
www.who.int/mediacentre/news/releases/2014/amr-report/
en/>.

13. Team Bettancourt, "Fight Tuberculosis with Modern
Weapons", <http://2013.igem.org/Team:Paris_Bettencourt>.

14. Ibid.

15. Entrevista com Jeff Howe.

16. Quando este livro estava perto da conclusão, os pesquisadores
do Joint BioEnergy Institute (JBEI) do Lawrence Berkeley
National Laboratory anunciaram o maior avanço na direção
de produzir biocombustíveis comercialmente viáveis a partir
de biomassa e *E. coli*. De acordo com a revista *Conservation*

da Universidade de Washington, o novo processo utiliza *E. coli* projetado para não só tolerar os sais fundidos usados para quebrar os materiais vegetais, mas também produzir enzimas que são tolerantes aos sais. O objetivo final é produzir biocombustíveis "com baixo custo e com um processo de uma panela só". Aindrila Mukhopadhyay, vice-presidente da Fuels Synthesis Division na JBEI, diz que: "Ser capaz de colocar os biocombustíveis em um processo de baixo custo, tudo junto em um ponto, afastar-se, voltar, e então obter seu combustível, é um passo necessário para evoluir na economia do combustível biológico". Veja Prachi Patel, "Green Jet Fuel in One Easy Step", *Conservation* magazine, 12 de maio de 2016, <http://conservationmagazine.org/2016/05 /green-jet-fuel-one-easy-step>; Marijke Frederix, Florence Mingardon, Matthew Hu, Ning Sun, Todd Pray, Seema Singh, Blake A. Simmons, Jay D. Keasling e Aindrila Mukhopadhyay, "Development of an *E. Coli* Strain for One-Pot Biofuel Production from Ionic Liquid Pretreated Cellulose and Switchgrass", Green Chemistry, 2016, doi:10.1039/C6GC00642F.

17. Nathaniel Rich, "The Mammoth Cometh", *New York Times Magazine*, 27 de fevereiro de 2014, <http://www.nytimes.com/2014/03/02/magazine/the-mammoth-cometh.html>.

18. Entrevista com Jeff Howe.

19. DIYBio, <https://diybio.org/>.

20. Ryan Mac, "Already Backed with Millions, Startups Turn to Crowdfunding Platforms for the Marketing", *Forbes*, 6 de agosto de 2014, <http://www.forbes.com/sites/ryanmac/2014/08/06/backed-with-millions-startups-turn-to-crowdfunding-for-marketing/#6cfda89c56a3>.

21. Para uma discussão mais ampla sobre *crowdsourcing*, Jeff recomenda, modestamente, seu primeiro livro, *Crowdsourcing:*

Why the Power of the Crowd Is Driving the Future of Business, (Nova York: Crown Business, 2009).

22. Veja, por exemplo, Christina E. Shalley e Lucy L. Gilson, "What Leaders Need to Know: A Review of Social and Contextual Factors That Can Foster or Hinder Creativity", *Leadership Quarterly* 15, n° 1 (2004): 33–53, doi:10.1016/j .leaqua.2003.12.004: "[Pesquisadores] identificaram um conjunto de traços essenciais de personalidade que são razoavelmente estáveis em todos os campos cuja consequência é que alguns indivíduos são mais criativos do que outros [...] Esses traços incluem interesses amplos, independência de julgamento, autonomia e um firme senso de ser criativo. Além de traços de personalidade, o desempenho criativo requer um conjunto de habilidades específicas para a criatividade [...] a capacidade de pensar criativamente, gerar alternativas, envolver-se em pensamento divergente e abster-se de julgamentos. Essas habilidades são necessárias porque a criatividade requer um estilo cognitivo-perceptivo que envolve a coleta e aplicação de informações diversas, uma memória precisa, o uso de soluções heurísticas eficazes e a habilidade e inclinação para se envolver em concentração profunda por longos períodos de tempo. Quando os indivíduos acessam uma variedade de alternativas, exemplos de soluções ou ideias potencialmente relacionadas, são mais propensos a estabelecer conexões que os levem a ser criativos". (Citações internas omitidas).

23. Entrevista com Jeff Howe.

24. Harold J. Morowitz, "The Understanding of Life: Defining Cellular Function at a Molecular Level and Complete Indexing of the Genome", publicado em data desconhecida, provavelmente em 1984, artigo fornecido por Tom Knight.

25. James J. Collins, Timothy S. Gardner e Charles R. Cantor, "Construction of a Genetic Toggle Switch in Escherichia

Coli", *Nature* 403, n° 6767 (20 de janeiro de 2000): 339–42, doi:10.1038/35002131.

26. Michael B. Elowitz e Stanislas Leibler, "A Synthetic Oscillatory Network of Transcriptional Regulators", *Nature* 403, n° 6767 (20 de janeiro de 2000): 335–38, doi:10.1038/35002125.

27. Tom Knight, Randall Rettberg, Leon Chan, Drew Endy, Reshma Shetty e Austin Che, "Idempotent Vector Design for the Standard Assembly of Biobricks," <http://people.csail.mit.edu/tk/sa3.pdf>.

28. Entrevista com Jeff Howe.

Capítulo 2:
Puxar acima de Empurrar

1. "Nuclear Meltdown Disaster", *Nova* (PBS), temporada 42, episódio 22.

2. Nassim Nicholas Taleb, *The Black Swan: The Impact of the Highly Improbable* (Londres: Penguin UK, 2008).

3. David Nakamura e Chico Harlan, "Japanese Nuclear Plant's Evaluators Cast Aside Threat of Tsunami", *Washington Post*, 23 de março de 2011, <https://www.washingtonpost.com/world/japanese-nuclear-plants-evaluators-cast-aside-threat-of-tsunami/2011/03/22/AB7Rf2KB_story.html>.

4. Yuki Sawai, Yuichi Namegaya, Yukinobu Okamura, Kenji Satake e Masanobu Shishikura, "Challenges of Anticipating the 2011 Tohoku Earthquake and Tsunami Using Coastal Geology", *Geophysical Research Letters* 39, nº 21 (Novembro de 2012), doi:10.1029/2012GL053692.

5. Gwyneth Zakaib, "US Government Advises Wider Evacuation Radius around Crippled Nuclear Plant", *Nature News Blog*, 16 de março de 2011, <http://blogs.nature.com/news/2011/03/us_residents_advised_to_evacua_1.html>.

6. "De certa maneira, [o Media Lab] é um negócio", declarou Moss ao *The Tech*, jornal estudantil do MIT, no momento de sua nomeação. Ele sugeriu que o Media Lab deveria realizar pesquisas sobre projetos de interesse de seus patrocinadores corporativos. "Você tem que encontrar um equilíbrio entre ter liberdade acadêmica e fazer diferentes tipos de pesquisa, e tendo o trabalho patrocinado por empresas que querem ver a pesquisa comercializada. No Media Lab, podemos ter que ir um passo além do que fizemos no passado e desenvolver protótipos com patrocinadores."

262 NOTAS

7. O endereço do site da organização: <http://www.safecast.org>.

8. "Nuclear Fears Spark Rush for Radiation Detectors", *Agence France-Presse*, 29 de março de 2011.

9. Sempre com o "b" minúsculo.

10. Andrew "bunnie" Huang, "Hacking the Xbox (An Introduction to Reverse Engineering)", s.d., <http://hackingthexbox.com/>.

11. As informações sobre o Safecast são provenientes de histórias publicadas da organização e de conversas com os fundadores.

12. Uma ideia pioneira de Jacob Schmookler em *Invention and Economic Growth* (Boston: Harvard University Press, 1966). Para mais da obra de Schmookler, veja F. M. Scherer, "Demand-Pull and Technological Invention: Schmookler Revisited", *The Journal of Industrial Economics* 30, nº 3 (1982): 225–37, <http://www.jstor.org/stable /2098216>.

13. Acesse <https://aws.amazon.com/what-is-cloud-computing/>.

14. David Weinberger. *Small Pieces Loosely Joined: A Unified Theory of the Web* (Nova York: Basic Books, 2003).

15. Dan Pink, "The Puzzle of Motivation", TED Talk, julho de 2009, <https://www.ted.com/talks/dan_pink_on_motivation>.

16. IETF, "Mission Statement", <https://www.ietf.org/about/mission.html>.

17. A partir de maio de 2016, mais de 80 instituições e organizações — incluindo a University Northeastern, de Jeff — se valeram do site Experiment.com para angariar fundos para pesquisas. Segundo o site, pesquisas financiadas com recursos oriundos dessa plataforma foram publicadas em 20 artigos científicos. <https://experiment.com/how-it-works>.

DISRUPÇÃO E INOVAÇÃO   263

18. Entrevista com Jeff Howe.

19. Para mais informações sobre o caso, incluindo documentos judiciais, veja "Rubin vs. New Jersey (Tidbit)", Electronic Frontier Foundation (EFF), <https://www.eff.org/cases/rubin-v-new-jersey-tidbit>.

20. Agora disponível em PDF na Bitcoin Foundation, <https://bitcoin.org/bitcoin.pdf>.

21. Erik Franco. "Inside the Chinese Bitcoin Mine That's Grossing $1.5M a Month", *Motherboard*, 6 de fevereiro de 2015, <http://motherboard.vice.com/read/chinas-biggest-secret-bitcoin-mine?utm_source=motherboardyoutube>.

22. Citado em Maria Bustillos, "The Bitcoin Boom", *New Yorker*, 1º de abril de 2013.

23. Joshua Davis. "The Crypto-Currency: Bitcoin and Its Mysterious Inventor." *The New Yorker*, 10 de outubro de 2011.

24. Ethan Zuckerman, "The Death of Tidbit and Why It Matters", *...My Heart's in Accra*, 28 de maio de 2015, <http://www.ethanzuckerman.com/blog/2015/05/28 /the-death-of-tidbit-and-why-it-matters/>.

25. John Hagel III, John Seely Brown e Lang Davison, *The Power of Pull: How Small Moves, Smartly Made, Can Set Big Things in Motion*, (Nova York: Basic Books, 2012)

26. Mark S. Granovetter, "The Strength of Weak Ties", *American Journal of Sociology* 78, nº 6 (1973): 1360–80, <http://www.jstor.org/stable/2776392>.

27. Malcolm Gladwell, "Small Change: Why the Revolution Will Not Be Tweeted", *New Yorker*, 4 de outubro de 2010, <http://www.newyorker.com/reporting/2010/10/04/101004fa_fact_gladwell?printable=true>.

264 Notas

28. Yves-Alexandre de Montjoye et al., "The Strength of the Strongest Ties in Collaborative Problem Solving", *Scientific Reports* 4 (20 de junho de 2014), doi:10.1038/srep05277.

29. Doug McAdam, "Recruitment to High-Risk Activism: The Case of Freedom Summer", *American Journal of Sociology* 92, nº 1 (1986): 64–90, <http://www.jstor.org/stable/2779717>.

30. "2013 Everett M. Rogers Award Colloquium", YouTube, <https://www.youtube.com/watch?v=9l9VYXKn6sg>.

31. Ramesh Srinivasan e Adam Fish, "Internet Authorship: Social and Political Implications within Kyrgyzstan", *Journal of Computer-Mediated Communication* 14, nº 3 (1º de abril de 2009): 559–80, doi:10.1111/j.1083-6101.2009.01453.x.

32. Ethan Zuckerman, *Digital Cosmopolitans: Why We Think the Internet Connects Us, Why It Doesn't, and How to Rewire It* (W. W. Norton & Company, 2013).

33. Semelhante à citação de William Gibson que aparece na introdução, a origem desse sentimento tão bem conhecido é obscura. O Institute for Cultural Studies, que Mead fundou em 1944, e que fechou as portas em 2009, diz que "Não fomos capazes de saber quando e onde isso foi primeiramente citado [...] Acreditamos que é provável que tenha entrado em circulação através de uma reportagem jornalística de algo dito espontânea e informalmente. Sabemos, entretanto, que estava firmemente enraizado em seu trabalho profissional e que refletia uma convicção expressada com frequência, em diferentes contextos e frases". <http://www.interculturalstudies.org/faq.html>.

34. Maria Popova, "Autonomy, Mastery, Purpose: The Science of What Motivates Us, Animated", *Brain Pickings*, <http://www.brainpickings.org/index.php/2013/05/09 /daniel-pink-drive-rsa-motivation/>.

DISRUPÇÃO E INOVAÇÃO   265

Capítulo 3:
Bússolas acima de Mapas

1. Entrevista com Jeff Howe.

2. James Aley, "Wall Street's King Quant David Shaw's Secret Formulas Pile Up Money. Now He Wants a Piece of the Net", *Fortune*, 1996, 3–5, <http://money.cnn.com /magazines/ fortune/fortune_archive/1996/02/05/207353/index.htm>.

3. Rob Copeland, "Two Sigma Readies New Global Equity Fund", *Institutional Investor Magazine*, 1º de novembro de 2011, <http://www.institutionalinvestor.com/article/2925681/asset-management-equities/two-sigma-readies-new -global-equity-fund-magazine-version.html#/.V0PhbpMrK34>.

4. Reportado pelo HFObserver em 2014. O site é restrito a seus membros e a página não está mais disponível.

5. "Silk Pavillion Environment | CNC Deposited Silk Fiber & Silkworm Construction | MIT Media Lab", acessado em 24 de maio de 2016, <http://matter.media.mit.edu/environments/ details/silk-pavillion>.

6. "CNSILK — CNC Fiber Deposition Shop-Bot Deposited Silk Fibers, MIT Media Lab", acessado em 24 de maio de 2016, <http://matter.media.mit.edu/tools/details/cnsilk>.

7. "The Year in Review," *Metropolis*, dezembro de 2013, <http:// www.metropolismag.com/December-2013/The-Year-in -Review/>.

8. Programa do International Student Assessment (PISA), "PISA 2012 Results — OECD", <http://www.oecd.org/pisa/ keyfindings/pisa-2012-results.htm>.

266   NOTAS

9. Paul E. Peterson et al., "Globally Challenged: Are U.S. Students Ready to Compete?", PEPG Report No. 11-03 (Cambridge, MA: Program on Education Policy and Governance, Harvard University), <http://hanushek.stanford.edu/publications/globally-challenged-are-us-students-ready-compete>.

10. Christina Clark Tuttle et al., "KIPP Middle Schools: Impacts on Achievement and Other Outcomes" (Washington, D.C.: Mathematica Policy Research, 27 de fevereiro de 2013), <https://www.mathematica-mpr.com/our-publications-and-findings/publications/kipp-middle-schools-impacts-on-achievement-and-other-outcomes-full-report>.

11. Veja "Standards in Your State | Common Core State Standards Initiative," acessado em 26 de maio de 2016, <http://www.corestandards.org/standards-in-your-state/>.

12. Anu Partanen, "What Americans Keep Ignoring About Finland's School Success", *Atlantic*, 29 de dezembro de 2011, <http://www.theatlantic.com/national/archive/2011/12/what-americans-keep-ignoring-about-finlands-school-success/250564/>.

13. Entrevista com Jeff Howe.

14. "The United States Standard Screw Threads", acessado em 26 de maio de 2016, <https://www.asme.org/about-asme/who-we-are/engineering-history/landmarks/234-the-united-states-standard-screw-threads>.

15. Tom Knight, "Idempotent Vector Design for Standard Assembly of Biobricks", *MIT Libraries*, 2003, 1–11, <http://dspace.mit.edu/handle/1721.1/45138>.

16. "About Me(redith)", <http://www.thesmartpolitenerd.com/aboutme.html>.

17. Entrevista com Jeff Howe.

18. Nicholas Wade, ed., *The New York Times Book of Genetics* (Guilford, CT: Lyons Press, 2002), 250.

19. Human National Human Genome Research Institute, "The Human Genome Project Completion: Frequently Asked Questions", <https://www.genome.gov/11006943>.

20. "MIT Independent Activities Period (IAP)", <http://web.mit.edu/iap/>.

21. "iGEM 2004 — The 2004 Synthetic Biology Competition — SBC04", <http://2004.igem.org/index.cgi>.

22. Anselm Levskaya et al., "Synthetic Biology: Engineering Escherichia Coli to See Light", *Nature* 438, nº 7067 (24 de novembro de 2005): 441–42, doi:10.1038/nature04405.

23. iGEM, "Main Page — Registry of Standard Biological Parts", acessado em 26 de maio de 2016, <http://parts.igem.org/Main_Page>.

24. "Team:Paris Bettencourt/Acceptance — 2015.igem.org", acessado em 26 de maio de 2016, <http://2015.igem.org/Team:Paris _Bettencourt/Acceptance>.

25. "Team:NYMU-Taipei — 2013.igem.org", acessado em 26 de maio de 2016, <http://2013.igem.org/Team:NYMU-Taipei>.

26. "Team:EPF Lausanne/Perspectives — 2013.igem.org", acessado em 26 de maio de 2016, <http://2013.igem.org/Team:EPF _Lausanne/Perspectives>.

27. De acordo com Negroponte, ele viu a frase escrita no relógio de parede do 4º andar do edifício original do Media Lab. Stewart Brand incluiu isso em seu livro a respeito do Media Lab, e um lema nasceu. Joichi Ito, "Deploy: How the Media

Lab's 'Demo or Die' Evolved to 'Deploy'", *PubPub*, 31 de janeiro de 2016, <http://www.pubpub.org/pub/deploy>.

28. Ibid.

29. "Seymour Papert", acessado em 26 de maio de 2016, <http://web.media.mit.edu/~papert/>.

30. Seymour Papert, "Papert on Piaget", 29 de março de 1999, <http://www.papert.org/articles/Papertonpiaget.html>. Originalmente publicado em *The Century's Greatest Minds*, revista *Time*, em 29 de março de 1999.

31. Seymour A. Papert, *Mindstorms: Children, Computers, And Powerful Ideas* (Nova York: Basic Books, 1993).

32. Ibid., xvi.

33. Eric Hintz, "Remembering Apple's '1984' Super Bowl Ad", *National Museum of American History*, 22 de janeiro de 2014, <http://americanhistory.si.edu/blog/2014/01 /remembering-apples-1984-super-bowl-ad.html>.

34. De uma entrevista com Mitch Resnick.

35. "About Us", *Scratch Foundation*, acessado em 27 de maio de 2016, <http://www.scratchfoundation.org/about-us/>.

Capítulo 4:
Risco acima da Segurança

1. Há, é claro, mais lojas Apple agora — mais de 400 delas no mundo todo, na última contagem. "Apple Retail Store — Store List", Apple, <http://www.apple.com/retail/storelist/>.

2. Liam Casey, entrevista com Jeff Howe, 3 de abril de 2012.

3. Desde então, Hu se afastou do hardware para se concentrar somente em software. Lyndsey Gilpin, "Julia Hu: Lark Founder. Digital Health Maven. Hip-Hop Dancer", *TechRepublic*, 27 de julho de 2015, <http://www.techrepublic. com /article/julia-hu-lark-founder-digital-health-maven-hip-hop-dancer/>.

4. É esperado um aumento no valor para $3 trilhões até 2020. Michael De Waal-Montgomery, "China and India Driving $3T Consumer Electronics Boom, Smart Home Devices Growing Fastest", *VentureBeat*, s.d., <http://venturebeat. com/2015/11/05/china-and-india-driving-3t-consumer-electronics-boom-smart-home-devices-growing-fastest/>.

5. Steven Levy, "Google's Larry Page on Why Moon Shots Matter", *WIRED*, 17 de janeiro de 2013, <http://www.wired. com/2013/01/ff-qa-larry-page/>.

6. David Rowan, "Chinese Pirates Are Tech's New Innovators", *Wired UK*, 1º de junho de 2010.

7. David Barboza, "In China, Knockoff Cellphones Are a Hit", *New York Times*, 27 de abril de 2009, <http://www.nytimes. com/2009/04/28/technology/28cell.html>.

270   NOTAS

8. Robert Neuwirth, "The Shadow Superpower", *Foreign Policy*, acessado em 29 de maio de 2016, <https://foreignpolicy. com/2011/10/28/the-shadow-superpower/>.

9. Douglas S. Robertson et al., "K-Pg Extinction: Reevaluation of the Heat-Fire Hypothesis", *Journal of Geophysical Research: Biogeosciences* 118, n° 1 (1° de março de 2013): 329–36, doi:10.1002/jgrg.20018.

10. Bjorn Carey, "The Perils of Being Huge: Why Large Creatures Go Extinct", Live Science, 18 de julho de 2006, <http://www. livescience.com/4162-perils-huge-large-creatures-extinct. html>.

11. "MLTalks: Bitcoin Developers Gavin Andresen, Cory Fields e Wladimir van Der Laan" (MIT Media Lab, 17 de novembro de 2015), <http://www.media.mit.edu/events/2015/11/17/ mltalks-bitcoin-developers-gavin -andresen-cory-fields-and-wladimir-van-der-laan>.

12. A justificativa imediata para revogar o acesso ao compromisso de Andresen foi uma postagem no blog escrita por ele em que afirmava acreditar que o programador australiano Craig Wright dizia ser Satoshi Nakamoto, o que outros desenvolvedores centrais tomaram como prova de que Andresen havia sido hackeado. Para uma visão geral da controvérsia, veja Maria Bustillos, "Craig Wright's 'Proof' He Invented Bitcoin Is the 'Canadian Girlfriend of Cryptographic Signatures'", *New York*, 3 de maio de 2016, <http://nymag. com/selectall/2016/05/craig-wright-s-proof -he-invented-bitcoin-is-basically-a-canadian-girlfriend.html>.

13. "2009 Exchange Rate — New Liberty Standard", 5 de fevereiro de 2010, <http://newlibertystandard.wikifoundry. com /page/2009+Exchange+Rate>.

Disrupção e Inovação   271

14. John Biggs, "Happy Bitcoin Pizza Day!", *TechCrunch*, 22 de maio de 2015, <http://social.techcrunch.com/2015/05/22/happy-bitcoin-pizza-day/>.

15. Robert McMillan, "The Inside Story of Mt. Gox, Bitcoin's $460 Million Disaster", *WIRED*, 3 de março de 2014, <http://www.wired.com/2014/03/bitcoin-exchange/>.

16. Cade Metz, "The Rise and Fall of the World's Largest Bitcoin Exchange", *WIRED*, 6 de novembro de 2013, <http://www.wired.com/2013/11/mtgox/>.

17. Ibid.

18. AP, "Tokyo Court Starts Mt. Gox Bankruptcy Proceedings — The Boston Globe", *BostonGlobe.com*, 25 de abril de 2014, <https://www.bostonglobe.com /business/2014/04/25/tokyo-court-starts-gox-bankruptcy-proceedings/1dcuC1YIYb1jJrd8ut8JjJ/story.html>.

19. Metz, "The Rise and Fall of the World's Largest Bitcoin Exchange".

20. Jon Southurst, "Mt. Gox Files for Bankruptcy, Claims $63.6 Million Debt", *CoinDesk*, 28 de fevereiro de 2014, <http://www.coindesk.com/mt-gox-files-bankruptcy-claims-63-6m-debt/>.

21. "MtGox Finds 200,000 Missing Bitcoins in Old Wallet", *BBC News*, acessado em 29 de maio de 2016, <http://www.bbc.com/news/technology-26677291>.

22. Jon Southurst, "Missing Mt Gox Bitcoins Likely an Inside Job, Say Japanese Police", *CoinDesk*, 1º de janeiro de 2015, <http://www.coindesk.com/missing-mt-gox-bitcoins-inside-job-japanese-police/>.

23. Tim Hornyak, "Police Blame Fraud for Most of Mt. Gox's Missing Bitcoins", *Computerworld*, 31 de dezembro de 2014, <http://www.computerworld.com/article/2863167/police-blame-fraud-for-most-of-mt-goxs-missing-bitcoins.html>.

24. "MtGox Bitcoin Chief Mark Karpeles Charged in Japan", *BBC News*, 11 de setembro de 2015, <http://www.bbc.com/news/business-34217495>.

25. Adrian Chen, "The Underground Website Where You Can Buy Any Drug Imaginable", *Gawker*, 1º de junho de 2011, <http://gawker.com/the-underground-website-where-you-can-buy-any-drug-imag-30818160>.

26. Sarah Jeong, "The DHS Agent Who Infiltrated Silk Road to Take Down Its Kingpin", *Forbes*, 14 de janeiro de 2015, <http://www.forbes.com/sites/sarahjeong/2015/01/14/the-dhs-agent-who-infiltrated-silk-road-to-take-down-its-kingpin/#6250111369dd>.

27. Andy Greenberg, "Silk Road Mastermind Ross Ulbricht Convicted of All 7 Charges", *WIRED*, 4 de fevereiro de 2015, <https://www.wired.com/2015/02/silk-road-ross-ulbricht-verdict/>.

28. Riley Snyder, "California Investor Wins Federal Government's Bitcoin Auction", *Los Angeles Times*, 2 de julho de 2014, <http://www.latimes.com/business/technology/la-fi-tn-bitcoin-auction-20140702-story.html>.

29. John Biggs, "US Marshals to Sell 44,000 BTC at Auction in November", *TechCrunch*, 5 de outubro de 2015, <http://social.techcrunch.com/2015/10/05/us-marshals-to-sell-44000-btc-at-auction-in-november/>.

30. "FAQ — Bitcoin", Bitcoin.org, acessado em 29 de maio de 2016, <https://bitcoin.org/en/faq>.

31. Eric Hughes, "A Cypherpunk's Manifesto", *Electronic Frontier Foundation*, 9 de março de 1993, <https://w2.eff.org/Privacy/Crypto/Crypto_misc/cypherpunk.manifesto>.

32. Joichi Ito, "Shenzhen Trip Report — Visiting the World's Manufacturing Ecosystem", *Joi Ito's Web*, 1º de setembro de 2014, <http://joi.ito.com/weblog/2014/09/01/shenzhen-trip-r.html>.

33. "Phantom Series — Intelligent Drones", *DJI*, <http://www.dji.com/products/phantom>.

34. "The World's First and Largest Hardware Accelerator", *HAX*, https://hax.co/.

Capítulo 5:
Desobediência acima da Observância

1. David A. Hounshell e John Kenly Smith, *Science and Corporate Strategy: Du Pont R and D, 1902–1980* (Cambridge University Press, 1988).

2. Pap Ndiaye, *Nylon and Bombs: DuPont and the March of Modern America* (Baltimore: JHU Press, 2007).

3. Hounshell e Smith, *Science and Corporate Strategy*.

4. Ibid.

5. Gerard Colby, *Du Pont: Behind the Nylon Curtain* (Englewood Cliffs, NJ: Prentice-Hall [1974], 1974).

6. Hounshell e Smith, *Science and Corporate Strategy*.

7. "Wallace Carothers and the Development of Nylon: National Historic Chemical Landmark", *American Chemical Society*, s.d., <http://www.acs.org/content/acs/en/education/whatischemistry/landmarks/carotherspolymers.html>.

8. Thomas S. Kuhn, *The Structure of Scientific Revolutions: 50th Anniversary Edition*, (University of Chicago Press, 2012).

9. Zachary Crockett, "The Man Who Invented Scotch Tape", *Priceonomics*, 30 de dezembro de 2014, <http://priceonomics.com/the-man-who-invented-scotch-tape/>.

10. Tim Donnelly, "9 Brilliant Inventions Made by Mistake", *Inc.com*, 15 de agosto de 2012, <http://www.inc.com/tim-donnelly/brilliant-failures/9-inventions-made-by-mistake.html>.

11. David R. Marsh et al., "The Power of Positive Deviance", *BMJ* 329, nº 7475 (11 de novembro de 2004): 1177–79, doi:10.1136/bmj.329.7475.1177.

12. Tina Rosenberg, "When Deviants Do Good", *New York Times*, 27 de fevereiro de 2013, <http://opinionator.blogs.nytimes.com/2013/02/27/when-deviants-do-good/>.

13. David Dorsey, "Positive Deviant", *Fast Company*, 30 de novembro de 2000, <http://www.fastcompany.com/42075/positive-deviant>.

14. "Austin Hill — Venture Partner @ Montreal Start Up", *CrunchBase*, acessado em 30 de maio de 2016, <https://www.crunchbase.com/person/austin-hill#/entity>.

15. Mathew Ingram, "Austin Hill, Internet Freedom Fighter", *The Globe and Mail*, 4 de outubro de 1999.

16. Joseph Czikk, "'A Straight Out Scam': Montreal Angel Austin Hill Recounts First Business at FailCampMTL", *Betakit*, 25 de fevereiro de 2014, <http://www.betakit.com/montreal-angel-austin-hill-failed-spectacularly-before-later-success/>.

17. Konrad Yakabuski, "Future Tech: On Guard", *Globe and Mail*, 25 de agosto de 2000, sec. Metro.

18. David Kalish, "Privacy Software Reason for Concern", *Austin American-Statesman*, 14 de dezembro de 1999.

19. Desenvolvido por Merrill Flood e Melvin Dresher para a RAND Corporation em 1950 e formalizado pelo matemático de Princeton Albert W. Tucker, o dilema do prisioneiro descreve uma situação na qual dois participantes devem tomar uma decisão sem consultar o outro, mas sabendo que o resultado depende parcialmente do que o outro participante decidir. No exemplo clássico, oferece-se aos

dois prisioneiros a chance de confessar. Se apenas um deles confessar, ele é solto, enquanto o outro vai para a prisão; se ambos permanecerem em silêncio, serão acusados de um crime menor; se ambos confessarem, os dois serão presos, mas suas sentenças serão reduzidas. A opção mais vantajosa é que ambos os participantes permaneçam em silêncio, mas a escolha mais comum é confessar — nenhum dos jogadores quer correr o risco de que o outro confesse e o mande para a prisão. Variações do dilema do prisioneiro são frequentemente usadas para explorar questões de economia e moralidade. "Prisoner's Dilemma", *Stanford Encyclopedia of Philosophy*, revisado em 29 de agosto de 2014, <http://plato.stanford.edu/entries/prisoner-dilemma/>.

20. Austin Hill, "On Your Permanent Record: Anonymity, Pseudonymity, Ephemerality & Bears Omfg!", *Medium*, 17 de março de 2014, <https://medium.com/@austinhill/on-your-permanent-record-f5ab81f9f654#.ak8ith7gu>.

21. Felix Martin, *Money: The Unauthorized Biography* (Nova York: Knopf Doubleday Publishing Group, 2015).

22. Ibid., 43.

23. Ibid., 55–60.

24. Simon Singh, *The Code Book: The Science of Secrecy from Ancient Egypt to Quantum Cryptography* (Nova York: Knopf Doubleday Publishing Group, 2011). Edição do Kindle, capítulo 1: "The Cipher of Mary, Queen of Scots."

25. Ibid.

26. Pierre Berloquin, *Hidden Codes & Grand Designs: Secret Languages from Ancient Times to Modern Day* (Nova York: Sterling Publishing Company, Inc., 2008).

27. Singh, *The Code Book*.

28. Ibid.

29. Singh, *The Code Book*, capítulo 2: "Le Chiffre Indéchiffrable"; Richard A. Mollin, An *Introduction to Cryptography* (Boca Raton, FL: CRC Press, 2000).

30. Singh, *The Code Book*.

31. Singh, *The Code Book*, capítulo 6: "Alice and Bob Go Public".

32. C. E. Shannon, "A Mathematical Theory of Communication", *SIGMOBILE Moble Computing Communications Review* 5, nº 1 (janeiro de 2001): 3–55, doi:10.1145/584091.584093.

33. C. E. Shannon, "Communication Theory of Secrecy Systems", *Bell System Technical Journal* 28, no. 4 (1º de outubro de 1949): 656–715, doi:10.1002/j.1538-7305.1949.tb00928.x.

34. B. Jack Copeland, *Colossus: The Secrets of Bletchley Park's Code-Breaking Computers* (OUP Oxford, 2006).

35. Russell Kay, "Random Numbers", 1º de abril de 2002.

36. Singh, *The Code Book*.

37. David R. Lide, ed., *A Century of Excellence in Measurements, Standards, and Technology: A Chronicle of Selected NIST Publications 1901–2000*, NIST Special Publication 958 (Washington, D.C.: U.S. Department of Commerce, National Institute of Standards and Technology, 2001).

38. W. Diffie e M. Hellman, "New Directions in Cryptography", *IEEE Transactions in Information Theory* 22, nº 6 (novembro de 1976): 644–54, doi:10.1109 /TIT.1976.1055638.

39. Steven Levy, "Battle of the Clipper Chip", *New York Times Magazine*, 12 de junho de 1994, <http://www.nytimes.com /1994/06/12/magazine/battle-of-the-clipper-chip.html>.

278 NOTAS

40. R. L. Rivest, A. Shamir, e L. Adleman, "A Method for Obtaining Digital Signatures and Public-Key Cryptosystems", *Communications of the ACM* 21, nº 2 (fevereiro de 1978): 120–26, doi:10.1145/359340.359342.

41. AP, "Firm Shuts Down Privacy Feature", *Calgary Herald*, 9 de outubro de 2001.

42. CCNMatthews (Canadá), "Radialpoint CEO a Finalist for Ernst & Young Entrepreneur of the Year Awards", *MarketWired*, 29 de julho de 2005.

43. Roberto Rocha, "What Goes Around Comes Around; Montreal-Based Akoha.com Encourages Acts of Kindness by Turning Altruism into a Game", *Gazette*, 14 de julho de 2009.

44. The Akoha Team, "Akoha Shutting Down August 15 2011", *Akoha Blog*, 2 de agosto de 2011, <https://blog.akoha. com/2011/08/02/akoha-shutting-down-august-15-2011/>.

45. Michael J. Casey, "Linked-In, Sun Microsystems Founders Lead Big Bet on Bitcoin Innovation", *Moneybeat* blog, *Wall Street Journal*, 17 de novembro de 2014, <http://blogs.wsj. com /moneybeat/2014/11/17/linked-in-sun-microsystems-founders-lead-big-bet-on-bitcoin-innovation/>.

46. "Enabling Blockchain Innovations with Pegged Sidechains", *r/Bitcoin*, Reddit, <http://www.reddit.com/r/Bitcoin/ comments/2k070h/enabling_blockchain_innovations_with_ pegged/clhak9c>.

47. Timothy Leary, "The Cyber-Punk: The Individual as Reality Pilot", *Mississippi Review* 16, nº 2/3 (1988).

48. T.F. Peterson, *Nightwork* (Cambridge, MA.: The MIT Press, 2011), <https://mitpress.mit.edu/books/nightwork>.

49. Enquanto a ciência que estuda o microbioma humano, que inclui bactérias intestinais, ainda está evoluindo, há intrigantes evidências de que nossas bactérias têm uma forte influência não só em nossa saúde, mas também em nosso comportamento. Veja, por exemplo, Charles Schmidt, "Mental Health: Thinking from the Gut", *Nature* 518, nº 7540 (26 de fevereiro de 2015): S12–15, doi:10.1038 /518S13a.; Peter Andrey Smith, "Can the Bacteria in Your Gut Explain Your Mood?", *The New York Times*, 23 de junho de 2015, <http://www.nytimes.com/2015/06/28/magazine/can-the-bacteria-in-your-gut-explain-your-mood.html>; e David Kohn, "When Gut Bacteria Changes Brain Function", *The Atlantic*, 24 de junho de 2015, <http://www.theatlantic.com/health / archive/2015/06/gut-bacteria-on-the-brain/395918/>.

280   Notas

Capítulo 6:
Prática acima da Teoria

1. Atribuído, e possivelmente apócrifo.

2. Os detalhes desta seção provêm de uma visita ao Quest to
    Learn em janeiro de 2014.

3. *Quest to Learn (Q2L)* — Middle School and High School,
    <http://www.q2l.org/>.

4. Pap Ndiaye, *Nylon and Bombs*, DuPont and the March of
    Modern America (Baltimore: Johns Hopkins University Press,
    2006), 164.

5. Jessica Guynn, "Google Gives Employees 20% Time to Work
    on Diversity", *USA TODAY*, 14 de maio de 2015, <http://www.
    usatoday.com/story/tech/2015/05/13/google-twenty-percent-
    time-diversity/27208475/>.

6. E os detalhes *desta* seção provêm de uma visita ao TwoSigma
    em dezembro de 2013.

7. Dave Winer, "Why You Should Learn to Code", *Scripting News*,
    27 de fevereiro de 2013, <http://threads2.scripting.com /2013/
    february/whyyoushouldlearntocode>.

8. Veja, por exemplo, Diana Franklin et al., "Assessment of
    Computer Science Learning in a Scratch-Based Outreach
    Program", em *Proceeding of the 44th ACM Technical Symposium
    on Computer Science Education*, SIGCSE '13 (Nova York, NY,
    EUA: ACM, 2013), 371–76, doi:10.1145/2445196.2445304.;
    e Shuchi Grover e Roy Pea, "Computational Thinking
    in K–12: A Review of the State of the Field", *Educational
    Researcher* 42, n° 1 (1° de janeiro de 2013): 38–43,
    doi:10.3102/0013189X12463051.

DISRUPÇÃO E INOVAÇÃO   281

9. James Gee, entrevista com Jeff Howe, 19 de abril de 2014.

10. Tim Mansel, "How Estonia Became E-Stonia", *BBC News*, 16 de maio de 2013, <http://www.bbc.com/news/business-22317297>.

11. Stuart Dredge, "Coding at School: A Parent's Guide to England's New Computing Curriculum", Guardian, 4 de setembro de 2014, <http://www.theguardian.com/technology/2014/sep/04/coding-school-computing-children-programming>.

12. Michael Barber et al., "The New Opportunity to Lead: A Vision for Education in Massachusetts in the Next 20 Years" (Massachusetts Business Alliance for Education, 2014), <http://www.mbae.org/wp-content/uploads/2014/03/New-Opportunity-To-Lead.pdf>.

13. Saad Rizvi, entrevista com Jeff Howe, 29 de janeiro de 2014.

14. John Dewey, *Interest and Effort in Education* (Nova York: Houghton Mifflin, 1913), refenciado em Mizuko Ito, "Seamless and Connected — Education in the Digital Age", *HFRP — Harvard Family Research Project*, 24 de abril de 2014, <http://www.hfrp.org/publications-resources/browse-our-publications/seamless-and-connected-education-in-the-digital-age>.

15. Para uma visão geral sobre as pesquisas recentes nessa área, veja Andrea Kuszewski, "The Educational Value of Creative Disobedience", *Scientific American Blog Network*, 7 de julho de 2011, <http://blogs.scientificamerican.com/guest-blog/the-educational-value-of-creative-disobedience/>; e Mizuko Ito et al., "Connected Learning: An Agenda for Research and Design" (Digital Media and Learning Research Hub, 31 de dezembro de 2012), <http://dmlhub.net/publications/connected-learning-agenda-for-research-and-design/>.

16. Joi, sua irmã Mizuko (Mimi) e Mitch Resnick tiveram uma discussão longa, abrangente e fascinante sobre essas questões durante o Spring 2014 Member Event do Media Lab. O vídeo online do *Spring 2014 Member Event: Learning over Education* (MIT Media Lab, 2014) está disponível em <http://www.media.mit.edu/video/view/spring14-2014-04-23-3>.

17. Tania Lombronzo, "'Cheating' Can Be an Effective Learning Strategy", NPR, 30 de maio de 2013, <http://www.npr.org/sections/13.7/2013/05/20/185131239/cheating-can -be-an-effective-learning-strategy>; Peter Nonacs, "Why I Let My Students Cheat on Their Exam", *Zócalo Public Square*, 15 de abril de 2013, <http://www.zocalopublicsquare.org/2013/04/15/why-i-let-my-students-cheat-on-the-final/ideas/nexus/>.

18. Dan Pink escreveu muito sobre essa questão. Veja Daniel H. Pink, *Drive: The Surprising Truth About What Motivates Us* (Nova York: Penguin, 2011); Dan Pink, "The Puzzle of Motivation", 2009, <https://www.ted.com/talks/dan_pink_on_motivation>.

19. Maria Popova, "Autonomy, Mastery, Purpose: The Science of What Motivates Us, Animated", *Brain Pickings*, <http://www.brainpickings.org/index.php/2013/05/09 /daniel-pink-drive-rsa-motivation/>.

20. Faith Wallis, *Medieval Medicine: A Reader* (University of Toronto Press, 2010).

DISRUPÇÃO E INOVAÇÃO   283

CAPÍTULO 7:
DIVERSIDADE ACIMA DA HABILIDADE

1. Firas Khatib et al., "Critical Structure of a Monometric Retroviral Protease Solved by Folding Game Players", *Nature Structural and Molecular Biology* 18 (2011): 1175–77, <http://www.nature.com/nsmb/journal/v18/n10/full /nsmb.2119.html>; "Mason Pfizer Monkey Virus", Microbe Wiki, <http://microbewiki.kenyon.edu/index.php/Mason_pfizer_monkey_virus>.

2. "Solve Puzzles for Science", *Foldit*, acessado em 1º de junho de 2016, <http://fold.it/portal/>.

3. Ewan Callaway, "Video Gamers Take on Protein Modellers", *Nature Newsblog*, acessado em 1º de junho de 2016, <http://blogs.nature.com/news/2011/09/tk.html>.

4. "Welcome to Eterna!", <http://eterna.cmu.edu/eterna_page.php?page=me_tab>.

5. Uma versão anterior dessa seção, incluindo as citações de Zoran Popović e Adrien Treuille, apareceram em *Slate*. Jeff Howe, "The Crowdsourcing of Talent", *Slate*, 27 de fevereiro de 2012, <http://www.slate.com/articles/technology/future_tense/2012/02/foldit_crowdsourcing_and_labor_.html>.

6. Jeff Howe, "The Rise of Crowdsourcing", *WIRED*, 1º de junho de 2006, <http://www.wired.com/2006/06/crowds/>.

7. Todd Wasserman, "Oxford English Dictionary Adds 'Crowdsourcing,' 'Big Data'", *Mashable*, 13 de juho de 2013, <http://mashable.com/2013/06/13/dictionary-new-words-2013/>.

8. "Longitude Found: John Harrison", *Royal Museums Greenwich*, 7 de outubro de 2015, <http://www.rmg.co.uk/discover/explore/longitude-found-john-harrison>.

9. Michael Franklin, "A Globalised Solver Network to Meet the Challenges of the 21st Century", *InnoCentive Blog*, 15 de abril de 2016, <http://blog.innocentive.com/2016/04/15/globalised-solver-network-meet-challenges-21st-century/>.

10. Karim R. Lakhani et al., "The Value of Openess in Scientific Problem Solving" (Cambridge, MA: Harvard Business School, janeiro de 2007), <http://hbswk.hbs.edu/item/the-value-of-openness-in-scientific-problem-solving>.

11. Scott E. Page, *The Difference: How the Power of Diversity Creates Better Groups, Firms, Schools, and Societies* (Princeton, NJ: Princeton University Press, 2008).

12. Katherine W. Phillips, "How Diversity Makes Us Smarter", *Scientific American*, 1º de outubro de 2014, <www.scientificamerican.com/how-diversity-makes-us-smarter/>.

13. Kerwin Charles e Ming-Ching Luoh, "Male Incarceration, the Marriage Market, and Female Outcomes", *The Review of Economics and Statistics*, 92, nº 3 (2010); 614–627.

14. Quatro anos depois, o número de alemães que aprovavam a perseguição racial se manteve estável em 5%, embora apenas 26% estivessem, nessa ocasião, dispostos a expressar sua *desaprovação*, em comparação aos 63% em 1938. Sarah Ann Gordon, *Hitler, Germans, and the "Jewish Question"* (Princeton, NJ: Princeton University Press, 1984), 262–63.

15. Obergefell *vs.* Hodges, 135 S. Ct. 2071 (Supreme Court of the United States 2015).

16. A American Society of Newspaper Editors (ASNE) publica um consenso anual que mede a diversidade em salas de redação de jornais. Para uma excelente análise do relacionamento entre a diversidade da mídia e a Grande Recessão, veja o artigo de Riva Gold' na revista *Atlantic*, "Newsroom Diversity: A Casualty of Journalism's Financial Crisis." (julho de 2013) httpp://www.theatlantic.com/national/archive/2013/07/newsroom-diversity-a-casualty-of-journalisms-financial-crisis/277622/.

286   Notas

Capítulo 8:
Resiliência acima da Força

1. "YouTube — Broadcast Yourself.", *Internet Archive Wayback Machine*, 28 de abril de 2005, <https://web.archive.org / web/20050428014715/http://www.youtube.com/>.

2. Jim Hopkins, "Surprise! There's a Third YouTube Co-Founder", *USA Today*, 11 de outubro de 2006, <http:// usatoday30.usatoday.com/tech/news/2006-10-11-youtube-karim_x .htm>.

3. Amy-Mae Elliott, "10 Fascinating YouTube Facts That May Surprise You", *Mashable*, 19 de fevereiro de 2011, <http:// mashable.com/2011/02/19/youtube-facts/>.

4. Keith Epstein, "The Fall of the House of Schrader", *Keith Epstein. Investigation | Communication | Insight*, 23 de abril de 2001, <http://www.kepstein.com/2001/04/23/the-fall-of-the-house-of-schrader/>.

5. Ellen McCarthy, "After the Glamour, a Modest Return", *Washington Post*, 18 de julho de 2005, sec. Business, <http://www.washingtonpost.com/wp-dyn/content/ article/2005/07/17/AR2005071700718.html>.

6. Embora nem todos concordem que uma abordagem do sistema imunológico para a segurança da rede seja realista, isso se tornou cada vez mais predominante ao longo dos últimos anos. Nicole Eagan, "What the Human Body Teaches Us about Cyber Security", *World Economic Forum*, 20 de agosto de 2015, <https://www.weforum.org/agenda/2015/08/ good-immune-system-wards-off-cyber-threats/>; Shelly Fan, "How Artificial Immune Systems May Be the Future of Cybersecurity", *Singularity HUB*, 27 de dezembro de 2015,

<http://singularityhub.com/2015/12/27/cyberimmunity-ai-based-artificial-immune-systems-may-be cybersecurity-of-the-future/>; "Workshop on Bio-Inspired Security, Trust, Assurance and Resilience (BioSTAR 2016)" (37th IEEE Symposium on Security and Privacy, IEEE S&P 2016 Workshop), San Jose, CA, 26 de maio de 2016), <http://biostar.cybersecurity.bio/>.

7. Em *The Code Book*, Simon Singh dá um exemplo no qual Alice e Bob começam cada um com um balde de tinta amarela. Alice mistura um litro de roxo ao dela, Bob mistura um litro de vermelho, e então trocam os baldes. Alice agora põe outro litro de roxo no balde de Bob, enquanto Bob põe outro litro de vermelho no de Alice. Agora Bob e Alice têm, os dois, um balde idêntico de tinta escura marrom, mas Eve (a espiã) não será capaz de reproduzir a cor, mesmo que tenha acesso aos pigmentos que eles usaram. Ela poderia, naturalmente, colocar as informações de cor em um computador, que seria capaz de calcular misturas potenciais, mas imagine que, em vez de três cores, o balde contenha um milhão de cores, ou um bilhão, ou 100 quatrilhões. Mesmo o mais poderoso dos processadores pode levar mais tempo para isolar os pigmentos individuais do que o sol tem ainda para queimar. Singh, *The Code Book*, edição do Kindle, capítulo 6: "Alice and Bob Go Public".

8. Embora geralmente se credite a While Rivest, Shamir e Adleman a criação do primeiro código assimétrico funcional, ninguém na época tinha conhecimento de que James Ellis, Clifford Cocks e Malcolm Williamson, criptógrafos da GCHQ do Reino Unido, já haviam desenvolvido uma abordagem bastante similar. Entretanto, como o trabalho deles foi publicado somente em 1997, não teve grande influência no desenvolvimento da chave pública de criptografia. Ibid.

288 NOTAS

9. Amy Thomson e Cornelius Rahn, "Russian Hackers Threaten Power Companies, Researchers Say", *Bloomberg News*, 1º de julho de 2014, <http://www.bloomberg.com/news/articles/2014-06-30/symantec-warns-energetic-bear -hackers-threaten-energy-firms>.

10. Martin Giles, "Defending the Digital Frontier", *Economist*, 12 de julho de 2014, <http://www.economist.com/news/special-report/21606416-companies-markets-and-countries-are-increasingly-under-attack-cyber-criminals>.

11. Forrest, Hofmeyr and Edwards, "The Complex Science of Cyber Defense", *Harvard Business Review*, 24 de junho de 2013, <https://hbr.org/2013/06/embrace-the-complexity-of-cybe>.

12. "The World's Firt All-Machine Hacking Tournament", <http://www.cybergrandchallenge.com>.

13. Stephanie Forrest, Steven Hofmeyr e Benjamin Edwards, "The Complex Science of Cyber Defense".

14. John M. Barry, *The Great Influenza: The Epic Story of the Deadliest Plague in History* (Nova York: Penguin, 2005), 267.

15. Stephanie Forrest, Steven Hofmeyr e Benjamin Edwards, "The Complex Science of Cyber Defense".

16. Ibid.

17. Andrea Peterson, "Why One of Cybersecurity's Thought Leaders Uses a Pager instead of a Smart Phone", *Washington Post*, 11 de agosto de 2014, <https://www.washingtonpost.com/news/the-switch/wp/2014/08/11/why-one-of-cybersecuritys-thought-leaders-uses-a-pager-instead-of-a-smart-phone/>.

Capítulo 9:
Sistemas acima de Objetos

1. Comunicação com Joi Ito.

2. Entrevista com Jeff Howe.

3. Ferris Jabr e o pessoal da *Scientific American*, "Know Your Neurons: What Is the Ration of Glia to Neurons in the Brain?", *Scientific American*, 3 de junho de 2012.

4. Paul Reber, "What Is the Memory Capacity of the Human Brain?", *Scientific American*, 1º de maio de 2010, <http://www.scientificamerican.com/article/what-is-the-memory-capacity/>.

5. Nate, "How Much Is A Petabyte?", *Mozy Blog*, 2 de julho de 2009, <https://mozy.com/blog/misc/how-much-is-a-petabyte/>.

6. Mark Fischetti, "Computers versus Brains", *Scientific American*, 1º de novembro de 2011, <http://www.scientificamerican.com/article/computers-vs-brains/>.

7. Elwyn Brooks White, *Here Is New York* (New York Review of Books, 1949), 19.

8. Edward Boyden, "A History of Optogenetics: The Development of Tools for Controlling Brain Circuits with Light", *F1000 Biology Reports* 3 (3 de maio de 2011), doi:10.3410/B3-11.

9. Boyden, "A History of Optogenetics".

10. "Edward Boyden Wins 2016 Breakthrough Prize in Life Sciences", *MIT News*, 9 de novembro de 2015, <http://news.mit.edu/2015/edward-boyden-2016-breakthrough-prize-life-sciences-1109>.

290 NOTAS

11. John Colapinto, "Lighting the Brain", *New Yorker*, 18 de maio de 2015, <http://www.newyorker.com/magazine/2015/05/18/lighting-the-brain>.

12. Quinn Norton, "Rewiring the Brain: Inside the New Science of Neuroengineering", *WIRED*, 2 de março de 2009, <http://www.wired.com/2009/03/neuroengineering1/>.

13. Katherine Bourzac, "In First Human Test of Optogenetics, Doctors Aim to Restore Sight to the Blind", *MIT Technology Review*, 19 de fevereiro de 2016, <https://www.technologyreview.com/s/600696/in-first-human-test-of-optogenetics-doctors-aim-to-restore-sight-to-the-blind/>.

14. Anne Trafton, "Seeing the Light", *MIT News*, 20 de abril de 2011, <http://news.mit.edu/2011/blindness-boyden-0420>.

15. Karl Deisseroth, "Optogenetics: Controlling the Brain with Light [Extended Version]", *Scientific American*, 20 de outubro de 2010, <http://www.scientificamerican.com/article/optogenetics-controlling/>.

16. Ibid.

17. Ernst Bamberg, "Optogenetics", *Max-Planck-Gesellschaft*, 2010, <https://www.mpg.de/18011/Optogenetics>.

18. Udi Nussinovitch e Lior Gepstein, "Optogenetics for in Vivo Cardiac Pacing and Resynchronization Therapies", *Nature Biotechnology* 33, n° 7 (julho de 2015): 750–54, doi:10.1038/nbt.3268.

19. Deisseroth, "Optogenetics: Controlling the Brain with Light [Extended Version]".

20. "1985 | Timeline of Computer History", *Computer History Museum*, acessado em 7 de junho de 2016, <http://www.computerhistory.org/timeline/1985/>.

21. Citado em Tom Collins, *The Legendary Model T Ford: The Ultimate History of America's First Great Automobile* (Fort Collins, CO.: Krause Publications, 2007), 155.

22. Henry Ford, *My Life and Work* (Nova York: Doubleday, 1922), 73.

23. David Gartman, "Tough Guys and Pretty Boys: The Cultural Antagonisms of Engineering and Aesthetics in Automotive History", *Automobile in American Life and Society*, acessado em 7 de junho de 2016, <http://www.autolife.umd.umich.edu/Design/Gartman/D_Casestudy/D_Casestudy3.htm>.

24. Elizabeth B-N Sanders, "From User-Centered to Participatory Design Approaches", *Design and the Social Sciences: Making Connections*, 2002, 1–8.

25. Citado em Drew Hansen, "Myth Busted: Steve Jobs Did Listen to Customers", *Forbes*, 19 de dezembro de 2013, <http://www.forbes.com/sites/drewhansen/2013/12/19/myth-busted-steve-jobs-did-listen-to-customers/>.

26. Sanders, "From User-Centered to Participatory Design Approaches".

Conclusão

1. E quanto menos for dito sobre o "jogo do vômito de sangue" de 1835, melhor.

2. Sensei's Library, "Excellent Move", última edição em 31 de maio de 2016, <http://senseis.xmp.net/?Myoshu>.

3. Isso soa improvável, não é? E ainda assim é verdadeiro. Para uma explicação acessível sobre a matemática envolvida, veja Eliene Augenbraun, "Epic Math Battles: Go versus Atoms", *Scientific American 60-Second Science Video*, 19 de maio de 2016, <http://www.scientificamerican.com/video/epic-math-battles-go-versus-atoms>.

4. Xiangchuan Chen, Daren Zhang, Xiaochu Zhang, Zhihao Li, Xiaomei Meng, Sheng He, Xiaoping Hu, "A Functional MRI Study of High-Level Cognition: II. The Game of GO", *Cognitive Brain Research*, 16, issue 1 (março de 2003): 32–37, ISSN 0926-6410, <http://dx.doi.org/10.1016/S0926-6410(02)00206-9>.

5. Rémi Coulom, "Efficient Selectivity and Backup Operators in Monte-Carlo Tree Search." *Computers and Games, 5th International Conference, CG 2006, Turin, Italy, May 29–31, revised papers*, H. Jaap van den Herik, Paolo Ciancarini, H. H. L. M. Donkers, eds., Springer, 72–8, http://citeseerx.ist.psu.edu/viewdoc/summary?doi=10.1.1.81.6817

6. David Silver, Aja Huang, Chris J. Maddison, Arthur Guez, Laurent Sifre, George Van Den Driessche, Julian Schrittwieser et al., "Mastering the Game of Go with Deep Neural Net-works and Tree Search," *Nature* 529, no. 7587 (2016): 484–489.

7. Elizabeth Gibney, "Go Players React to Computer Defeat," *Nature News*, 27 de janeiro de 2016, http://www.nature.com/news/go-players-react-to-computer-defeat-1.19255.

8. Mark Zuckerberg, Facebook, postado em 27 de janeiro de 2016, https://www.facebook.com/zuck/posts/10102619979696481?comment_id=10102620696759481&comment_tracking=%7B%22tn%22%3A%22R0%22%7D.

9. Cade Metz, "In Two Moves, AlphaGo and Lee Sedol Redefined the Future," *Wired*, 16 de março de 2016, http://www.wired.com/2016/03/two-moves-alphago-lee-sedol-redefined-future/.

10. Cade Metz, "The Sadness and Beauty of Watching Google's AI Play Go," *Wired*, 11 de março de 2016, http://www.wired.com/2016/03/sadness-beauty-watching-googles-ai-play-go/.

11. Em 2016, o Super Bowl foi assistido por 111,9 milhões de pessoas, em comparação aos 280 milhões do video do jogo de Sedol contra o AlphaGo. Frank Pallotta e Brian Stelter, "Super Bowl 50 Audience Is Third Largest in TV History," *CNN Money*, 8 de fevereiro de 2016, http://money.cnn.com/2016/02/08/media/super-bowl-50-ratings/.

12. Baek Byung-yeul, "Lee-AlphaGo Match Puts Go Under Spotlight," *Korea Times*, 10 de março de 2016, http://www.koreatimes.co.kr/www/news/nation/2016/04/663_200122.html.

13. Iyad Rahwan, "Society-in-the-Loop: Programming the Algorithmic Social Contract," Medium, 13 de agosto de 2016. http://medium.com/mit-media-lab/society-in-the-loop-54ffd71cd802#.2mx0bntqk.

14. Yochai Benkler, "Coase's Penguin, or, Linux and the Nature of the Firm," *Yale Law Journal* (2002): 369–446.

15. Melanie Mitchell, *Complexity: A Guided Tour* (Nova York: Oxford University Press, 2009), ix.

Sobre os Autores

Joichi "Joi" Ito é reconhecido por seu trabalho como ativista, empresário, capitalista de risco e defensor da democracia emergente, privacidade e liberdade na internet. Como diretor do MIT Media Lab, ele está atualmente explorando como novas abordagens radicais da ciência e da tecnologia podem transformar a sociedade de forma substancial e positiva. Ito foi presidente da diretoria e CEO da Creative Commons, e faz parte dos conselhos de administração da Sony Corporation, John S. e James L. Knight Foundation, John D. e Catherine T. MacArthur Foundation, New York Times Company e da Fundação Mozilla. As honrarias de Ito incluem sua participação na lista da "Cyber-Elite" da revista *TIME* em 1997 (com 31 anos de idade) e ser selecionado como um dos "Global Leaders for Tomorrow" pelo Fórum Econômico Mundial (2001). Em 2008, a *BusinessWeek* o nomeou como uma das "25 Pessoas Mais Influentes na Web". Em 2011, recebeu o Lifetime Achievement Award do Oxford Internet Institute. Em 2013 lhe foi concedido o grau honorário DLitt (Doutor em Letras) pela New School, em Nova York, e em 2015 o título de doutor honorário em Human Letters pela University Tufts. Em 2014 ele foi introduzido no SXSW Interactive Hall of Fame; também em 2014 foi um dos agraciados com o prêmio Golden Plate da Academy of Achievement.

Jeff Howe é professor-assistente na Northeastern University e coordenador do programa de Inovação de Mídia. Editor de longa data contribuindo para a *Wired*, cunhou o termo *"crowdsourcing"* em um artigo de 2006 para essa revista. Em 2008 publicou um livro pela Random House que analisava com maior profundidade o fenômeno da colaboração online maciça. Intitulado *Crowdsourcing: How the Power of the Crowd Is Driving the Future of Business*, foi traduzido para dez idiomas. Ele foi um Nieman Fellow na Universidade de Harvard durante o ano letivo de 2009–2010, e atualmente é um acadêmico visitante no MIT Media Lab. Escreveu para o *Washington Post*, Newyorker.com, *New York Times*, *Time*, *Newsweek* e muitas outras publicações. Mora em Cambridge, Massachusetts, com sua esposa e dois filhos.

Índice

A

acidente nuclear 56

adaptabilidade 22

Alan Turing 133

Alexander Graham Bell 6

Alexis de Toqueville 9

algoritmos 65, 75, 76, 88, 192,
  207, 230

Alzheimer 206

Amazon 57, 58, 76

análise quantitativa 75

Anonymous 27, 31

AOL 58, 68

Apple 7, 21, 91, 101

aprendizagem criativa 23

aquecimento global 19

automação 127

autoridade 25–45

B

Bernie Sanders 27

big data 21

BioBrick 42, 43, 84, 85, 86, 87

biohackers 35, 88

biohacking 36

biologia sintética 35, 36, 40, 41,
  42–43, 84, 85, 86, 147, 177

Bitcoin 60, 61, 63, 64, 65, 66, 67,
  109, 110, 111, 136

Black Lives Matter 171

blockchain 61, 63, 64, 67, 136

Blockstream 136–137

British Museum 11

C

campos emergentes 119

capital
  de risco 37, 104, 135
    financeiro 58, 67, 244

capitalismo 103, 104, 166

Charles Darwin 11

Chernobyl 51

cibersegurança 12, 16, 132, 188,
  190, 196

ciência
  da computação 76, 83, 85, 94,
    148, 150, 155
    exatas 22

cientistas-cidadãos 35, 37,
  56, 165

cinema 4, 5, 14

Coca-Cola 16

comportamento humano 75

cooperação 45, 79

crenças 8, 10, 31, 161

crescimento populacional 15

criatividade 56, 77, 96, 106, 124,
  126, 127, 138, 156, 158, 167,
  226, 228, 235–236, 242

criptoanálise 132, 134

302 ÍNDICE

criptografia 9, 63, 64, 128, 129,
131, 132, 134, 139, 190, 191, 194

Cristianismo 15–16

crowdfunding 37, 58, 67

crowdsourcing 36, 37, 58,
166–167, 179, 297

D

David Siegel 75, 81, 93, 148

democracia emergente 27,
44, 297

desastre nuclear 51

desenvolvimento humano 8

design crítico 137

desobediência criativa 38, 126

DNA 11, 20, 34, 41, 42, 58, 82, 84,
85, 87, 107, 242

doença 33, 34

dogma 27

Donald trump 27–28

D. W. Griffith 14

E

Ebay 186

ecologia 23

ecossistemas 117, 155

Edward Snowden 139

Einstein 9

Eldridge Reeves Johnson 6

empreendedores 5, 37, 101, 112, 119

engenharia
genética 13, 84, 208
social 42

enquadram nas inúmeras formas
de qualquer idioma 29

epidemia 33, 159, 171, 197

era
analógica 16
de disrupção 126
digital 9, 92, 146, 167, 189

espionagem industrial 115,
116, 117

Estado Islâmico 44

evolução 5, 10, 28, 29, 196, 197,
216

evolucionistas 10

F

Finlândia 80

fonógrafo 6

Friedrich Hayek 30

Fukushima 49, 50, 51, 52, 54, 55,
56, 67

G

Galileo 31

Gandhi 138

genética 34, 35, 36, 41, 43, 84,
197, 208

geólogos 49

Google 106, 136, 147, 175, 181, 186, 213, 214

governos autoritários 27

Guerra Mundial 12, 33, 132, 133, 134, 174, 189

H

hackers 12, 16, 67, 101, 111, 137, 193, 195, 207, 230

hacktivistas 27, 31

Harvard 15, 35, 86, 123, 124, 168, 174, 196, 203, 233, 242

hashcash 63

Hitler 172

HIV 165

Holocausto 12

holografia 21

Homo sapiens 17, 174, 229

I

Idade Média 19, 174

ideologias 8

idioma, inúmeras formas 29

Iluminismo 130

Império Romano 18

incubadoras 39, 84

Indiegogo 37

inovação 21, 53, 57, 59, 70, 80, 104, 107, 115, 124, 127, 150, 157, 234

inteligência

artificial 9, 15, 21, 93, 155, 157, 213, 223, 226, 230, 231, 232

coletiva 27, 229, 231

interconectividade 22, 160, 192

Isaac Newton 31

J

Japão 11, 49, 50, 51, 54, 56, 103, 110, 111, 113, 116, 119, 126, 186

John Hagel 57, 242

K

Kickstarter 37, 56, 58, 67

L

L'Arriveé d'un Train 4

Lei de Moore 11, 13, 35, 38, 85, 235

linguagens de programação 81, 149

Lumière 3, 4, 5, 13

M

malwares 195, 196

Manifesto do Cypherpunk 112

Martinho Lutero 27

ÍNDICE

Martin Loiperdinger 4

Martin Luther King Jr. 174

Media Lab 20–23

meios de comunicação 20, 179, 199

mercado financeiro 75

Michel Foulcault 8

microbiologia 165

Microsoft 7, 56, 57

minorias 171, 175–176, 179–180

mobilidade 213

modelo de gestão 104

modelos mentais 90

moedas digitais 127, 136

movimentos sociais 68

N

neurobiologia 22, 204

nylon 124

O

O Nascimento de Uma Nação 14

optogenética 208, 209

P

P2P 63

Paris 3, 34, 159

Partido Nazista 172

patentes 107, 116

Paul David 7

PayPal 186

perseguição racial 172

Placa do Pacífico 49

política 10, 27, 60, 65, 68–69, 125, 155, 169, 179

Prêmio Nobel 12, 125, 138, 229, 236

Primavera Árabe 27, 31, 44, 68

processo criativo 84

processos cognitivos coletivos 29

produtividade agrícola 12

programação 41, 60, 91, 92

programadores 81, 84, 92, 93

propriedade intelectual 21, 115

publicidade 61, 67, 167

R

radiação 51, 52, 54, 55, 56, 67

realidade virtual 12, 21

Red Bull 60

Revolução

  Industrial 3, 9, 84

  política 10

robôs 16, 21, 92, 116, 117, 156, 158

robótica 83, 150

S

Safecast 55, 56, 59, 67, 69

Samuel Morse 5, 6

Satoshi Nakamoto 63, 109

saúde pública 33

Scalable Cooperation 44, 231

Scratch 75, 82, 83, 93, 95, 147, 148, 149, 150, 151, 152, 153

segurança cibernética 194, 195, 197

seleção natural 11

singularidade 89, 229

Sistemas

  complexos 167, 195, 196

  de crenças 8, 10

  educacional 20, 23, 71, 126, 149, 154, 158

  emergentes 27, 29, 30, 31, 36, 38, 59

  tradicionais 36

Steve Jobs 21, 90, 213

sumérios 14

T

tecnologia

  avançadas 21, 212

  criptográfica 134

  disruptiva 10

TEDGlobal 57

telégrafo 13, 131

tendências 169, 170, 203

Teoria

  da informação 30, 133

  da Relatividade 9, 236

Thomas Edison 4, 6

Thomas Kuhn 8, 125

tuberculose 32–34, 36, 87, 177

Twitter 44, 58, 68, 69, 148, 176

U

usina nuclear 49, 50, 54, 189

utilidade pública 51

V

Vale do Silício 21, 76, 107, 116, 117, 119, 126, 152, 180, 181, 235

Verão da Liberdade 68

videogames 12, 62, 75, 143, 165

violência 50, 171, 174

W

Wall Street 19, 76, 193

Wikileaks 35

William Gibson 13, 20

William Shakespeare 29

Z

Zyclon B 12

CONHEÇA OUTROS LIVROS DA ALTA BOOKS

Negócios - Nacionais - Comunicação - Guias de Viagem - Interesse Geral - Informática - Idiomas

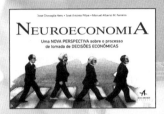

Todas as imagens são meramente ilustrativas.

SEJA AUTOR DA ALTA BOOKS!

Envie a sua proposta para: autoria@altabooks.com.br

Visite também nosso site e nossas redes sociais para conhecer lançamentos e futuras publicações!

www.altabooks.com.br

/altabooks ▪ /altabooks ▪ /alta_books

ALTA BOOKS
E D I T O R A

Este livro foi impresso nas oficinas gráficas da Editora Vozes Ltda.,
Rua Frei Luís, 100 – Petrópolis, RJ.